U0003155

希臘羅馬
百科事典

透過近400張照片檔案，
回到兩大古文明的日常，
看懂古典文化歷史

伊莉莎白·懷絲 著　林芷安 譯

A HISTORY OF THE
CLASSICAL WORLD

THE STORY OF ANCIENT GREECE AND ROME

ELIZABETH WYSE

目錄

希臘、羅馬文化概述

希臘、羅馬的歷史曲折綿長，對西方文化、語言、哲學影響甚大。如今，我們仍能看見偉大文明的實體遺跡，一邊驚嘆前人的雄心抱負，一邊感覺自己與遠古祖先密不可分。現在，讓我們一起追溯他們的社會發展，踏上迷人的探索之旅吧！

大約打從西元前3000年左右，先是在克里特島，後來延伸到希臘本土，密布著以宮殿為中心的社會型態，統治者與平民百姓生活在經濟自給自足的小宮殿與其周圍腹地上。由於希臘地形崎嶇，憑藉地勢條件，這些小型政治組織得以自我防禦，而通往地中海的貿易路線也讓經濟蒸蒸日上、文化繁榮。直到西元前1100年，這些原本欣欣向榮的希臘小型社會，或因內部瓦解、或因外族入侵而紛紛消失，然而封建與世襲統治菁英的解體，也為往後希臘城邦的各種新型態政治結構鋪路，於西元前八世紀，一一展露頭角。整個希臘，在政治體制與社會結構的諸般試驗下，獨立自治的城邦蓬勃發展，成為貴族、寡頭和專制僭主統治的舞台，而其中最著名的，莫過於雅典在西元前六世紀所孕育出的民主政治。

希臘世界的制度及信仰，從神廟、劇場、競技場、體育館到神系，還有隨之衍生的神諭及神龕，其概念與定義逐漸變得明確成形。從西元前八世紀起，希臘人帶著這種強烈的身分認同前往遙遠的殖民地，在地中海東部留下深深的足跡，其中又以西西里島、義大利南部和黑海沿岸最為人熟知。過程中，衝突在所難免，他們既與東方強大的波斯帝國大動干戈，也有城邦與同盟間的你爭我奪。儘管如此，希臘世界的發明與創新持續以驚人的速度開枝散葉，愈趨多元，無論是希臘字母、哲學、詩歌，又或是數學、天文學、醫學，乃至戲劇、奧林匹克競賽、建築風格、雕塑，都發展迅速。

最終，隨著內部衝突加劇，希臘北邊的馬其頓崛起稱雄。西元前336年，馬其頓的統治者亞歷山大大帝躍升地中海世界舞台，在接下來短短十年間（西元前334－323年），他率領希臘軍隊踏上如同史詩般的旅程，從埃及、小亞細亞、波斯，最終遠征至喜瑪拉雅山，一路征討土地、建立城市，將希臘思想、制度融合東方色彩後大為傳播，並鼓勵士兵與當地人通婚，而後造就出的希臘化時期，成為歷史上的寶貴資產。亞歷山大的繼承者們，統治的領土從埃及延伸到巴克特里亞（現今的阿富汗一帶），在這些地區將希臘思想雜揉當地文化，發展出兼容並蓄的輝煌文明。

與此同時，在義大利中部，一個與眾不同的文明正悄悄萌芽。在台伯河畔有七座山丘，其中一座名為帕拉丁諾山（the Palatine Hill），上頭散布的一座小村莊，正是羅馬的發源地，時值西元前八世紀。小村莊的規模迅速擴張，越來越繁榮、成熟，終於在西元前509年，當地貴族推翻了已統治數代的伊特拉斯坎國王，並著手開創羅馬共和制度，也就是眾公民推選出

代表，參加由元老院所主持的投票。

羅馬受到希臘文明啟發，其影響表現在藝術、建築、制度上，但整體發展還是與希臘有所不同。從一開始，羅馬人就顯得野心勃勃，他們壯大武力且重視紀律，以對抗諸如北方高盧民族的入侵，同時一步步征服義大利半島上的其他部落。西元前264到146年，羅馬和北非城邦國家迦太基的關係劍拔弩張，最終導致三次布匿戰爭，但羅馬人也從中加深了自己的民族認同與自信。節節勝利與連連擴張，成為奠定日後羅馬帝國擴展的基石。

內戰與羅馬群雄之間的衝突，諸如尤利烏斯・凱撒、格奈烏斯・龐貝與馬克・安東尼，最後造成羅馬由共和轉向帝國的命運。西元前27年，屋大維得到元老院的支持，大權在握，為將來各具特色的羅馬歷任皇帝吹響號角，繼位的君主有些危險又自大，像是尼祿與卡利古拉；也有開疆闢土的征服者，例如圖拉真；更有充滿智慧又務實的君主，好比哈德良及奧理略。

綜觀其漫長的帝國史，羅馬無情地擴張，西至不列顛，東抵亞美尼亞，掠奪了大片土地，人口也從而增長。戰敗民族則提供羅馬重要的人力，尤其是維持帝國內部與邊境治安的常備軍，同時他們也是繳納稅收的主要來源。而流入帝國金庫的資金，也助羅馬興建大型公共工程一臂之力，包含：引水渠與下水道、宏偉的紀念碑、複雜的公路網、防禦用的城牆等。

數個世紀以來，羅馬對不同民族採取寬容態度，並從中獲得利益，可是最終仍抵不過「野蠻人」的外部壓力，羅馬帝國就此崩解。所謂「野蠻人」，指的是帝國統治外的日耳曼民族，當時越境的日耳曼人越來越多。西元410年，一支龐大的哥德軍隊洗劫羅馬，成為壓垮帝國的最後一根稻草，羅馬帝國至此走入歷史。然而，羅馬帝國留下的珍貴遺產，依然在後世閃耀，直到今日，在信仰、社會結構和習俗中，仍能看見許多羅馬文明的痕跡。宗教方面，西元313年，羅馬帝國信奉了世界最大的宗教——基督教；文字方面，拉丁字母成為西方世界的主要書寫文字；制度方面，現代律法和曆法都深受羅馬人啟發；建築方面，我們使用的混凝土，最初就是羅馬人所發明，就連道路規畫都承襲自羅馬時代。許多歐洲人居住在原本由羅馬人建立的城市裡，或像他們一樣，渴望週末到鄉村度假。

古典希臘、羅馬文明的故事，可說是一部成就輝煌、活力十足、充滿創意的編年史，但也有衝突四起、腐敗墮落、殘暴不堪的一隅。古典文明的成敗交織，留下豐富的文化遺產與實體資產，在兩千多年後，仍帶給後世借鏡與啟發。

第一章
文明的起源

1876年，德國考古學家謝里曼（Heinrich Schliemann）在邁錫尼進行挖掘作業時，出土了一件作為陪葬品的面具，謝里曼認為這副面具屬於荷馬史詩中的特洛伊戰爭英雄，因而將其命名為「阿伽門農的黃金面具」。只不過，日後證實該面具製於西元前1580到1550年間，即使阿伽門農真有其人，那麼面具也比他的年代足足早上300年。儘管如此，黃金面具的確覆蓋在一張貨真價實的屍體臉上，豐厚的陪葬品也足以證明擁有者地位顯赫。

邁諾安文明

詩人荷馬筆下的「富饒可愛之地」，座落在「暗藍色大海上」，意指南地中海的克里特島，這裡是歐洲最古老文明的發源地之一。該處發展出以宮殿為中心的社會形式，在西元前2000年前後，影響力逐漸遍及地中海東部區域。

克里特島最早有人類定居的證據，可追溯至西元前7000年。西元前4000年，克里特人開始出現以農民和工匠為主的社區，最早的統治菁英也可能從此時發跡。西元前2000年，這些小社區發展成一座座宏偉的宮殿，散落在克諾索斯（Knossos）、斐斯托斯（Phaistos）、馬利亞（Mallia）、哈尼亞（Khania）等地。西元1900到1905年間，英國考古學家伊文思（Arthur Evans）在克諾索斯王宮一帶進行考古工作，並成功讓宮殿群重見天日，他隨後將此文明命名為「邁諾安」，以致敬神話中的克里特國王邁諾斯。

這些宮殿並沒有王公貴族般的金碧輝煌，反倒像是當地的行政貿易中心，掌管著腹地中的小鎮、村莊與農田，同時作為宗教和司法中心，以及存放葡萄酒、油、陶器與貴重金屬的倉庫。其中佔地最大的克諾索斯，有將近一座小型中世紀修道院的規模。宮殿是精雕細琢的石砌多層建築，有列柱、門廊、階梯、行進坡道、庭院、木柱撐起的天花板，還有排水系統。建築裡甚少防禦工程的跡象，顯示各邁諾安社區間大都和平共處，不過考古學家還是有挖掘到武器和盔甲，證明衝突仍舊在所難免。

邁諾安宮殿同時也是宗教中心，從壁畫、藝術、建築遺址可以推知，當時人們崇拜著一位性感的聖母女神，她兩手各揮舞著一條蛇，另外也崇奉手持長矛的年輕男神。宗教儀式包括奠酒、遊行、盛宴和像是雜技鬥牛等體育賽事，這些都出現在宮殿牆上的壁畫中。

邁諾安人的壁畫充滿靈動與韻律感，描繪出當地的儀式與自然之美，例如跳躍的海豚，其畫作使用了番紅花、鐵礦石、靛藍等顏料，用色鮮豔。陶器上裝飾著花卉、植物、飛魚，還有扭動著觸腳的八爪章魚。邁諾安人的金屬加工技術也大有進步，特別是黃金、青銅、象牙雕刻、精美的金銀首飾和陶器。

約莫在西元前2500到1400年間，邁諾安人發展出自己的文字——線形文字A（Linear A），可惜至今仍無法解讀。值得注意的是，在克諾索斯宮殿也找到了線形文字B（Linear B），這種文字也在稍晚希臘本土上邁錫尼的多座宮殿中出現，並被鑑定為古希臘文最古老的

右圖為札克羅斯宮出土的牛頭型酒杯（西元前1500到1450年）。札克羅斯是克里特島上邁諾安艦隊其中一個主要基地，目前出土的幾件邁諾安藝術傑作就是來自那裡。這個用於祭酒大典的圓錐型容器，在儀式大廳中被發現，由克里特島盛產的綠泥軟石雕刻而成，起初可能還有鍍金。公牛可說是邁諾安宗教中最重要的動物，藝術家往往刻畫得活靈活現、精緻細膩。

上圖是克里特島克諾索斯宮的跳牛壁畫（約莫西元前1400年）。這張重建圖像至少由七塊面板拼成，每塊面板高約78公分。畫面描述一位雜耍者跳越過公牛背，另一人抓住公牛角，準備一躍而起，而第三位似乎才剛落地。畫面中央的主要表演者被塗成棕色，以埃及式的手法呈現，表示該名人物為男性。如此生動描繪的跳牛活動，推測為邁諾安的一種成年禮儀式。

邁諾斯國王傳說

傳說邁諾斯國王是天神宙斯和腓尼基公主歐羅芭之子，他在克里特島上建立了一個強大的王國。以此為基地，他打造出厲害的海軍征服雅典，命令雅典每年進貢十四名年輕童子到克里特島，獻祭給住在島上迷宮中的半人半牛怪物米諾陶洛斯。克里特島的雕刻家、藝術家與金屬工匠，留下大量描繪與神牛、公牛運動相關的手工藝品，顯示公牛在克里特文化中的地位舉足輕重，象徵力量、權力與生育能力。

形式。從克諾索斯出土的泥板顯示，線形文字B主要作為經濟和行政用途，記錄宮殿資產，包括羊隻、羊毛、果園，還有裡面種植的無花果、橄欖與葡萄。農產品通常儲存在宮殿內院，之後有可能再分配到腹地區域。

　　此外，邁諾安人也以經商聞名，他們將剩餘的貨物，像是橄欖油、葡萄酒、陶器，遠運至埃及、敘利亞、安納托利亞、美索不達米亞、塞普勒斯，以及希臘本土，以換取珍貴物品，如塞普勒斯的銅、埃及的象牙、小亞細亞的錫。廣闊的貿易路線也為克里特島的奢侈品提供豐富的原料，諸如寶石、優質青銅器、赤陶土、精緻華美的金、銀與彩陶器等。

　　邁諾安文化的衰退，是由於希臘本土上強勢的邁錫尼文化漸漸崛起，最終威脅到邁諾安文化所在的克里特島。人們也推測克里特島受到天災襲擊，像是地震，或是西元前十六世紀鄰近的錫拉島（聖托里尼）火山爆發，以及伴隨而來的海嘯。天災人禍讓邁諾安文明走向滅亡之路，大多數邁諾安城邦在西元前十二世紀就灰飛煙滅，就此消失在歷史洪流中。

左圖為克里特島克諾索斯宮出土的握蛇女神像，約製作於西元前1600年，高約29.5公分。第一次世界大戰結束後的1920年代，英國考古學家伊文思修復該遺址時，重建了這座殘破的雕像。女神像由上了釉的彩陶製成，她穿著荷葉邊的長裙與圍裙，裸露出豐滿的胸部，頭戴一頂奇特的王冠，頂端是一隻貓。許多人質疑伊文思對雕像的解讀錯誤，認為雕像人物並非女神，而是一名女祭司。

邁錫尼文明

青銅器時代晚期（約西元前十六到十一世紀），邁錫尼文明在希臘本土蓬勃發展，影響力遍及伯羅奔尼撒半島，並跨越愛琴海，直達克里特島和基克拉哲斯群島（the Cycladic islands）。邁錫尼文化比位在克里特島的邁諾安文化還要崇尚武力，也更簡樸，以此特色為後世的希臘人所熟知，尤其是像阿基里斯與奧德修斯這些特洛伊戰爭神話和青銅器時代的英雄。

上圖為女子石膏頭像，推測為女神或獅身人面像，出自西元前十三世紀的邁錫尼密教位址。她的面貌嚴肅，雙頰與下巴上都有鮮紅色玫瑰型標誌，前額的卷鬚狀瀏海，從圓柱型的帽沿露了出來。

住在伯羅奔尼撒半島上的原始希臘人與邁諾安人進行貿易，有可能因此而受到文化上的影響。這些原始希臘人開始發展自己的小型社會，像是邁錫尼、提林斯（Tiryns）、皮洛斯（Pylos）、斯巴達與雅典，到了西元前十五世紀末，遂成為愛琴海一帶的文化主宰。上述社會都謹守封建制度，由一個首領（wanax）負責領導，首領身後則有英勇的戰士階級撐腰。

邁錫尼人是勇猛的戰士和偉大的工程師，能建造出堅固的橋樑與精心設計的排水、灌溉系統。如同邁諾安人一般，邁錫尼人也發展出圍繞宮殿運作的社會文化，以宮殿作為行政與經濟中心。不過，邁錫尼人比邁諾安人好戰，圍繞著宮殿的是堅不可摧的城牆，由未經加工的石頭砌成，號稱「獨眼巨人的石塊」（Cyclopean），象徵只有神話中的巨人才能舉起它們。最讓邁錫尼人自豪的是，這些城牆擁有高大的門道，頂部則覆蓋令人目瞪口呆的門楣。邁錫尼的書寫系統是「線形文字B」，包含200個音節符號與語素符號，目前已出土大約6000塊泥板。線形文字B主要用來為農產品、商品編類，以及處理宮廷官僚系統的行政事務。

建築方面，邁錫尼各宮殿有諸多共通點。首先，建築群圍繞著名為「邁加隆」（megaron）的中央大廳而建，那裡是宮殿的正中心，也是王座所在。邁加隆周圍則是一般住宅與儲藏室。宮殿為石砌建築，有著木頭柱子與天花板，壁畫琳琅滿目。邁錫尼的墓穴稱為「tholos」，為石砌的圓頂狀墓室，以重疊的石塊搭成拱狀支撐墓頂，上方覆蓋著泥土，墓道同樣也由石頭鋪成。圓頂墓通常安在顯眼之處，亡者有豐厚的陪葬品，包括珠寶、黃金面具、寶劍與匕首。

宗教方面，雖然可以從早期希臘萬神殿出土的證據略窺一二，但人們對於邁錫尼的宗

教祭祀依然所知甚少。論及神明，文獻中曾提到海神波賽頓（或許邁錫尼人認為祂也掌管地牛翻身）、迷宮女神、戰神阿瑞斯、諸神使者赫米斯、狩獵與生育之神阿提米絲與酒神戴奧尼修斯。至今依舊很少發現邁錫尼的神殿或廟宇，人們認為他們可能在開闊的空地或偏遠的聖殿進行獻祭和奠酒。

邁錫尼人與克里特島的邁諾安人交流，大大影響了邁錫尼的藝術發展。儘管與邁諾安一樣崇尚自然，但邁錫尼的藝術比起前者更不寫實，並使用大量幾何圖形，像是螺旋形狀在當時就蔚為流行。其裝飾偏好整齊對稱、井然有序，邁錫尼時期的壁畫也同邁諾安一般，喜愛描繪植物與跳牛場景，除此之外，他們還引入一系列新創作題材，例如：獅子、獅鷲、戰爭畫面、戰士、戰車與狩獵野豬。

當地工作坊生產紡織品、陶器、青銅武器，也雕刻寶石、製作珠寶與玻璃裝飾品。邁錫尼人擅長經商，貿易範圍遠至西班牙和黎凡特，出口陶器、葡萄酒和橄欖油，進口珍貴的寶石與貴金屬，包括來自敘利亞的象牙，甚至不遠千里從阿富汗入手青金石。

據推測，邁錫尼文明因人口流動或階級衝突而走向衰落。人口大量遷徙一般相信可能是受到來自希臘外部的攻擊，而這群被稱為「海上民族」（Sea Peoples）的侵略者，有可能是來自地中海東部的黎凡特。邁錫尼社會的內部衝突也是導致其衰亡的導火線，當時貧民階級群起反抗統治階級。最終，約莫在西元前十一世紀，隨著邁錫尼文明滅亡，多座宮殿遭到徹底摧毀，為希臘的黑暗時代揭起序幕。

上圖為戴著野豬獠牙頭盔的象牙戰士頭像，出土自西元前十四至十三世紀的邁錫尼墓室。戰士頭盔是由貨真價實的野豬獠牙裂片製成，底座則是用毛球填充的皮革。在邁錫尼時期的希臘，狩獵野豬是十分盛行的活動，其獠牙亦可被廣泛運用。

左圖的獅子門是邁錫尼城堡的主要出入口，年代可追溯至西元前十三世紀中葉。這座宏偉的建築高達2.95公尺，頂部有個巨大門楣，門楣上方有塊三角形石灰岩石板，石板上兩頭母獅隔著一根柱子相望。獅子是邁錫尼國王的標誌，也是其權力象徵。

荷馬時期的希臘

神話英雄，以及他們史詩般的歷險與征戰，透過荷馬的詩歌《伊里亞德》（Iliad）和《奧德賽》（Odyssey）傳唱於世。荷馬史詩開創西方文學之先河，極有可能是在西元前八世紀完成，一路流傳至今。儘管兩部史詩描寫傳奇的過往，但字句中也顯示出希臘黑暗時代對歷史的流於想像，因為約莫在西元前十一到八世紀間，人們失去了讀寫能力，只能透過口傳來吟誦英雄事蹟。

下圖為西元二世紀羅馬時期的荷馬半身像，根據希臘化時代的原作品所複製而成。關於荷馬此人，依舊眾說紛紜，有些學者認為，《伊里亞德》的大多數內容和《奧德賽》的部分內容，的確出自一位名叫荷馬的詩人之手，但也有其他學者表示，史詩應是由許多不同的詩人創作、改寫，而「荷馬」則只是個時代象徵。

《伊里亞德》是荷馬描寫特洛伊戰爭的偉大史詩，其眾英雄們的響亮名字：阿基里斯、帕特洛克羅斯、普里阿摩斯、埃阿斯與赫克特，歷經好幾個世紀依舊不絕於耳。故事始於特洛伊戰爭的第十年，描述其中51天發生的事，《伊里亞德》的標題命名，取自特洛伊的希臘名字：Ilium。史詩中提到的地點非常精確，對應邁錫尼時期的克里特島上真有其地，而故事背景的特洛伊城，就位於今日的土耳其海岸。荷馬以精細詳盡的〈船舶目錄〉條列出的城鎮，多數都能透過考古來追溯，據說所列出的城鎮都曾派遣軍隊到特洛伊城去。《伊里亞德》囊括許多精彩事件，從阿基里斯的好友帕特洛克羅斯之死，到戰士英雄阿基里斯接受特洛伊末代國王普里阿摩斯的請求，歸還其子赫克特的屍首。這一切的背後都有著希臘眾神的操弄，尤其是雅典娜與阿波羅，凸顯出神明在很多方面看似還不如凡人英雄。學者們仍在爭論特洛伊戰爭是否屬實，因為荷馬詩歌中的描述似乎混合了希臘幾個世紀以來的風土民情，像是特洛伊戰爭英雄穿著青銅鎧甲，但荷馬時代的戰士早已穿戴鐵甲；而特洛伊的亡者採取鐵器時代常見的火葬，卻又不是青銅時期盛行的

荷馬（Homer）

荷馬的生平是個謎。傳聞他出生於愛奧尼亞（Ionia），因為詩歌是以愛奧尼亞方言書寫，時間約在西元前九世紀末或八世紀初。不只人生謎樣，人們甚至懷疑《伊里亞德》和《奧德賽》是否出自同一人之手，畢竟兩部作品風格大相逕庭：《伊里亞德》歌頌英雄、崇尚武力，而《奧德賽》則是浪跡天涯、充滿奇幻色彩的故事。他從口傳文學的傳統中脫穎而出，當時的詩歌還是大多以口相傳，一人接一人、一代接一代傳下去。不過，荷馬的確把「詩人」和「歌手」畫上等號，畢竟荷馬就是透過一系列詩歌歌曲講述遠古的英雄事蹟。荷馬的創新之處似乎在於史詩的長度（像是《伊里亞德》就包含了16,000首詩），光是背誦這些史詩就要花四到五個晚上。希臘在西元前九世紀或八世紀初學到了字母系統，所以不難想像荷馬藉由書寫來記錄他的創作。不過毫無疑問的是，荷馬依舊主要透過口傳來發表作品，詩歌可能遲至西元前七世紀，才透過專業吟遊詩人的傳播，以書面記錄下來。

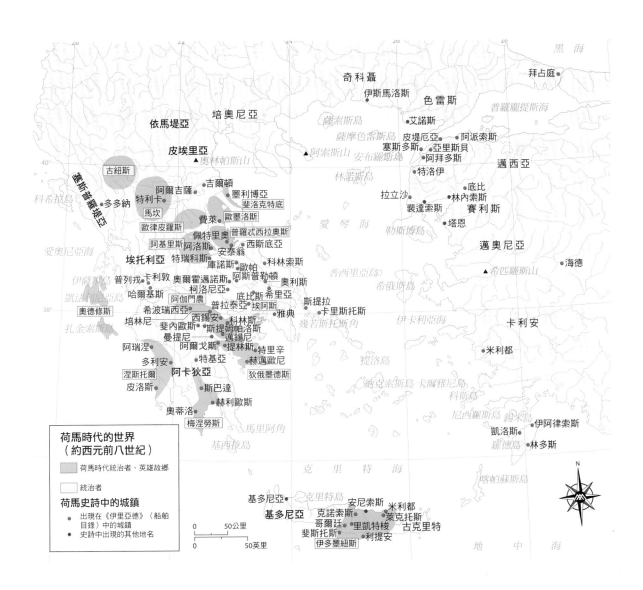

荷馬時代的世界
（約西元前八世紀）

荷馬時代統治者、英雄故鄉

統治者

荷馬史詩中的城鎮
● 出現在《伊里亞德》〈船舶目錄〉中的城鎮
● 史詩中出現的其他地名

0　　50公里
0　　50英里

土葬。再者，故事中有一頂頭盔被描述為用野豬的獠牙製成，這是邁錫尼時代的作法，早已不見於荷馬的時代。

《奧德賽》故事的時間點是在特洛伊戰爭結束後，講述一位英雄回歸故里的旅程，在諸神的干涉下，一路風塵僕僕，最後為了奪回妻子，他必須殺死一眾求婚者。故事的主角奧德修斯歷經變化莫測的海上旅程，他來到已知世界最遙遠的邊境與傳說中的國度，甚至還造訪了陰曹地府。他必須克服暴風雨和船難的打擊，途經神話中的島嶼，遇見海妖賽蓮或獨眼巨人等可怕的怪物。最終，他的忠誠和堅持有了成果。

最重要的是，在這兩篇史詩中，荷馬喚起人們理解共同價值，而後廣為傳播，這種價值接下來將不斷定義和形塑希臘文化。他的詩歌蘊含英雄主義與崇高精神，成為所有希臘人夢寐以求的典範。荷馬摒棄庸庸碌碌的生活，選擇傳唱英雄事蹟，而讓這些偉大的英雄得以永垂不朽。

「浪跡天涯，也嚐遍苦楚，經年累月後，方能懂得苦中作樂。」

荷馬《奧德賽》

上圖，荷馬的《伊里亞德》為敘事史詩，記載特洛伊人與希臘人之間的長年征戰。據說，希臘人派出上千艘船艦，動員亞該亞部隊，啟航前往特洛伊。所有船隻都記載在史詩第二卷的〈船舶目錄〉中。

下圖為西元前五世紀的紅繪高腳雙耳淺杯，描述阿基里斯正為帕特洛克羅斯包紮，當時後者手臂中箭，正別過頭去坐在盾牌上。此酒杯是由武爾奇（Vulci）的蘇西亞畫家（Sosias painter）所製作，武爾奇是個伊特拉斯坎的城市，證明了荷馬史詩的特洛伊英雄形象無遠弗屆。阿基里斯和帕特洛克羅斯是特洛伊戰爭中的親密戰友，也常常被描繪成戀人關係。

左圖為西元前520到510年的黑繪雙耳罐上的圖案細節，同樣出自伊特拉斯坎城市武爾奇，描繪普里阿摩斯遭到阿基里斯之子奈奧普托勒姆斯（又稱皮拉斯）殺害。普里阿摩斯是傳說中的特洛伊國王，據説在特洛伊遭到木馬屠城之時遇害身亡。

右圖為西元前480至470年阿提卡（Attica）製的紅繪賽蓮花瓶，瓶上描繪奧德修斯的船艦經過賽蓮身邊的情景。賽蓮是危險的神話怪物，會用歌聲蠱惑人心，害水手喪命。為了不讓賽蓮得逞，奧德修斯命令水手將他自己綁在船桅上，無論如何都不能鬆綁。

希臘的黑暗時代

在西元前十一世紀邁錫尼文明滅亡，到西元前八世紀希臘進入古風時期（the Archaic period）的這段期間，被後人稱作「希臘黑暗時代」。這個時期戰事頻仍、政局不穩，圍繞著宮殿的社會形式蕩然無存，早期的多音節書寫系統——「線形文字B」也亡佚了。

過去宏偉的邁錫尼宮殿遭受了破壞、荒廢，重建、復興的企圖往往也只是徒勞。一般來說，為了容易防禦，人們遷居到更小、更分散的地點居住。人口似乎逐漸減少，在希臘部分地區，例如南部的阿哥立德（Argolid），幾乎杳無人煙。人們退回散居的

右圖為西元前975到950年雅典的原始幾何雙耳壺。大約在西元前1030到900年間，原始幾何圖樣在雅典大為流行。這是繼邁錫尼文化消亡後，文化又漸漸復甦的表現。壺上的裝飾圖形純粹為抽象圖樣，通常包括寬而水平的帶狀線條與同心圓。

孤立狀態似乎成了一種趨勢，彼此守望相助、比鄰而居的情況消失殆盡。社會連結的改變也反映在墓葬形式上，各地區之間開始出現相當大的差異：阿提卡採用火葬，將焚燒後的骨灰放入甕中已成為一種常態；優卑亞（Euboea）則是火葬與土葬並行；色薩利（Thessaly）保留了小型的邁錫尼式圓頂墳墓；克里特島仍偏好葬在公共墓室。

陶器風格進一步證明這種缺乏統一性的傾向，地區間的差異越發明顯，與風格一致的邁錫尼藝術形成偌大對比。裝飾風格主要為幾何圖形與抽象圖樣，具象藝術在希臘黑暗時代已不復存在，簡單、抽象的風格通常出現在相對單純的社會形態中，而其表現藝術的方式則可看出明顯的地域差異，這代表不同群體之間的接觸極少，又或者確實受到許多希臘以外地區的影響。

對平民老百姓而言，生活模式大抵相同：農業、編織、金屬加工與陶藝依舊是主要活動。該時代唯一的創新為「鐵器運用」。冶鐵技術來自賽浦勒斯和黎凡特（the Levant），而希臘當時尚未開採的鐵礦很快就被用來製造武器與盔甲。

邁錫尼宮殿型態瓦解，也意味著物資分配經濟潰散，而分配經濟一直以來保證了宮殿腹地得以自給自足。結果，隨著舊日正規軍隊、國王與官僚體系消失，人口也開始萎縮。的確，人們會聚集在地位顯赫人士或首領出現的地方，但這些人的生活水準並不比平民百姓好

上圖為西元前600到580年科孚島（Corfu）上的阿提米絲神廟，也是已知最古老的多立克式（Doric）神廟。西側的三角楣飾，刻畫的是蛇髮女妖梅杜莎，頂著一頭活生生的蛇，正在倉皇逃離柏修斯的追殺。柏修斯是斬殺怪物的神話英雄，也是傳說中邁錫尼的建立者。兩旁的黑豹代表神殿的守護者，這些粗壯的貓科動物是埃及藝術常見的題材，神廟雕塑顯然也受到了影響。

多少。論及權力結構，邁錫尼時代盛行世襲封建制度，而隨著邁錫尼世界瓦解，也為全新的社會政治制度埋下種子，終於在西元前五世紀綻放出名為民主的花朵。

　　許多跡象證明，希臘在西元前八世紀漸漸走出黑暗時代，這些跡象包括：希臘字母的出現與人們讀寫能力的提升、物質文化更加多樣、與希臘以外地區的往來增加，以及早期城邦樣貌慢慢成形。上述現象都直指希臘即將進入一個人口增長、穩定與恢復的時期：城邦時代即將展開。

左圖為一只製於西元前七至六世紀的「米洛斯島」雙耳瓶。這個名字常會造成誤解，因為這些古老的雙耳瓶其實大多產自基克拉哲斯群島的帕羅斯島與納克索斯島。這只帕羅斯島製作的雙耳瓶，描繪阿波羅雄姿英發地站在戰車上，身旁還有兩位女性伴隨。所有來自這個地區的雙耳瓶，瓶身都有一個核心圖案，刻劃動物、諸神、英雄或怪物。部分動物的表現手法明顯受到東方風格影響，但這類東方主題後來又逐漸讓位給希臘神話中的故事。

科林斯（Corinth）壯觀的多立克式神廟遺址，如今已證實為阿波羅的神廟。此廟約莫於西元前560年竣工，矗立在俗稱「神廟山」的岩石露台上。阿波羅神廟成為科林斯的象徵，守護著蓬勃發展的繁榮城邦。

第二章
城邦林立

城邦演進（西元前750～600年）

希臘地形山巒崎嶇，有與世隔絕的山谷、深邃的海灣與星羅棋布的島嶼，為城邦與其演進提供絕佳舞台。這些獨立的政治單位包含一座城市中心、周圍領土、公民與普通居民。最終，在古希臘有超過一千個城邦遍地開花。

上圖為西元前560年的黑繪雙耳罐，罐身描繪了一個戰鬥方陣。方陣經常出現在古典希臘的藝術創作中，也是戰鬥形態轉變的最佳例證。荷馬時期的戰鬥大多是單槍匹馬捉對廝殺，到了城邦時代轉變為重裝步兵列隊佈陣的集體戰鬥。重裝步兵由公民所組成，大家一起為了保衛城邦而協力奮戰。

城邦的起源目前已不可考，它們有可能是在從前邁錫尼宮殿時期殘存的聚落上漸漸發展起來的，於西元前九世紀希臘全境人口大量復甦時開始嶄露頭角，或是在西元前八世紀希臘人開始在海外建立殖民地時個別興盛起來。包括雅典、斯巴達、羅德島、科林斯、底比斯與愛吉納等，都是此時期出現的重要城邦。

城邦可以被定義為由公民所組成的小型自治社區，他們和妻小、奴隸一起生活在聚落與其腹地上，範圍有時還包含了許多村莊。城邦的市鎮中心通常防禦嚴實，建在天然的衛城（高地）或海港上。幾個世紀以來，「公民」的權利不斷有所進展，而讓他們得以團結一心的關鍵力量便是忠誠感。首先，他們都是勇猛的戰士，樂意為自己的領土出征，也願意為保衛領土而戰。每個城邦都被複雜的國際事務糾結在一起，彼此之間經常發生衝突，也有貿易通商，更有外交活動，而這些也發生在他們和希臘以外的國家上。

希臘城邦各自發展，出現許多別樹一格的特徵，但其中也有些特色是大同小異的。例如在人口集中的市區，總有一處神聖的宗教區域，擁有一座或多座神殿。再者，更多大型公共建築漸漸出現，像是體育館、劇場還有集會所（供市民聚會的戶外空間）。儘管高度尚武的斯巴達可說是個例外，但打從西元前七世紀以降，興築防禦工事在城邦間已是普遍狀態。

每個城邦公民基於財產所有權，照理說享有一律平等的權利，不過隨著城邦建立，早在公元前九世紀，治安官和委員會已然成形。這些人來自小型統治階級，即「貴族氏族」，後來便成為以家族為核心的統治王朝，各氏族都統治著自己的地區。這些顯赫家族的祖先或許最早可以追溯自邁錫尼時代的希臘。

貴族負責指揮城邦間的戰爭，他們也大都是技巧嫺熟的戰士和騎手。西元前八世紀時，由雙層槳座驅動的戰艦開始出現，而這些貴族同時也是船主，用他們的戰船突襲其他領土。不必打仗的時候，貴族負責維護城市運作，他們出任地方執法官員，仲裁糾紛和伸張正義。他們也負責主持城市的神聖事務，協助祭司籌備祭祀活動並備妥供品。而貴族的妻女通常也擔任女祭司的職務。

右圖為西元前570或560年製於阿提克地區的弗朗索瓦陶瓶。這個用水來稀釋葡萄酒的大型容器，是一個雅典貴族家庭為了酒會而製。裝飾瓶身的黑繪飾帶，描繪的是希臘神話中的場景。

　　因為貴族需要與公民交流，所以紛紛開始重視言論的修辭之美。貴族也必須維持身強體壯，能夠不使用馬蹬騎馬、揮舞長劍或長矛，領導狩獵或參加運動競賽。上述對男子氣概的追求與更有宮廷氣息的活動可說是相輔相成，貴族要能歌善舞、作詞譜曲、談笑風生、交際應酬。時間遞嬗，隨著貨幣制度引入，貴族成員還會利用借貸放款，或是透過商人從事商業活動而致富。也因此，階級間的貧富差距越來越大。

　　城邦要穩定發展，先決條件就是居民的忠誠與支持，統治者也想出一些方法來籠絡民心。有些是精神層面的，像是崇拜特定的神祇或守護神、舉行密教儀式、獨特的慶典或節日等。更實際一點的方法，鑄造城邦貨幣、編纂城邦法典，有助於定義和形塑城邦價值。專屬於城邦的符號也十分管用，例如雅典貨幣上刻著象徵雅典娜女神的貓頭鷹，無形中加強了人民的身份認同。透過神像與重要人物的雕像，民眾對創建城邦的歷史和保衛城邦的英雄，也會產生崇敬與緬懷之感。最重要的是，從西元前八世紀起，各城邦就將自己與眾不同的身份投射到更廣闊的世界，在地中海各地建立殖民地，從而輸出自身的價值觀。

僭主

西元前七世紀中葉，氏族政治勢力逐漸解體。從科林斯開始，貴族集團被單一的統治者所取代，這個單一統治者被稱為「turannos」或「tyrant」，也就是「僭主」。往後一百多年間，僭主在許多城邦不斷抬頭。希臘文中的「僭主」，單純指稱「唯一的統治者」，原本並無褒貶，直到西元前五世紀，雅典步入民主的過程中，僭主一詞才逐漸偏向貶義。

氏族之所以無法再壟斷權力的原因，或許和西元前七世紀初重裝步兵的興起有關。重裝步兵手持巨大的盾牌，使他們從下巴到膝蓋都能得到防護，由於交疊的盾牌保護了整個方陣隊形，讓重裝步兵得以在近身戰中揮舞短劍或刺矛。面對牢不可破的方陣巨牆，貴族騎兵完全使不上力，馬匹也漸漸在希臘戰爭中失去了主導地位。

重裝步兵由一般公民組成，雖然沒有貴族的戰鬥才能與領導能力，但他們全副武裝，隨時準備為了家園而戰。平民打破貴族戰士長期以來的統治地位，卻也為將來的僭主創造出情勢。此外貴族也是自取滅亡，時常陷入派系鬥爭，他們的生活方式愈趨奢侈，社交活動也更為頻繁，但原本和諧歡樂的聚會，很容易因為侮辱與報復而變成暴力相向，其他家族成員有時還火上添油。

隨著貴族越來越富有與揮霍，開始引發連鎖反應，提供貴族奢侈品的商人與工匠也開始累積他們自己的財富，有些甚至逐漸和貴族作對。這毫不令人意外，因為新興的富裕階級漸漸質疑他們「上級」的道德與正義，尤其當他

右圖僭主庇西特拉圖（西元前600-527年）在西元前550年為雅典的宙斯神殿奠定地基，然而隨著他的去世，工程戛然而止，只完成了石灰石的基座而已。直到西元前131年，神廟才真正竣工，並名列古代最大的神廟之一。庇西特拉圖在雅典展開許多浩大工程，包括一座宏偉的城門，以及在後世帕德嫩神廟的現址，曾興建過一座更早期的神廟。他還透過建造水井和水道來改善城市的供水系統。

僭主庫普塞魯斯

希臘最早的僭主制度是由科林斯的庫普塞魯斯（Cypselus）所確立，他曾是一名軍事將領，在西元前657年時，憑藉著德爾菲神諭加持，利用自身在軍隊中的影響力，驅逐了積弱不振的巴基斯王族（Bacchiadae dynasty）。事實證明，他是位開明的篡位者。對待敵人，他並不趕盡殺絕，反而允許他們在希臘西北部建立殖民地。在庫普塞魯斯的領導下，科林斯與西西里、義大利等地進行貿易，漸漸成為繁榮的經濟重鎮。相傳，庫普塞魯斯完全不需要護衛，或許是因為他很能煽動民眾情緒，讓他的地位得以屹立不搖。西元前627年，庫普塞魯斯逝世，其子佩里安達（Periander）繼位。佩里安達統治得當，讓科林斯成為希臘數一數二的富有城邦，後世將他列入「希臘七賢」之一，這是人們給予西元前六世紀的七位哲學家、政治家、立法者的封號，以尊崇他們的智慧。

們因私人恩怨結下樑子的時候，更容易懷疑上級的所作所為。

於是，僭主作為單一統治者，從混亂中脫穎而出，完全可想而知。僭主聲稱自己將終結派系鬥爭、停止內訌，並向有能力且符合資格的人開出高位，家庭背景反倒是其次。他們操控地方行政官的選舉，驅逐或消滅競爭對手，可是一旦他們掌權，馬上就關起門來集中全力維護自己的地位。與其他僭主一較高下是危險的念頭，可能會殃及得來不易的政權，這是他們所不願嘗試的。

憑藉新興中產階級與農民支持，僭主通常透過政變來奪取政權，然而他們又認為這個地位往後也該是世襲制的。一般來說，第二代或第三代僭主的能力及教養往往不如父執輩，於是麻煩就此開始，牢固的統治往往變成魚肉百姓。

西元前六世紀是古代僭主的鼎盛時期，人民推翻貴族的起義在整個希臘世界風起雲湧，許多重要城邦紛紛落入僭主手中。其中最重要的代表人物，莫過於雅典的庇西特拉圖（Peisistratos）、以弗所（Ephesos）的畢達哥拉斯（Pythagoras）、薩摩斯島（Samos）的波里克拉特斯（Polycrates）與米利都（Miletus）的阿里斯塔哥拉斯（Aristagoras）。

下圖為西里斯科斯畫家（the Syriskos Painter）在西元前475到470年所製的希臘花瓶，描繪發生在西元前514年的「弒僭者」（tyrannicides），也就是雅典僭主希帕庫斯（Hipparchus）遭到哈莫迪烏斯（Harmodius）與亞里斯多吉頓（Aristogeiton）這對戀人刺殺的事件。希帕庫斯和繼位的兄長希庇亞斯（Hippias）身為僭主而濫用權力，在雅典不得人心，哈莫迪烏斯與亞里斯多吉頓因而被後人視為為雅典邁向自由而犧牲的烈士。

希臘字母

希臘字母於西元前八世紀誕生，自此改變古代世界人們的讀寫能力。希臘沿用了腓尼基的讀音書寫系統，以個別符號來表示元音與輔音，拼寫出他們自己的語言。迄今，儘管只有希臘還在繼續使用希臘字母，但希臘字母可說是西方世界大多數文字的根源。

下圖 這篇古希臘碑文出自西元117年以弗所的塞爾蘇斯圖書館（the Celsus Library），為希臘銘刻文本在晚期的良好範例。這座圖書館是由羅馬執政官阿奎拉（Gaius Julius Aquila）委託建造，以紀念其父塞爾蘇斯（Tiberius Julius Celsus Polemaeanus）。銘文記載，塞爾蘇斯留下25,000枚迪納里幣（denarii），全都用來購買圖書館館藏。

腓尼基人是閃米特語民族，起源地為黎巴嫩，他們擅長經商，航跡遍及整片地中海，在各地建立貿易據點。論及語言，腓尼基的拼音字母僅有輔音字母，沒有元音，而希臘人從腓尼基字母中選取字母當作發音，但因為希臘語沒有對應的字母，所以就用這些字母來表示單獨的元音。於是，它們便成了希臘字母A（alpha）、E（epsilon）、I（iota）、O（omicron）、Y（upsilon）。這是歷史上首次能夠用字母排列，準確地表達出語言。

看來，希臘人改良腓尼基字母，引入代表元音的字母，可說是非常前衛且劃時代的革命。此點可以從最早的希臘書寫遺跡不證自明，所有文字都以元音符號為其特徵。希臘人接觸到腓尼基字母，一般相信要從愛琴海北部的墨托涅（Methone）港說起，它可能是希臘人與腓尼基人進行貿易往來的通商口岸。字母表一發明，很快就傳播開來。西元前九世紀時，連書寫系統都還沒有出現，可是到了西元前725年，文字甚至已經可以拿來傳達笑話了。

起初，希臘人遵循腓尼基人從右至左的書寫習慣，隨後出現了雙向書寫，書寫方向

最古老的文本

目前已知最古老的希臘字母遺跡可見於零碎殘破的銘文。在雅典發現的狄庇隆銘文（The Dipylon inscription），大約是在西元前740年刻於一個希臘陶器上，寫著：「現在所有舞者中，誰跳得最優美，他就會……」西元前八世紀的涅斯托爾杯（Cup of Nestor），於義大利近海的匹德庫塞島（Pithekoussai）出土，在一個約莫10到14歲小孩的墓穴中發現。該杯子的製造地是羅德島，以幾何風格裝飾，從右至左寫著：「我是適合飲用的涅斯托爾杯，無論誰使用了這個杯子，連美豔動人、戴著王冠的愛神阿芙蘿黛蒂（Aphrodite）都會立馬抓住他」。

腓尼基與希臘字母對照

腓尼基字母		希臘字母	
𐤀	ʼaleph	A	alpha
𐤁	bēth	B	beta
𐤂	gīmel	Γ	gamma
𐤃	dāleth	Δ	delta
𐤄	hē	E	epsilon
𐤅	wāw	F	digamma
		Υ	upsilon
𐤆	zayin	Z	zeta
𐤇	hēth	H	eta
𐤈	tēth	Θ	theta
𐤉	yōdh	I	iota
𐤊	kaph	K	kappa
𐤋	lāmedh	Λ	lambda
𐤌	mēm	M	mu
𐤍	nun	N	nu
𐤎	sāmekh	Ξ	xi
𐤏	ʼayin	O	omicron
𐤐	pē	Π	pi
𐤑	sādē	M	san
𐤒	qōph	Ϙ	qoppa
𐤓	reš	P	rho
𐤔	šīn	Σ	sigma
𐤕	tāw	T	tau
		Φ	phi
		X	chi
		Ψ	psi
		Ω	omega

上圖 這個黑繪的杯子上，刻有早期希臘字母。

如同Z字形，又稱為「牛耕式轉行書寫法」（boustrophedon），因為就像牛隻犁田一樣，每換一行就調轉方向。到了西元前五世紀，書寫方向固定轉變為由左至右。在西元前八世紀到六世紀之間，衍生出三種地方性的字母變體：克里特語、優卑亞語及愛奧尼亞語，而上述變體於西元前五世紀時逐漸定型。

　　希臘字母共有24個，皆是大寫，非常適合用在紀念性的碑文上。接著又演變出3種適合書寫的字體：安瑟爾體(uncial)、草書體和小寫字母，這些字體後來發展成現代希臘文的手寫形式。由於符號數量有限，使用方便，因而廣為流傳，人民讀寫能力大幅躍進，使識字書寫不再是專業抄寫員的獨有技能。希臘人的書寫工具也是五花八門，有從腓尼基人那裡獲得的紙莎草紙、從牛或山羊身上刮下來的獸皮、上了蠟的木板等，另外也有石頭、青銅或陶器等更堅硬的材料，由於耐久保存，常被用來刻寫官方文書，像是城市法律、條約、戰事紀念或神廟奉獻。

奧林匹亞眾神

面對大自然的不可預知、人世間的混亂無常，以及人類命運彷彿受到無形的操弄，古希臘人為了解釋這種種無法捉摸的力量，於是在奧林帕斯山上有了12位神祇。奧林帕斯山的眾神們交替上演著忠誠、善變、嫉妒、報復、憤怒、多情、控制欲強與心胸狹窄的戲碼，祂們之間的愛恨情仇、風流韻事、明爭暗鬥，譜寫出一個個神話故事，影響著後世西方世界的語言及敘事方式。

上圖此容器繪於西元前三世紀，刻畫愛神阿芙蘿黛蒂正在與她的父親宙斯密謀引誘莉達（Leda）。坐在阿芙蘿黛蒂肩上的是象徵性慾的愛羅斯。

希臘宗教習俗源於青銅器時期，其由來已久的儀式在很大程度上承襲自他們邁諾安與邁錫尼時代的祖先。希臘宗教為多神信仰，其神系中的十二位主神身邊還有無數守護神與女神，代表著感情、特質、地點或是抽象概念，此外還有許多次要的和來自異域的神明。

神人之間的關係主要可看做交易行為：神明施予人類恩惠，人類則獻上各式各樣的祭品，有時是答謝，有時則是為了安撫神明的怒氣。神明通常是很仁慈的，但時而也異常殘忍，會給予人類既嚴厲又毫無來由的懲罰。這種「神的懲罰」的觀念，在發生個人或集體危機的時候尤其強烈。人們在聖所供奉諸神，每位神祇都有屬於自己的聖所。聖所通常位於城內，以神殿為主要特徵，設有一個戶外祭壇、雕像和神聖區域。而立於鄉間地區的神廟，則往往位在神樹或甘泉附近，抑或是引人注目與充滿視覺震撼之處，例如海角或岩石露頭。

獻祭動物是宗教儀式的重頭戲，祭品常為綿羊、山羊或牛隻。祭祀在聖所內進行，通常是在神廟前的祭壇上，與會者會一同享用祭品的鮮血與內臟。人們也很常獻酒給諸神。古希臘會用宗教慶典與節日來紀年，其中最著名的四個節日是全希臘共同慶祝的，每四年在奧林匹亞、德爾菲、尼米亞、伊斯米亞舉辦，活動則包含遊行、運動會與獻祭儀式。

奧林匹亞諸神只是希臘多神信仰的冰山一角，12泰坦神是早於奧林匹亞諸神的神明，祂們是由天神烏拉諾斯與地神蓋亞所誕下的六兒六女。原始神則諸如埃忒耳、柯羅諾斯、愛羅斯、許普諾斯與烏拉諾斯，分別象徵光與天堂之氣（太空）、時間、愛與魅力、睡眠、天空，呼應著抽象概念、情感、不可知和難以想像的力量。另外也有無數的神，代表擬人化的概念與想法，像是痛苦、內疚、懶惰、困惑、妒嫉、希望和競爭。而在地下冥界中的神明，則是些在陰間任職的靈魂，包括為冥王黑帝斯守護冥府大門的地獄犬塞柏洛斯、在冥河為亡靈擺渡的卡戎，及掌管魔法、巫術與招魂的赫卡特等。其他更有數百位神明代表了海洋、天空、田園生活、農業、手工藝與健康。

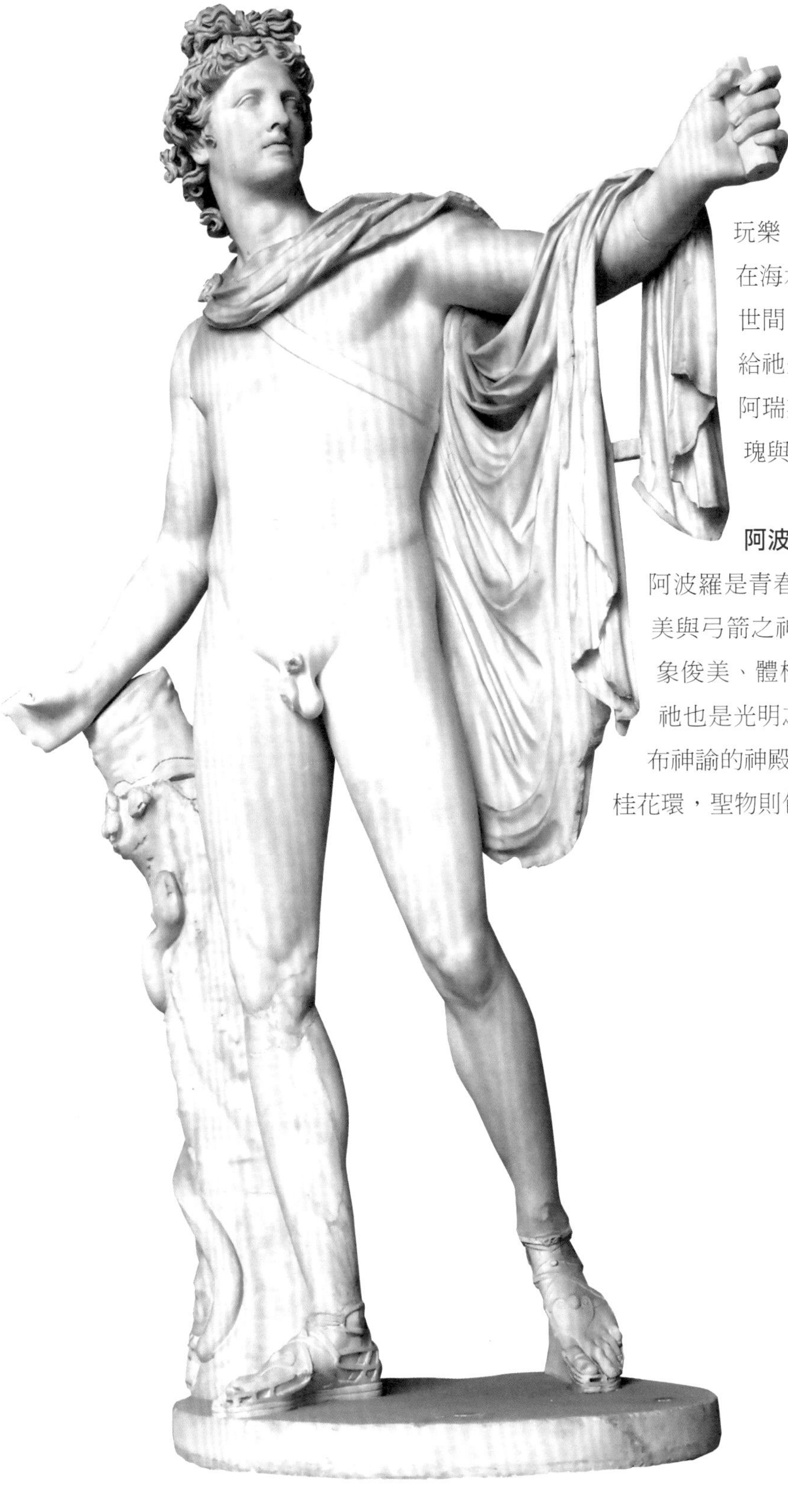

希臘眾神

阿芙蘿黛蒂（羅馬神為維納斯）

代表愛情、美貌與歡愉的女神，舉止如貓一般喜愛玩樂。傳說天神烏拉諾斯的陽具被切下後拋入海中，於是在海水的泡沫裡誕生出阿芙蘿黛蒂，並從海中升起，來到世間。她之後嫁給火神赫菲斯托斯，但她卻厭惡火神，沒給祂生下兒女。阿芙蘿黛蒂有許多情人，其中一位是戰神阿瑞斯，兩人誕下三個孩子。愛神的象徵物有香桃木、玫瑰與扇貝殼，聖物則包括鴿子與麻雀。

阿波羅（羅馬神同樣為阿波羅）

阿波羅是青春活力的象徵，也是音樂、藝術、知識、預言、男性美與弓箭之神。祂是宙斯之子，與阿提米斯是孿生姐弟，祂的形象俊美、體格強健。祂熱情、強大，但同時具有危險的破壞力。祂也是光明之神，代表儀式性的純潔，所以同時掌管神諭，祂發布神諭的神殿就位在德爾菲。阿波羅的象徵物有弓箭、七絃琴與月桂花環，聖物則包括天鵝、蟒蛇與狍鹿。

左圖為西元前四世紀希臘的阿芙蘿黛蒂雕像在羅馬時代的複製品。神像是用帕羅斯的大理石所製，屬於敘拉古（Syracuse）風格，因為這種形式與當時希臘在海外的殖民諸邦大希臘（Magna Graecia）有所關連。雕像的頭部、頸部與右臂，由18世紀的著名雕塑家安東尼奧·卡洛瓦（Antonio Canova）所修復。

上圖是古典時期著名的大理石像《觀景殿的阿波羅》（The Apollo Belvedere），年代可追溯至西元二世紀中葉，但此雕像據信是一座青銅像的複製品，原始雕像的年代可能是西元前330到320年間。從雕像的姿勢看來，阿波羅剛從左手拿的弓中射出一支箭。

阿瑞斯（羅馬神為馬爾斯）

祂是宙斯與希拉之子，但只有一座位於城外的神廟供奉祂，這在諸神中是相當罕見的情況，而祂也在荷馬史詩《伊里亞德》中，被描述為奧林帕斯山以及全世界最不討喜的神。祂是戰爭、流血、暴力之神，相比於雅典娜所象徵的軍事戰略與技巧，他更代表著戰爭的混亂與不可預測。戰神的聖物包括野豬、 鷲、毒蛇和狗。

阿提米絲（羅馬神為黛安娜）

阿波羅的雙胞胎姐姐，也是保持聖潔之身的狩獵女神，祂住在森林或偏遠山區，由一群寧芙精靈（nymph）服侍圍繞左右。阿提米絲也是生育之神，象徵物有狩獵長矛、動物毛皮、鹿及其他野生動物，聖物則是鹿。

雅典娜（羅馬神為密涅瓦）

雅典娜是雅典最崇敬的女神，也是該城邦的守護神，象徵智慧、聰穎、和平、戰爭、戰略、藝術與工藝。關於祂誕生的傳統說法是，雅典娜是從宙斯的額頭裡蹦出來的，而且出生時已是全副武裝的女神模樣。雅典帕德嫩神廟即為祂的主廟。雅典娜形象常為戴著有羽飾的頭盔、手持盾牌與長矛，其象徵物是橄欖樹，聖物則是貓頭鷹。

左圖為戰神阿瑞斯，形象為戴著頭盔的年輕戰士。這尊複製自希臘原作的羅馬時代作品，位於羅馬郊外的哈德良別墅中。

右圖是一尊羅馬時代仿製的雅典娜聖像，原作為克勒西拉斯（Kresilas）於西元前442到430年雕刻。這件作品在羅馬時代有許多複製品，以韋萊特里（Velletri）附近出土的最為有名，被稱為《韋萊特里的雅典娜》或《韋萊特里帕拉斯》（Velletri Pallas）。

左圖的阿提米絲大理石半身像是羅馬時代的仿作，原作出自希臘雕刻家塞菲索多圖斯（Kephisodotos），大概於西元前四世紀製成。

狄蜜特（羅馬神為色列斯）

狄蜜特掌管穀物、收成與營養。她是宙斯的其中一位姐姐，又與宙斯育有一女，即日後成為冥后的波賽芬妮。狄蜜特深陷在死亡與重生的循環中，因為波賽芬妮遭到冥王黑帝斯綁架，一年有好幾個月必須待在地府，狄蜜特為了擄走的愛女哭得撕心裂肺，因此讓大地陷入荒蕪寒冬，女兒回歸後，世界又重新春和景明。而當祂苦尋失蹤愛女時，曾在厄琉西斯受到當地款待，所以後來在厄琉西斯，每年都會舉辦崇拜狄蜜特與波賽芬妮的密教入會儀式，稱為「厄琉西斯秘儀」（Eleusian mysteries）。狄蜜特的形象是一名成熟的女子，頭戴冠冕，手拿一捆捆小麥。其象徵物是裝滿收成的豐饒之角、麥穗、蓮花杖及有翅膀的蛇，聖物則是豬與蛇。

戴奧尼修斯（羅馬神為巴克斯）

祂掌管酒、慶典、酒醉、狂喜、混亂與戲劇。據說他出生兩次，頭一次是父親宙斯把祂從瀕死母親的子宮中搶救出來，然後縫進自己的大腿中，等到足月才又讓祂再出生一次。西元前五世紀之前，祂的形象為一個蓄鬍的男子，在那之後，轉變為苗條的青年，並與女祭司及羊男薩堤爾（Satyr）相伴。其象徵物為酒杯、一棵葡萄藤與一頂常春藤頭冠，聖物則包括驢子、海豚、蛇和老虎。戴奧尼修斯可算是非常古老的神，許早就得到人們膜拜，並取代灶神赫斯提亞成為奧林匹亞12主神之一。

赫菲斯托斯（羅馬神為伏爾甘）

鐵匠之神，同時也是火神、金屬加工與手工藝之神。赫菲斯托斯代表創造能力，形象為蓄鬍跛腳，帶著錘子、火鉗和鐵砧。祂有時騎驢，驢為祂的其中一個聖物。

希拉（羅馬神為朱諾）

希拉是宙斯的正妻與姐姐，也是宙斯的初戀與最終的愛。祂是眾神之后，也是掌管女性、生育、子嗣、國王、皇帝的神，形象為一名高貴的女子，戴著王冠與面紗，手拿一根蓮花杖。她屢屢遭受丈夫宙斯出軌偷情，也因此讓她變得心生嫉妒與意圖報復。天后的聖物包括小母牛、孔雀與杜鵑。

左圖是戴王冠的希拉頭像，為西元前五世紀希臘雕塑的羅馬複製品。這類型的希拉像稱為《巴貝里尼希拉》（Barberini Hera），因為最有名的一尊全身像於西元十六世紀在羅馬出土後，為巴貝里尼家族所擁有。

上圖為西元二世紀羅馬的狄蜜特大理石像，又名《阿爾騰普斯宮的狄蜜特》（the Demeter Altemps），傳為西元前五世紀希臘原作的仿作。

右圖是西元二世紀的戴奧尼修斯大理石頭像，風格上受到希臘化時代的造像啟發。葡萄酒在希臘文化中扮演舉足輕重的角色，而崇奉戴奧尼修斯的秘教則著重在大喝過癮。人們視葡萄、葡萄藤和葡萄酒為神的恩典，並相信喝葡萄酒能減輕苦痛、帶來歡樂。

右圖為赫斯提亞像在羅馬時代的大理石複製品，希臘的原始雕像為青銅製作，年代可追溯至西元前460年。因為此複製品曾為文森佐·裘定納尼侯爵（Vincenzo Giustiniani）的收藏品，所以又名《裘定納尼的赫斯提亞》（Hestia Giustiniani）。

上圖為《扛著公羊的赫密士（Hermes Kriophoros）》，是西元前五世紀希臘原作的羅馬晚期複製品。古希臘字kriophoros意思是「扛著羊的人」，這個稱號通常與赫密士有所關聯。

赫密士（羅馬神為墨丘利）

祂是眾神使者，也是溝通、貿易、語言、旅行、偷盜與寫作之神。赫密士為宙斯的另一個兒子，負責帶領剛離世的亡者進入來世。祂的代表物包含長翅膀的涼鞋和旅行帽，聖物則是陸龜。

赫斯提亞（羅馬神為維斯塔）

赫斯提亞是宙斯的長姐，保有聖潔之身，掌管爐灶、家庭與貞操。相對來說，赫斯提亞很少出現在希臘藝術之中，據說祂把自己在奧林匹亞12主神中的地位讓給了戴奧尼修斯。赫斯提亞的象徵是壁爐與水壺，但祂鮮少出現在神話故事裡。

波賽頓（羅馬神為涅普頓）

波賽頓掌管海洋、河流、洪水、乾旱與地震，海洋及水域都歸祂管轄，其形象為一名體格強壯、手持三叉戟、蓄鬍的中年男子，聖物為馬及海豚。

宙斯（羅馬神為朱庇特）

宙斯是奧林帕斯山上至高無上的神，主管天空、氣候、打雷、閃電、法律與秩序，還有正義。作為命運的主宰，祂在人間和在天界一樣，都是以暴力來伸張正義。宙斯也引誘多位凡間女子，為了接近莉達，祂化身天鵝；在歐羅芭面前則變成一頭公牛；化作一場金雨讓達那厄懷孕。宙斯的形象為一位蓄鬍、有著帝王霸氣的中年男子，祂的象徵物是王室權杖與閃電，聖物則包括公牛。

右圖為1877年在米洛斯島出土的《米洛斯島的波賽頓像》，以帕羅斯的大理石雕製於西元前125到100年。神像高2.35公尺，海神赤裸上身，擺出君臨天下的姿態，舉起結實的右臂，肌肉線條隨之清晰可見。

上圖為《奧特里科利的宙斯》（Zeus of Otricoli）的羅馬時代仿品，希臘原作可追溯自西元前四世紀。1775年時在一次由教宗庇護六世贊助的挖掘工作中，於奧特里科利出土，因而得名。

德爾菲神諭

德爾菲的歷史最早可追溯至西元前十四世紀，這處全希臘最重要的聖所，在西元前八世紀中期地位變得更加崇高。德爾菲聖地建在神聖的山泉附近，雖然地處偏遠，但風景怡人，向來被人們視為「世界的肚臍」。阿波羅神廟的女祭司稱為「皮媞亞」（Pythia），她們掌管著德爾菲，人們會從希臘的四面八方趕來諦聽她神祕難解的諭示。

上圖為真人大小的德爾菲戰車御夫青銅像，1896年於阿波羅神殿中發現。這個年輕人的表情平靜，散發出沉著的自信，可能描繪他勝利在望的時刻。此雕像是為了紀念西元前470年的皮媞亞運動會，也是古希臘時代雕像倖存至今最著名的其中一座。

右圖是西元前330年左右的帕斯坦紅繪大型調酒容器上，描繪女祭司皮媞亞或德爾菲神諭的場景。她坐在三足座位上，因攝取藥物或吸入天然致幻氣體而呈現狂喜狀態，從口中吐出神諭。

聖所位於科林斯附近的帕納索斯山上，舊名為「皮托」（Pytho），因為據信阿波羅曾在此殺死一條蟒蛇（Python）。在這裡所發展出的宗教儀式，吸引眾多信徒前來尋求女祭司的言語，希望透過神諭來預知未來。儀式過程十分漫長，包括在聖泉裡洗滌、焚燒月桂葉及飲用聖水。接著會有動物獻祭，通常為山羊。獻祭之後，祭祀隊伍進入神廟的內殿（adytum），在那裡，女祭司進入一種狂喜的恍惚狀態，嘴裡開始念念有詞。女祭司精神狀態的改變，可能為藥物作用所致，更有可能是吸入了天然的致幻氣體。在神廟附近有兩條地質斷層線交錯，從地下釋放出乙烯，就是這種天然麻醉劑引發女祭司情緒激動。

承接神諭的女祭司，是從周邊地區挑選出名聲良好的年長農婦擔任。根據占星與地質學的判定，在一年之中選定幾個良辰吉日，女祭司會獨自坐在內殿的三足架上，低頭垂近釋放出氣體的地上裂隙。進入恍惚狀態後，皮媞亞會開始「狂呼」，這是一種達到狂喜狀態的語言，然後神廟的其他祭司會將她的「話語」翻譯成優雅的六步格韻文。冬天時，因為阿波羅不在德爾菲，而是由戴奧尼修斯坐鎮，所以冬天並沒有祈求神諭的儀式。

有時，神諭顯得極為含糊。當富有的呂底亞國王克羅索斯準備與波斯交戰時，曾向阿波羅請求神諭。神諭內容說：「假如開戰，一個偉大帝國肯定滅亡。」於是，克羅索斯信心滿滿，大舉進攻，等到潰不成軍後，克羅索斯才意會到：「原來，偉大帝國指的不是波斯，而是呂底亞啊！」

德爾菲的「皮媞亞泛希臘運動會」始於西元前591到585年間，最初舉辦的是由獨唱歌手參加，唱誦阿波羅讚美詩的比賽，但後來也舉辦運動賽事。德爾菲作為一個歷史悠久的旅遊景點，由德爾菲近鄰同盟（Delphic Amphictyony）管理，管理委員會由來自色薩利

（Thessaly）及希臘中部的六個部落代表所組成，掌控德爾菲與皮媞亞運動會的運作，並共同管理此地事務，像是收集祭品、提高稅收和推動建設項目等。

聖所的第一座主要建築——多立克式的阿波羅神殿，於西元前548年慘遭祝融。第二代多立克式神廟則由雅典的阿爾西蒙德家族（the Alcemonid family）贊助籌建，約莫西元前510年完工，但是好景不常，該神殿於西元前330年的地震中重創，就此倒塌。今日所見的神廟遺跡，已是為了取代原神殿而建的第三代神廟了。

此外，德爾菲還有一座能容納五千名觀眾的劇場、一座雅典娜神廟、一座巨大的體育場和大約二十個收納希臘各城邦祭品的寶庫。寶庫中最宏偉的是雅典人寶庫，是在西元前490年雅典打贏波斯的馬拉松戰役後興建的。當時人們會建造紀念碑來紀念勝仗及重要事件，而希臘各城邦也會獻上一些著名的紀念物當作祭品，像是羅德島的黃金戰車，或是阿爾戈斯的十尊國王雕像等。前來祈禱的人走過崎嶇的「神聖之路」，途經各城邦寶庫及紀念碑，來到神諭所在之處。在這座距離各城邦如此遙遠的山上，神諭肯定為祈求者留下既深刻又驚嘆的回憶。

上圖為德爾菲「先於神廟的雅典娜」❶神廟（Athena Pronaia）的圓頂殿堂（tholos）遺跡。這些建築由阿提卡的大理石搭建，屬於古典時代晚期的圓形建築，建於西元前380到360年之間，外圍由20根多立克式柱所組成。

編註❶：因人們來到德爾菲，會先看到雅典娜神廟而得名。

人體之美——青年雕像與少女雕像

古風時代（Archaic period）晚期，人型雕像常常是獻祭供品，代表青春活力的理想化形態。隨著雕塑家越來越願意大膽嘗試，雕像也從嚴謹對稱的風格逐漸走向更貼近真實自然的樣貌。

毫無疑問是受到埃及雕像的影響，裸體男性青年的大理石雕像（稱為kouros，kouroi是複數形）越來越常出現在古風時期（約西元前800到480年）。這些青年男子雕像大都採正面站姿，手貼大腿外側，左腳略微前傾，從一絲不苟的結構比例與藝術手法來看，反映出當時解剖學已有相當進展。

雕像為真人大小或大於真人比例，多用來紀念亡者，或是作為獻給神的祭品，又或是崇拜的英雄人物。這些雕像被設置在神廟中或是墳墓上，這也多少解釋了為何雕像看起來動作拘謹、肅穆莊嚴。雕像絕大部份為大理石，但也有使用石灰岩、赤陶土、木材、青銅和象牙等材料。

隨著時間遞進，其藝術風格的演變令人驚豔。最早的青年雕像其實只是個平面圖像，以一系列相關聯的幾何平面拼湊出身體的輪廓，肌肉組織則是在身體表面切割出線條，看起來就像是用畫上去的。從西元前七世紀初開始，雕塑變得越來越立體，也越來越寫實。頭與身體以1:7的比例呈現，這樣的身體比例更接近於真實人體。其肌肉變得更有份量、線條也更清晰，而微笑則成為公式化的臉部表情，藉以緩和其嚴肅感。

少女雕像則稱為kore（複數形為korai），她們總是衣著整齊，主要出現在女性神明的聖所內。就在青年雕像的肌肉線條越來越自然、寫實的同時，女子雕像的衣裳也出現越來越多皺摺，顯示此時期的雕塑家正在勇敢嘗試，運用更多深度與光影的元素。

下圖左 這對雕像原本被認定是克琉比斯（Kleobis）和比同（Biton）兄弟，是當初阿爾戈斯獻給德爾菲的祭品，不過許多現代的考古學家認為雕像主角應是卡斯托（Castor）和波路克斯（Pollux）兄弟才對。雕像為大理石材質，約在西元前580年製成，高1.97公尺，皆超過真人大小。他們有著結實粗壯的肌肉，擺出kouroi典型的面向前方、雙腳一前一後的站姿。雕像也有著杏仁狀的大眼，臉上同樣掛著古風式的招牌微笑。

下圖中 為製於西元前500年左右的少女大理石像。這尊美麗的雕像高92公分，是雅典衛城41座雕像中的其中一座，所有這些雕像的原料都是來自帕羅斯的大理石。她有著杏仁狀的眼睛，頭戴頭冠，一頭長髮披在她束腰外衣的垂直皺褶中。

最右圖 為《穿著佩普洛斯的少女雕像》，同樣出自雅典衛城，約製於西元前530到525年間，高1.19公尺。因為除了身著襯衣外，她又穿了件稱為佩普洛斯（peplos）的厚重羊毛上衣，因此而得名。也有一種説法，認為此雕像並非少女像kore，而是阿提米絲的神像，因為她最初手裡可能拿著弓和箭。

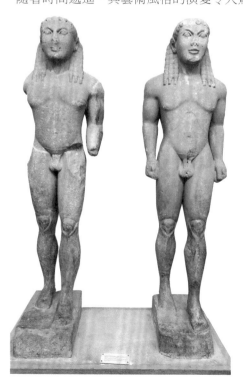

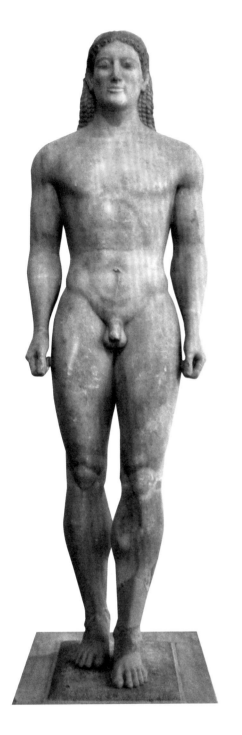

古風式微笑

青年與少女雕像臉上帶著的微笑，是古風時期雕像的顯著特色，大約在西元前六世紀開始出現。上翹的嘴唇看起來並不太自然，或許微笑表現的是理想中健康與幸福的象徵，不過也有可能單純只是表現臉頰和嘴唇之間肌肉線條的雕刻技術還不夠純熟的緣故。無論真正的原因為何，微笑為古風時代晚期的雕塑注入了活力與生氣，與早期雕像的僵硬表情形成鮮明對比。

上圖左是真人大小的大理石青年像，約製於西元前540年，於阿納維索斯（Anavysos）的一處墓地中發現。雕像底座刻著：「在克羅伊索斯的雕像前駐足並替他哀悼吧！這個墓裡躺著因戰神阿瑞斯的怒火而逝去的生命。」

上圖中是另一座帕羅斯大理石青年像，年代為西元前540到530年，於阿提卡地區梅倫達的一座古墳場中發現，高1.89公尺。這尊青年雕像旁還埋有另一座少女

像，代表的可能是他的姐姐或妹妹。專家認為，這兩尊雕像是阿爾克馬埃翁家族的成員，這個家族曾因反對雅典僭主庇西特拉圖而遭到流放。

上圖右為一古風時期的青年男子像，發現於底比斯附近的皮通聖所（Ptoon），年代約為西元前550至540年，雕像臉上是經典的古風式微笑。男子雕像有著長臉大眼，給人優雅高貴之感，他頂著一頭編辮複雜的精緻捲髮，從後腦垂落及肩。

大希臘地區

西元前八世紀中期起，希臘城邦開始向外擴張，把人民送到遙遠的土地去建立殖民地。希臘文化漸漸滲透到地中海，留下經久不衰的印記，並在殖民者之間強化了身為希臘人的認同感。

下圖到了西元前750年，腓尼基人和希臘城邦建立起橫跨地中海的殖民地，並發展出興盛的製造業與貿易榮景。希臘人的貿易成就，以及葡萄酒、橄欖油、金屬與紡織品的出口，使各城邦的觸角得以遍佈整個地中海。

移居海外，對希臘人來說早就習以為常，他們多的是經驗老到的航海家與四海為家的旅人。早在邁錫尼時代，希臘人的足跡就已遠達西西里島、義大利南部、埃及與小亞細亞海岸。而在西元前十二世紀，來自宮殿社會的移民者也開始在賽普勒斯定居。優卑亞島的居民素來以熱愛冒險著稱，他們可能早在西元前十世紀便已來到小亞細亞與泰爾城（Tyre，位於今日的黎巴嫩）。到了西元前780年，優卑亞人已佔領了敘利亞北部阿爾米納（Al Mina）

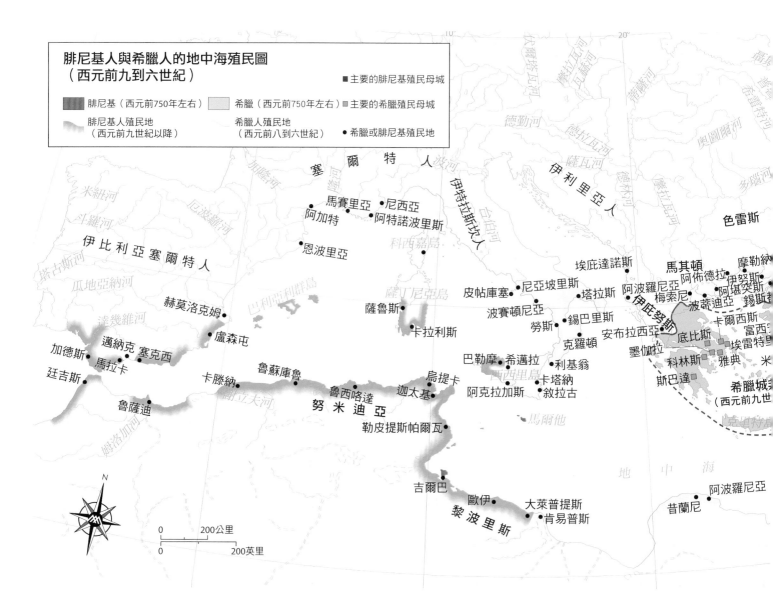

腓尼基人與希臘人的地中海殖民圖
（西元前九到六世紀）

■ 主要的腓尼基殖民母城

　腓尼基（西元前750年左右）　　　希臘（西元前750年左右）　■ 主要的希臘殖民母城

　腓尼基人殖民地（西元前九世紀以降）　　希臘人殖民地（西元前八到六世紀）　● 希臘或腓尼基殖民地

海岸的一處小型殖民地，與此同時，他們也前往西西里島及那不勒斯灣探路。無數跋山涉水的旅程，有許多都是為了尋找銅與錫，因此希臘人也開始效仿腓尼基人，在海外建立永久性的貿易據點（稱之為emporia）。

或許早期曾到希臘以外地區的旅人，把所見所聞帶回本土，讓人們知道外頭還有肥沃的土地等著他們前往一探究竟。隨著希臘人口急遽成長，多子多孫的貴族家庭也開始感到不堪負荷，於是一些無法在家中搶到一席之地的多餘子孫，帶著一群渴望冒險或是想為生活賭

一把的底層族群開始走出海外，為希臘的殖民大業打起頭陣。海外殖民也獲得希臘諸神的同意，準移民們會在出發之前先到神廟請求神諭，藉由吉兆來印證神明的認可。一旦殖民地建立起來，開路先鋒就會得到眾人崇敬，並為他立下紀念日慶祝。

希臘周圍的島嶼是本土城邦的殖民首選，像是科林斯就在西元前733年建立了科希拉（Corcyra，今日的科孚島）。從那時起，希臘人開始在富饒的西西里島東岸定居，這也標記了希臘歷史所開啟的新扉頁，他們以此為據點，開始向義大利海岸與今日的阿爾巴尼亞海岸線移動。此外，希臘人的足跡也沿著黑海北岸前進。據估計，到西元前550年，希臘人的海外城邦就高達60多個，其中又以義大利南部與西西里島最有「希臘氣息」。最終，希臘人的殖民地最西延伸到西班牙南部，而最東則到了克里米亞半島，不過其中有許多殖民地只是簡單的貿易據點，住著商人與水手之類的臨時居民。

殖民化的過程意味著當地原住民往往不得不低頭臣服，並被迫成為農業勞動人口與手工業者。時光推移，殖民者娶了當地女子為妻，且藉由通婚、外交、結盟等複雜過程來維持統治，有時還會爆發零星的戰爭。

海外城邦也保留了與母邦之間的聯繫，無論從社會風俗、宗教崇拜與節日都可見一斑。可是另一方面，建立海外新城邦代表著他們脫離母邦的決定，有些移民者甚至遭母邦禁止「返鄉」好幾年。

新土地就像一張白紙，充滿無限生機，可以好好規畫，建造出雄偉的公共建設與神廟。因此，一些早期的市鎮規畫都是殖民式的，希臘人毫無保留地輸出母邦特色，興建起集會所、競技場、劇場、體育館、聖殿與神廟。周邊的農地全面開墾，當地可取得的資源也在遠程貿易網中上架。新領土同時提供五花八門前

上圖為塞利農特（Selinunte）的希拉神廟。塞利農特是西西里島西南岸的一座希臘
古城，由來自阿提卡西部墨伽拉·海布利亞城（Megara　Hyblaea）的殖民者在西元
前628年所建立，命名緣由是在該地發現了大量野生芹菜（希臘文為selinon）。希拉
神廟建於西元前六世紀中葉，立基在一座更古老建築的地基上。

所未見的物品與奢侈品，都是母邦所熱切風靡的，例如黑海大草原的馬匹、那不勒斯灣的亞麻以及利比亞的番紅花等。與此同時，希臘人也把他們的字母表和語言帶往新征服的海外世界，引進橄欖、葡萄，進口彩繪陶器，並讓新公民接受嚴格的體能鍛鍊。

有些殖民地憑藉著自己的實力蒸蒸日上，像是西西里島南部的阿卡拉賈斯(Akragas，即今日的阿格里真托)，在西元前五世紀初就擁有20萬人口。再如義大利南部的賽巴里斯（Sybaris），人口足足有50萬，並成為奢華生活的同義詞，據說他們發明了土耳其浴，還教導馬隻隨著笛音起舞。有些殖民地變得非常強大，像是西西里島的敘拉古就曾尋求擴張，建立起自己的帝國。不僅如此，一些強大的殖民地甚至還另外再建立自己的殖民地，並鑄造屬於自己的貨幣，就像最初的希臘母邦一樣。

在整個大希臘地區（Magna Graecia），希臘移民者的四周都是異邦人，但他們仍堅守自己的文化傳統，依舊忠於母邦，珍視自己的希臘身份。到了西元前650年，泛希臘（Panhellenes）這個詞彙於焉誕生，意思是「所有希臘人團結在一起」。

下圖是義大利阿普利亞（Apulia）南部沿岸的塔林敦（Tarentum）硬幣，年代約在西元前500至480年。塔林敦（最初以Taras之名為希臘人所知）是斯巴達人在西元前706年所建立的殖民地，當時是德爾菲神諭指示他們在義大利塔拉斯河畔定居的。塔林敦有個良港，因此在整部上古史中都有著重要的戰略意義。

奧林匹克競賽

奧林匹克運動會的歷史可追溯至西元前776年，起源於伯羅奔尼撒半島西部，是為了榮耀天神宙斯的宗教慶典的一部分，在奧林匹亞的宙斯聖地舉辦。其最初只是該地區的年輕貴族聚集在一起進行體能競賽，到了西元前六世紀，已成為全希臘共襄盛舉的熱鬧活動，也是古希臘留給現代世界的重要遺產之一。

上圖為阿提卡泛雅典娜節的黑繪雙耳陶瓶，瓶身畫有四名長跑選手，製於西元前320年左右。這類大型陶器裡裝盛著橄欖油，原料來自雅典學院中的聖林，是奧運會的一樣獎品。

右圖為阿提卡作為泛雅典娜節獎品的雙耳瓶，上面畫著兩位拳擊手，製於西元前490到480年間。左側拳擊手舉起左手，擺出防守姿勢；右側拳擊手的側臉，從眼睛下方到顴骨之間有明顯記號，以此描繪他的臉部腫起。

雖然奧運會並不限定只有貴族才能參加，但起初的確是由貴族成員主導，畢竟只有他們有足夠的閒暇時間來訓練，並讓體態臻於完美。主要比賽項目為拳擊、賽跑、投擲和摔跤，因為缺少規則限制，所以頗為激烈粗暴，往往導致運動員身受重傷。當時奧運會只有男性能夠參加，而且選手全程都以裸體參賽。

四年一度的比賽消息，由傳令使者奔波前往希臘各主要城邦宣布。人們從希臘四面八方前來共襄盛舉，而在賽會前一個月，所有城邦皆要簽署休戰協定，這意味開戰的城邦之間必須暫時放下干戈，好讓前往觀賽的群眾得以安全抵達。籌辦官方與裁判發誓絕不收賄放水，用心謹慎地主持活動。他們監督比賽，手持鞭子或棍棒，如果抓到有選手作弊或發現相關證據，就會當場加以毆打懲罰。

最有看頭的賽事莫過於賽馬與戰車比賽，這兩者都是貴族比較占優勢，因為他們要不是本身實力好，就是有足夠資源擁有並訓練馬匹，又或是付得起錢請優秀騎士代替出賽。賽馬選手們沿著競賽場中的賽道策馬奔馳，別忘了在那個時代，馬鞍和馬蹬都尚未問世。奧林匹克的戰車競賽，甚至容許貴族女子一同角逐冠軍，只要她出得起雇用戰車與御者的費用。這是女性唯一可以參加的奧運項目，儘管如此，她們仍不被允許作為觀眾在場邊觀賽，換句話說，她們必須親自上陣在比賽中拼搏，以榮耀宙斯的妻子——天后希拉。

摔跤與拳擊也是人氣項目，還有一種古希臘式的自由搏擊，名為pankration，可看作是前述兩者的結合，允許使用任何殘酷的攻擊方式，像是挖眼、踩踏或痛踢對方。在拳擊手套發明之前，選手們用皮帶捆住拳頭當作防護裝備。摔跤運動的看點是選手的技巧與敏捷度，屬於古代五項全能的其中一項，而其他四項分

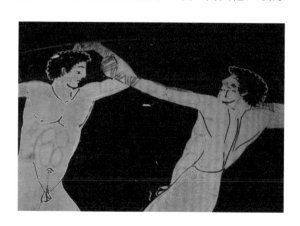

別為：鐵餅、標槍、跳遠和賽跑。

　　最古老且最有聲望的項目是賽跑，當時奧林匹克競技場的跑道長度為192.28公尺，選手們以站姿起跑，起跑線是一排鋪設在跑道上的石板。除了短跑外，也有長距離賽跑項目。在古代跳遠項目中，運動員會拿著類似啞鈴的重物，稱為halteres，起跳時用力向前揮，落地前再把重物向後甩，以此增加推力與衝力。擲鐵餅也和現代不同，運動員將鐵餅擲出時並不會原地旋轉身體，所以他們的平均投擲距離只有30公尺，是現代選手的一半而已。

　　獲勝的運動員會得到勝利的棕櫚葉作為獎勵，並在頭上、腿上與手臂上以羊毛緞帶來裝飾。至於最高榮譽的獎品，則是從宙斯神廟的聖樹上摘下的橄欖枝所編成的花環。希臘神話中，尼姬（Nike）是眾神的使者，也是勝利的化身，而祂與奧運主神宙斯也交情甚密。在奧林匹亞地區，尼姬的雕像特別顯眼，形象常作振翅飛翔、手持勝利緞帶或花環，準備為獲勝的選手加冕。

上圖是奧林匹亞競技場的跑道，總長為192.28公尺，是以黏土夯實的硬地材質。跑道呈筆直路線，有個作為折返標誌的柱子，確保所有選手都能以相同的距離完賽。突起的石頭平台是裁判席，裁判席前方的空地可能是頒獎台。

上圖為一阿提卡泛雅典娜的雙耳罐，描繪一位戰車選手迎向勝利的場景，製於西元前490到480年左右。四馬雙輪的戰車比賽，是最受矚目、最為榮譽的奧運馬術項目。戰車選手站在木輪的敞背戰車裡，戰車的重心全在車軸之上。

勒斯博島的抒情詩

抒情詩（lyric verse）一詞，本是單純用來指稱以里拉琴（lyre）伴奏的樂曲。這些樂曲的歌詞通常偏短，內容大抵是個人情感或蘊含濃情蜜意的詩歌，男女都能唱誦。抒情詩因為直抒胸臆的特色而漸受歡迎，人人都能唱出代表自己與所處時代的想法及感受，所以在古風時期晚期，集體主義不再掛帥，藝術家和創作人紛紛一展長才。

人們對希臘女詩人莎芙（Sappho）的生平所知甚少，莎芙出生於西元前620年勒斯博島（Lesbos）的一個貴族家庭，所處年代正值勒斯博島抒情詩的鼎盛時期，而她當然也

上圖為繪有抒情詩人莎芙與阿爾凱奧斯的大型紅繪花瓶，製於西元前470年西西里島的阿卡拉賈斯。人們認為莎芙（約西元前630-570年）與阿爾凱奧斯（約西元前625-580年）不只相識，還經常互相切磋。這兩位詩人都出生在勒斯博島的富裕家庭。

和同鄉詩人阿爾凱奧斯(Alcaeus)有書信上的往來。莎芙從小學習里拉琴，因為她不見容於當權者的政治觀點，曾二度遭流放至西西里島。莎芙在當時享負盛名，人們為了紀念她，還為她立了雕像，並鑄造以她為名的硬幣。

目前已知的是，她有幾位兄弟，結過婚，並育有一位名叫克蕾伊絲（Cleis）的女兒。古希臘的人們尊她為最偉大的詩人之一，柏拉圖更是將之譽為「第十位繆思女神」。她對自己的情慾及性向毫不感到羞恥與遮掩，即便在古代，她在詩歌方面享有崇高地位，人們還是會因她的坦誠大方而嘲笑、詆毀她。

莎芙的詩技法成熟，她甚至替自己的詩歌風格命名「莎韻」（Sapphic metre），其詩文看似複雜前衛，實則簡潔有力、誠懇而直接。莎芙成為一代又一代浪漫主義詩人的靈感來源，像是雪萊、拜倫、丁尼生都深深著迷於她的詩歌，因為莎芙就像是那發自內心的孤獨聲音，探索在愛情排山倒海的力量中。在情感上，她高度強調個人意識、私人感受和主觀經驗，這與當時的敘事史詩、儀式唱頌或宮廷詩歌形成強烈對比。

莎芙的創作都是為了搭配里拉琴伴奏，口頭唱給少數朋友與情人們聽，而不是寫給非特定對象的文本，目標聽眾更非公眾人物與達官顯貴。莎芙的作品讓她流芳百世，在她死後千百年依然繼續被傳唱、教授與背誦，以致於她的許多詩句現在都成了希臘文中的常用語。

另一位與莎芙同時期的詩人阿爾凱奧斯出

「盡情喝吧！為何還要苦等華燈初上？好好珍惜僅剩的一寸日光。我親愛的朋友啊！舉起你的彩繪精緻的豪杯……」

摘自阿爾凱奧斯〈美酒光陰〉

「倘若妳忘了我，想想我們給阿芙蘿黛蒂的禮物吧！想想我們分享的所有可愛物品——紫羅蘭花冠、編織的玫瑰花蕾、小茴香和番紅花，繞在妳年輕別透的粉頸上……」

摘自莎芙〈她尚未捎來隻字片語〉

左圖為阿提卡的紅繪杯皿，杯身上繪有一名里拉琴手，製於西元前五世紀左右。里拉琴有七條絃，或站或坐都能演奏，常出現在各種場合，像是婚喪喜慶、特殊節日，既可以單獨演奏，也能作為唱誦抒情詩的伴奏樂器。

生於西元前625年，也是勒斯博島的貴族家庭成員。勒斯博島長期由世襲國王統治，但阿爾凱奧斯與他的兄弟們希望打破時局，一同捲入了註定以失敗收場的政治鬥爭，導致他最終遭到流放的命運。一名古代評論家指出，他一共被流放了足足有三次。

莎芙與阿爾凱奧斯在同一個時期生活在同一座島上，因此他們極有可能見過對方，也許是在詩人表演的節慶場合相遇。如同莎芙一樣，阿爾凱奧斯也是用伊奧利克方言（the Aeolic dialect）進行創作。

他的創作主題主要分為四種：美酒、政治、讚美詩與情歌。雖然他的作品不如莎芙那般情感濃烈，但內容靈巧、活潑、容易感同身受，同樣備受好評。詩歌描述自身成長的保守環境，也有政治辯論、個人仇恨、縱情享樂與針砭時弊。阿爾凱奧斯對葡萄酒的愛屢見於其作品中，而使他名垂千古的，則是他的政治寓言詩〈國家之船〉（Ship of State）。

左圖是西元前四世紀的女子頭像，推測為知名雕刻家西拉尼昂（Silanion）的莎芙雕像原作的仿作品，是西拉尼昂根據想像所刻劃出的理想莎芙樣貌。而在古代文獻中，則描述莎芙身材嬌小、膚色黝黑。

民主制度的萌芽

民主是古希臘留給現代社會最珍貴且恆久的資產。直至西元前六世紀末，雅典的民主進程可說是長路漫漫、斷斷續續，這條路從梭倫（Solon）的立法開始，到克里斯提尼（Cleisthenes）的改革終於開花結果。

下圖為西元前110年希臘的梭倫半身像在羅馬時代的複製品。梭倫（西元前630-560年左右）是雅典政治家、立法者與詩人，也是奠定雅典民主的重要人物。

讓雅典政府痛定思痛、決定改革的導火線，是日益嚴重的農業危機。當時的地主們將無力償還債務的人民變賣，成為奴隸，從而造成社會動盪。到了西元前570年，危機看似一觸即發，人們一致同意，調解是唯一出路。

梭倫生於西元前630年的雅典，是一名貴族成員，也是成功的商人，他的致富之道並非來自坐擁土地，而是經商有術。梭倫認為，濫用財富是萬惡根源，並相信值得為自由而奮鬥，尤其是為自己社區內的居民挺身而進。不過，這並不代表他要掀起反動，或是提出激進的土地再分配計畫。

梭倫的做法是，先利用執政官的權力，把矛頭對向富人與貴族階級。他廢除小地主必須付給貴族領主的「會費」，這筆費用類似一種「保護費」，顯然極不公平。不過即使是貴族也都默許了新政策，因為他們相信梭倫不至於更加激進，把富人的土地重新分配給窮人。儘管如此，梭倫仍禁止債權人強迫債務人用自己的人身作保，藉此終結了債務奴隸制。他也宣布，從此以後，所有雅典人都是自由身，在阿提卡地區，也就是雅典所在之處，奴隸只能是外邦人。梭倫相信積極主動的公民意識，而這種意識受到抽象客觀的正義所保護，並體現在法律條文之中。

梭倫感覺自己是「被一群獵狗包圍的狼」，他意識到自己對貴族的妥協，雖然能化解當前危機，卻治標不治本。不過，梭倫的其他改革的確對雅典的未來影響深遠。他建立了陪審法庭（the Heliaea，又稱公民法庭），賦予每位公民提起訴訟的權利。更重要的是，梭倫重新定義了雅典的階級結構，讓財產成為權力和地位的新標準，而不是以血統作依據。人民從此共分為四個等級，而只有前兩個等級才能出任要職。

雖然梭倫大刀闊斧改革，但他終究屬於

保守派，儘管他重新定義階級畫分，可是制度依舊僵化。會有如此一說，是因為梭倫有許多私人立法與遺產、收養有關，保護了血統和財產上的權利，所以舊有氏族的權力結構依舊完整保留下來。梭倫完成改革後，離開雅典遠遊十年，但就在這段期間，由於不同派系在議會中爭權奪利，雅典再度陷入一片混亂。此時，庇西特拉圖（Peisistratos，西元前600-527年）作為一名強人，崛起得正是時候。他是一位僭主，凝聚了整個阿提卡的實力，並使該地區大為繁榮。他積累大量個人財富，三次入主雅典，卻也兩度遭到流放。最終在西元前564年，他於海美塔斯山（Mount Hymettus）附近奇襲了雅典軍隊，終於大權獨攬，確立自己無可挑戰的僭主地位。庇西特拉圖建立農村巡迴法庭，藉以削弱地方權貴的權力，並透過低利率貸款給小農民，幫助他們拿回土地所有權。他還著手進行規模宏大的公共建設計畫。而透過對宗教與藝術的贊助，他讓雅典的名望在國際間發光發熱，這對於定義與形塑這座城市大有助益。庇西特拉圖過世後，人們讚譽他在位時期為「克諾洛斯的年代」❶，亦即所謂的「黃金時代」。

只可惜，庇西特拉圖身後留下的財產是兩個無能的兒子，最終一個死於暗殺，另一個則殘暴傲慢。於是派系鬥爭捲土重來，就在此時，一位沒落氏族的領袖——克里斯提尼，在西元前508年，靠著承諾讓人民共享「統治國家的權力」而得到大眾支持。然而他的政敵伊薩哥拉斯（Isagoras）聯合斯巴達人到雅典將他流放，並鎮壓才剛獲取新權力的平民，此舉引發了一場天翻地覆的暴動，最終，斯巴達人遭到驅逐，克里斯提尼凱旋回歸。

克里斯提尼的改革給予每個自由人投票權，無論是否擁有土地，都能參與決策。城市不再以部落或宗族畫分，而是按照地理區劃，分為170個自治社區，各社區都有自己的議會、財庫與首長。他也創立了十個新群落，每個群落都有從城市、沿海與內陸地區分配到管轄地。新的「五百人議會」是實際上的政府管理機構，由各群落各派出50名代表輪流組成，平均每36天更換代表一次，以確保大多數公民都能參與政策。至此，雅典的民主制度已然成熟。

編註❶：希臘神話中，泰坦神時代的主宰。

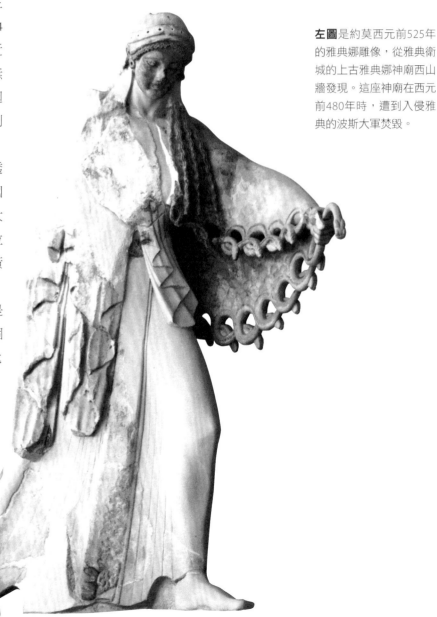

左圖是約莫西元前525年的雅典娜雕像，從雅典衛城的上古雅典娜神廟西山牆發現。這座神廟在西元前480年時，遭到入侵雅典的波斯大軍焚毀。

雅典品牌形象

西元前六世紀，雅典的繁榮發展迅速起飛，雄偉的建築開始點綴這座城市，創造出一股獨特氛圍。不過諷刺的是，雅典一直以民主搖籃為榮，但回顧歷史，雅典的民主進程卻是在專制僭主庇西特拉圖與他兒子們的統治下（西元前560-510年）所催生。

雅典娜是戰爭與智慧女神，她是從宙斯的頭骨中誕生，並且出生時就已是披盔戴甲的成人之軀。雅典娜曾經和海神波賽頓競爭要當這座城市的守護神，波賽頓把祂的三叉戟刺進地上，於是湧出一股鹹水泉，而雅典娜也不惶多讓，變出一棵橄欖樹來回應，於是在眾神裁決下，雅典娜贏得勝利成了守護神，而這座城市也以祂來命名。

西元前六世紀，一座以石材建成的大型神廟取代了原本雅典衛城上的原始神殿。約莫西元前580年，名為赫卡托巴恩（Hecatompedon，意為百尺之高）的雅典娜神

廟，在今日帕德嫩神廟的現址被建造起來。西元前530年，為了榮耀城市守護神，人們又在衛城中心附近立了一座新神廟，並以大理石山形牆上的雕塑裝飾，刻劃出諸神與泰坦巨人之間的戰鬥。較小的建築物與寶庫聚集在這些宏偉的建築周圍，裡面堆滿了由大理石、青銅及赤陶土製成的奉獻祭品。雅典衛城至此已成為一處壯麗的聖所，由一條寬闊氣派的坡道引導人們前往。

西元前566年，庇西特拉圖重新規畫泛雅典娜節運動會（Panathenaic Games）來榮耀女神，確立了每四年舉行一次的周期。這很快就成為盛大的宗教節慶，雅典人深深以此自豪，慶典包含場面浩大的遊行，隊伍則有步兵團、工匠、祭司、一般雅典市民與異邦人，他們一同見證動物獻祭、宗教敬拜與運動賽事。比賽獲勝者會得到裝在雙耳罐裡的特製橄欖油，雙耳罐一邊裝飾著女神像，另一邊則裝飾著運動員對應的體育項目。

透過這些方式，雅典娜女神融入了雅典人生活上的各個層面，感染了所有市民，也激發出他們強烈的忠誠感和熱愛城邦的心。這一方面因為雅典娜是城邦的守護神，但更重要的是祂所代表的智慧與戰略技巧，讓祂得到世人們的尊敬。雅典娜送給公民的務實禮物——橄欖樹，鞏固著農業與手工業在城市中的重要地位，對雅典城與其腹地阿提卡的發展極其寶貴。

西元前510年，雅典站在黃金時代的邊緣，即將實施改革、為世界帶來第一個民主政體的前夕，鑄造出一枚新銀幣，而上方的貓頭

右圖是西元前460年左右的帕羅斯大理石哀傷雅典娜浮雕，雕刻在帕德嫩神廟南邊的一棟建築物牆上。雅典娜頭戴戰盔，手持長矛，她神情哀戚、目光低垂地望向一根柱子，人們猜測這是為了紀念死去的雅典人而立的紀念物，極有可能是為戰死沙場的雅典士兵哀悼。

上圖是位在雅典衛城的厄瑞克忒翁神廟（the Erechtheion temple），於西元前426到406年落成，用來供奉古代的雅典娜木製雕像。因為在西元前480年波斯進攻雅典時，衛城許多建物遭到破壞，而這座神廟就是戰後重建的浩大工程中的其中一環。神廟主要是獻給雅典娜與波賽頓，也有可能是為了紀念雅典傳說中的古代國王厄瑞克忒翁，據說他就葬在神廟附近。

左圖是《裘定納尼的雅典娜》，為希臘雅典娜雕像的羅馬複製品，在她腳邊的是雅典衛城的守護聖蛇。雅典人相信，有一條大蛇住在雅典衛城的某座神廟中（極有可能是厄瑞克忒翁神廟），並經常向祂供奉蜂蜜蛋糕。女神以戰士的形象現身，並頭戴一頂以公羊頭作裝飾的頭盔。

鷹圖樣，就是雅典娜的象徵。一枚枚小銀幣不僅用來促進商貿往來，也是在國際間宣揚雅典形象的一種方式。就像今日的美元一樣，當時雅典的貓頭鷹硬幣受到廣泛認可，方便兌換，因此成為當時世上最重要的貿易流通貨幣，在古代世界傳播著雅典獨特的「品牌形象」。

下圖為雅典的四德拉克馬（tetradrachm，希臘貨幣單位）銀幣，鑄於西元前410年左右。硬幣正面是雅典娜頭像，她頭戴一頂以三片橄欖葉裝飾的阿提卡頭盔，背面則是其象徵物貓頭鷹，一旁還有兩葉的橄欖枝相襯。自西元前510年以降，雅典不斷鑄造一枚枚貓頭鷹幣，前後超過500年之久。

從陶瓶彩繪看希臘日常

古希臘彩繪陶瓶大量留存至今，陶瓶上的彩繪題材多采多姿，以自然主義風格仔細描繪出現實生活中的場景，從衣著打扮到用餐飲食、從匠作工藝到宗教儀式，甚至還有性生活，提供後世考古學家研究古希臘人日常既豐富又詳細的第一手資料。

上圖為陶匠歐弗洛尼奧斯（Euphronios）筆下的飲酒狂歡者和妓女，落款於西元前500年左右。這只阿提卡的紅繪雙耳寬口淺杯（kylix），畫中的妓女有把里拉琴，在一副閒情逸致的中年男客注視下，她正在整裝繫好長裙。

著再度放上陶輪打磨平順，也就是在這個階段開始彩繪瓶身。其中一種普遍的作法是以含有氧化鐵的高純度陶土作為化妝土，在瓶身上施以圖紋。最後再將容器透過複雜的程序反覆燒製成形，使胎土的部分呈現橘紅色澤，而上過陶衣之處的顏色則漸漸變深。除了最常見的紅繪與黑繪陶器外，也有添加白泥或增強紫色色調等特殊的形式。

製作陶器顯然需要純熟的技藝，繪師和陶匠攜手合作，他們有時甚至會在作品上落款，儘管絕大多數被發現的陶器上是沒有找到簽名的。就像文藝復興時期的藝術家工作坊一樣，繪者們通常都是在一位陶藝大師的監督下，於工作坊中集體工作。彩繪陶瓶的價錢相對來說並不貴，大約是體力勞動者一天的工資。而當時陶器的需求量十分龐大，出口到整個地中海地區，有些陶匠會搬到其他城市落腳，尤其是在希臘的海外殖民地建立工作坊，有時還會發展出地區性的自我風格。

雖然這些陶瓶裝飾得很漂亮，但它們大都是拿來實用的，經常用來盛裝橄欖油、葡萄酒或香水。因此，不同形制的陶瓶也都有其固定功能，例如：雙耳罐（amphorae）用於儲存和運送液體物質；有握把的巨型容器（krater）用

用來製作陶器的陶土在希臘全境都很容易取得，品質最好的是阿提卡的橘紅色陶土與科林斯的淡棕黃色陶土。胎土放在陶輪上成形，通常先做成水平的片塊，從底部到瓶頸，然後用黏土以滑動的方式黏合在一起，接

來兌水稀釋葡萄酒；帶柄的小杯罐則用來盛裝香水和橄欖油。

陶瓶上的彩繪不斷與時俱進。西元前1000年左右的早期陶器，只是以幾何圖案作為裝飾，從最初簡單的圓形、半圓和水平線，慢慢又發展成更複雜的幾何圖形。從西元前八世紀開始，輪廓單純的人類、鳥類等動物圖案逐漸出現。西元前七世紀，科林斯因為大量與黎凡特、地中海東岸通商貿易，陶瓶彩繪也開始東方化，如蓮花、棕櫚樹等都成為圖案內容。到了西元前七世紀末，科林斯的陶匠們在雕刻黑彩人物上達到了登峰造極的新境界，帶動起黑繪式瓶畫的風潮。阿提卡陶匠很快就學會這種技法，並轉變為屬於自己的風格，在接下來的150年間，稱霸希臘陶藝市場。

瓶身繪畫最常見的主題像是神話傳說、英雄故事、方陣中的重裝步兵及講究的戰鬥場景。這些人物線條流暢，儀態雍容優雅，舉止充滿動感與生命力，這樣傑出的表現方式，都是透過對肌肉組織與動作細節的密切觀察才能辦到，令人印象深刻。

約莫在西元前530年，雅典的陶匠發明了紅繪人物工法，靠著這種技術，讓主題圖案保留陶土的顏色，而背景則填滿化妝土，使其燒製成黑色。接著，工匠用筆刷稀釋釉料，描繪細微處的線條。這種最初與黑繪式畫法同時並存的風格，接下來又繼續風行了150多年。紅繪式風格所使用的畫筆，給予畫師更多處理細節的空間，像是臉部表情、服裝線條等，而他們也得以嘗試透視畫法的技巧，以及更加複雜的構圖，這些細節在紅繪的陶瓶上都能明顯地表現出來。日常生活場景則包含體育競賽、狩獵、飲酒、工匠的工作情景、田地間的農事勞動、婦女們的家務等，都是陶瓶身上常見的主題。就連抽象的時間感也能在彩繪中清楚表達，像是指涉夜間活動時，就會描繪出燈具及火把。到了西元前五世紀末，畫師技巧更臻成熟，已足以描繪情感的流動，像是離別時刻的酸楚、音樂創作等藝術活動、宴會上的熱烈交流等。

下圖是在義大利武爾奇出土的阿提卡黑繪細頸雙耳瓶，約製於西元前520年，描繪一群年輕男子在摘採橄欖。古典時期，希臘橄欖油出口到當時已知的世界各地。西元前六世紀，偉大的雅典立法者梭倫通過了第一條保護橄欖樹不受濫伐的法令。

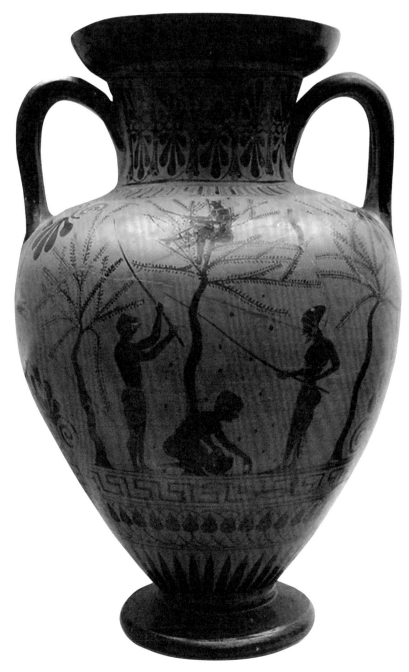

左圖是西元前500年左右的阿提卡黑繪雙耳陶器（pelike，用來裝酒或其他液體），描繪一位鞋匠正在沿著顧客的腳形，裁切出符合尺寸的皮革鞋底。顧客看似平衡感不太好，還把一隻手放在鞋匠頭上。另一名男子手持拐杖看著，可能為鞋店老闆。

右圖是西元前470到460年的阿提卡紅繪陶瓶，描繪兩位浣衣女子。希臘婦女的職責是操持家務和養育子女，已婚婦女被要求完成許多工作，像是紡紗織布、打掃洗衣、烤麵包、烹飪與取水。

左圖為西元前540年左右的黑繪赤陶土雙耳罐，描繪眾多吹笛手與舞者。音樂與舞蹈常見於宗教遊行與特殊宗教場合，例如雅典酒神節。而在像是伊斯米亞、德爾菲與尼米亞所舉辦的泛希臘節慶中的競賽，也常有音樂、舞蹈、詩歌、戲劇表演登場。

右圖是西元前550到530年左右的黑繪赤陶土油罐（lekythos），描繪一場婚禮遊行。禮車由兩頭驢子拖拉，前排坐新郎、新娘，後排坐著伴郎。一輛載著四位賓客的驢車也緊跟在後。遊行隊伍最前方有一位女子手持火炬，代表婚禮是在晚上舉行。隊伍正朝一棟房子邁進，裡面有位等待中的婦女，可能是新郎母親。

左圖是西元前550-530
年左右的阿提卡黑繪陶
土油罐，描繪正在織布
的女子。紡紗織布是多
數希臘女子生活中非常
重要的工作，她們先清
潔處理好羊毛或亞麻，
接著用一個梳子狀的工
具來分離纖維，再使用
手持式的紡錘紡線，將
線穿在直立式的織布機
上，然後用梭子將水平
絲線織過繃緊的垂直絲
線。

左圖為西元前550年左右的阿提卡紅繪寬口淺杯，杯底畫著一位站著的男子正揮舞錢包，為了性交易，與一位坐著的年輕男子討價還價。在古希臘，性交易是生活中的一個現實，而在雅典，梭倫設立了國家妓院，訂定價格管制，所有年齡的女性以及年輕男性，都可以從事這行為男性顧客提供服務。

右圖是西元前420年左右的阿提卡紅繪鐘型調酒瓶，繪有一位女子演奏奧洛斯管（aulos），娛樂酒會中斜倚著的賓客。主宴結束後通常會有酒會，與會來賓可以好好放鬆、交談、享受音樂、跳舞或吟詩唱曲。酒會為貴族男子創造出場合，可以互相辯論、策劃密謀、盡情享樂。而年輕男子往往就是在酒會上一腳踏進成人社會。

醫治者

古代醫療在傳統上被認為是一種神聖力的介入，屬於半人半神阿斯克勒庇俄斯（Asklepios）的管轄範圍，得透過向神明祈求才能尋求醫治。之後，許多創新的思想家與實踐者透過觀察及實驗，從而改變了希臘醫學，建構出諸多至今依然受用的原則。

在一個高度重視理性研究與邏輯討論的社會，了解疾病的第一步就是觀察病人的症狀。早在西元前700年，位在小亞細亞西南部的城市——尼多斯（Knidos）就建立了一個醫學學派，人們在那裡觀察並記錄病狀。阿爾克米昂（Alcmaeon）是一名學院裡的研究者，他當時便已開始思考引發疾病的內部成因，並從環境問題、營養和生活方式一一檢視。

一旦確定病灶與疾病或失調之間的關係，根據邏輯便可著手研究對應的自然療法。西西里島阿卡拉賈斯的哲學家恩培多克勒（Empedocles，西元前495-435年）便提出了「四大元素說」，他認為世間萬物都是由四種元素構成，分別是土、氣、火、水。此論點又推動希臘醫生提出「四大體液說」——血液、黏液、黃膽汁與黑膽汁，想要保持健康，就必須維持上述四種體液的平衡狀態。稍後的希臘思想家們又將每種體液與一個臟器、情緒（例如憂鬱）與季節相對應，所有這些要素都必須維持完美的平衡。這個理論在西歐一直延續到十七世紀。

若論及古希臘最重要的醫學之父，就一定得提到科斯島的希波克拉底（Hippocrates of Kos，西元前460-370年左右），他也是希波克拉底醫藥學派的創立者。他把醫學視為一門專業學科，而非只是哲學上的分支。希波克拉底學派重視病人的照護及預後評估，而尼多斯學派則更注重診斷，不過因為當時礙於希臘禁忌，所以無法進行解剖研究。

希波克拉底與他的助手合著《希波克拉底文集》，內含60篇醫學文章，提倡臨床醫學實作，希望透過檢查活人身體來研究疾病。希波克拉底所留下來最寶貴的資產即是希波克拉底誓言（the Hippocratic Oath），雖然原始內容已和今日的醫師誓言有所不同，但其本質精神是沒有改變的，定義了何謂好的醫療行為與道德倫理。如今，許多西方的醫師及醫療從業人員在取得相關資格時，依舊要宣讀這些誓言。他留給後世的

下圖是科斯島的阿斯克勒庇俄斯神廟舊址，建於西元前四世紀。供奉醫療半神的阿斯克勒庇俄斯神廟遍及希臘各地，提供人們全方位的醫療服務。治療過程包含兩個步驟，首先是透過飲食療法與服用藥物進行的淨化儀式，其後會接受睡眠夢境治療，待病患醒轉後，祭司會解讀患者夢境，開出合適的處方。

左圖為希臘時期醫學之父希波克拉底（西元前460-370年）半身像的羅馬複製品。希波克拉底注重自然療法，包括飲食與休養生息，專注在「大自然的治癒力」上。

不僅於此，像是由慢性肺病、肺癌或心臟疾病所引發的杵狀指，因為最初是他所發現，所以又名「希波克拉底手指」；而「希波克拉底面容」則是指臨死前的臉部跡象，最早也是經由他的描述才被世人所注意到。希波克拉底還發明了許多醫療術語，依舊沿用至今。

隨著希臘醫生不再相信魔法及咒語，他們轉而開始研究自然療法，而後成為草藥專家。他們還了解到，音樂與戲劇也能作為一種療法，安撫躁動的情緒，有助於促進身心健康。接連不斷的戰事，還有拳擊、摔角等高危險體能運動，也讓希臘醫生變成經驗豐富的外科醫生，擅長幫傷患接骨、固定脫臼的四肢、拔出箭矢及進行截肢手術。他們也會妥善地縫合傷口，再用浸泡過醋、酒、油、海水或蜂蜜的亞麻布來包紮。

阿斯克勒庇俄斯的醫神信仰

最早的實用醫學中心是在阿斯克勒庇俄斯的聖所，而阿斯克勒庇俄斯的信仰可能源自西元前四世紀伯羅奔尼撒半島的埃皮達魯斯，而後又從那裡傳遍了整個地中海地區。阿斯克勒庇俄斯是主司醫療的半神，經常被描繪成手持一根纏繞著蛇的權杖。病人來到阿斯克勒庇俄斯的神廟，在那裡經過淨化儀式與獻祭後，再進行「重生儀式」，也就是讓病人睡在神廟裡，醒來後告訴祭司夢境內容，祭司便會在加以解夢後，開給病人治療處方。

右圖為阿斯克勒庇俄斯那根有蛇纏繞的手杖。由於蛇會週期性地蛻皮，並長出新蛇皮，因而象徵復原的能力。而根據神話，牠會在阿斯克勒庇俄斯的耳邊低語，賦予祂療癒的力量。

左圖是阿提卡紅繪香水瓶（aryballos），製於西元前480到470年左右，瓶身描繪醫生正在為病人看診。坐著的醫生正神情專注地為緊張的病患手臂放血，病人腳邊擺著一個巨大容器，推測是用來承接放出來的血水。

斯巴達

歐羅塔斯山谷（Eurotas valley）位於伯羅奔尼撒半島東南部的拉科尼亞，西元前十世紀時，斯巴達正是在此悄悄萌芽，隨後漸漸演變成高度尚武的集體社會，唾棄奢華放縱，尊崇義務責任。與朝氣蓬勃、創意十足的雅典相比，斯巴達沿襲傳統、因循守舊。所以也不難想像，兩個有如天壤之別的城邦強權，最終會爆發激烈衝突。

下圖 斯巴達的故鄉位於伯羅奔尼撒半島南部的拉科尼亞，那裡土地稀少，因此在西元前八世紀，土壤肥沃的美塞尼亞就慘遭斯巴達併吞，居民被迫奴役。至西元前六世紀，斯巴達已強大到足以建立一個希臘國際聯盟，即「伯羅奔尼撒同盟」。

斯巴達的社會階級明顯，卻從未爆發階級反動。金字塔頂端是斯巴達貴族，也就是血統純正的斯巴達人；下一層是Perioikoi階級，字義是「鄰居」，但實際上是遭斯巴達人征服的原居民，他們是自由人，但沒有參與政治的權力；最下層的是希洛人（helots），也就是被無情地剝削與鎮壓的農奴，他們為整個社會體系服務，成天在土地上勞苦幹活，而且一旦發生戰爭，他們還是會被徵召入伍。

西元前八世紀，斯巴達人發現他們的領土人口過剩時，並沒有像其他希臘城邦一樣，向外建立殖民地（雖然斯巴達的確有幾處殖民地，例如塔林敦），反倒是採取一種非比尋常的方式——併吞鄰近的美塞尼亞（Messenia），還將當地居民打入最底層的農奴階級，從而創建了希臘最大的城邦。之所以能夠橫行如此，是因為斯巴達有一支強大的常備軍，兵源來自源源不絕的希洛勞力。即便如此，想要持續守住美塞尼亞也是個挑戰。西元前685到668年間，美塞尼亞人揭竿起義，斯巴達人費了一番力氣才將其完全平定。在這個時

斯巴達的擴張
（西元前八到五世紀）

斯巴達本土

斯巴達控制的城邦

斯巴達盟邦（西元前505年）

其他城市

左圖為古斯巴達劇場，建於西元前30到20年，是古代世界其中一座最大型的劇場，可容納一萬六千名觀眾。今日保留下來的古建築遺跡大多可以追溯到羅馬時代。劇場背後的是海拔2,407公尺的泰格特斯山（Mount Taygetus）。斯巴達位於內陸地區，周圍被群山與丘陵高地所環繞，堪稱天然要塞，因而從未陷落。

下圖戴著頭盔的斯巴達重裝步兵雕像，人稱列奧尼達斯（Leonidas），製於西元前五世紀。這座雕像的特色是一頂有著公羊型護頰的科林斯頭盔，最初為聖殿三角楣的一部分，可能是為了紀念西元前480年溫泉關戰役中壯烈犧牲的斯巴達國王列奧尼達斯一世。

候，他們也採取了相應措施，以確保能為未來任何可能的動亂做好應對。

　　關於來古格士（Lycurgus），儘管他有著傳奇般的地位，人們對他依舊所知甚少，不過一般相信他就是斯巴達的立法者，在西元前七世紀的某個時期，靠著德爾菲神諭加持，著手開創了高度軍事化與強調集體生活的斯巴達社會。按照斯巴達法律，公民是占主導地位的寡頭，有權壓制階級底層危險而不安定的農奴。坐擁土地的貴族斯巴達人，因此而被明文禁止務農，他們必須成為戰士。希洛人在貴族的農地裡辛勤耕作，而地主卻將收成都端到了戰士的餐桌上。

　　和樂融融的溫馨家庭情景在斯巴達極為罕見，男孩年滿七歲就得與母親分開，由軍隊帶走去接受軍事訓練，並從此住在營房中。不過，斯巴達的婦女被允許持有透過嫁妝或遺產所獲得的財富，享受比希臘其他城邦女性更大的自由，像是女子可以參加運動競賽就是一例。斯巴達的女孩子也會接受體能訓練。紀律與勇氣在斯巴達受到推崇，但他們卻不太重視智識方面的教育。

　　斯巴達的經濟政策導致其對外貿易極不熱絡，而他們也無法容忍外來遊客，在這樣緊繃的壓力下，一個能夠自給自足的社會便有其絕對必要性。在政治體制上，斯巴達同時有兩位來自不同家族的世襲國王，雙君主制得以彼此制約，避免陷入一人獨裁。在國內，國王的權力由督政官（Ephors）負責監督，而5位督政官則是每年透過抽籤的方式選出。另外還有由28位年過60的男性長者所組成的元老院（Gerousia），由他們所領導的公民大會（Ekklesia）每個月召開一次，透過大喊「同意」與「不同意」來進行表決。出征時，由其中一位國王負責率領，擔任總指揮。訓練有素的斯巴達重裝步兵在整個希臘地區都受到敬畏，而人們也尊重斯巴達人在軍事上表現出的專業精神。

　　斯巴達人認為，最好的態度就是生活簡樸、做事嚴謹。儘管有農奴為其服務，但他們也沒有因此而安逸於階級地位或沈溺在奢華享受中，而是重視個人英雄主義與為整體社會犧牲奉獻的精神，隨時準備好為斯巴達而戰。

波希戰爭

西元前490到479年，希臘各城邦組成聯軍，共同對抗波斯人的入侵，這是希臘史上極為關鍵的時刻。此事件讓希臘人了解到，城邦的自由制度遠遠優於波斯的帝國專制，並加強了希臘人的團結意識。而最終，波希戰爭也見證了西元前五世紀希臘的兩大強權崛起：伯羅奔尼撒聯盟的領袖斯巴達，以及日益強大的雅典海軍。

從西元前550至520年間，波斯人佔領了西從埃及，東至阿姆河（River Oxus）一帶的近東地區。波斯人驍勇善戰，戰士和騎兵皆所向披靡，精於弓箭與長矛，聲名遠播，令人聞之喪膽。他們野蠻地鎮壓征服地區的人民，從亞洲各地搜刮戰利品與貢品。波斯人也對希臘的民主制度及公民權利不屑一顧。

西元前510年，波斯大帝大流士一世獲得了馬其頓國王的臣服。西元前499年，遭波斯統治超過50年的小亞細亞希臘人終於揭竿起義，優卑亞島上的埃雷特里亞（Eretria）與雅典，皆派出援兵助東部的希臘同胞一臂之力。不過，當西元前494年波斯成功鎮壓反叛後，對援兵的復仇立刻隨之而來。

西元前490年，波斯帝國派出一支遠征軍攻打埃雷特里亞與雅典，他們徹底洗劫了埃雷特里亞，並在阿提卡東岸的馬拉松登陸。波斯大軍的人數足足是希臘人兩倍以上，但希臘的一萬名守軍也沒就此退卻。波斯人一支由六百艘船隻組成的小型艦隊，從馬拉松附近的一處海灣登陸，希臘軍排成橫隊陣形朝波斯人挺進，當兩軍中央部隊開始交戰時，希臘人的側翼部隊隨即從波斯軍的兩翼包抄夾擊。馬拉松戰役可說是關鍵的一戰，助長了希臘人的自信，並壯大希臘勢力。根據傳說，希臘士兵菲迪皮德斯（Pheidippides）為了傳遞捷報，從戰場一路跑回雅典，足足跑了約四十公里之遠，這一趟著名的跑程，便是日後在1897年首場波士頓馬拉松的靈感來源。

接下來十年裡，波斯忙於平定埃及的叛亂，而大流士一世的駕崩更是雪上加霜。與此同時，雅典利用開採阿提卡南部銀礦所累積的財富，建立了一支艦隊，這一重大投資即將在未來開花結果，為雅典成為商業與海上霸權響起前奏。西元前480年，在繼位的薛西斯一世（Xerxes the Great）強大領導下，波斯帝國經由陸路發動全面進攻，佔領希臘大部分土地。波斯大軍從他們位於小亞細亞的軍事重鎮撒狄斯（Sardis）出發，建立浮橋越過希里斯朋特（Hellespont，即達達尼爾海峽），一路長驅直入色雷斯與馬其頓，很快地，薛西斯的軍隊便來到一處狹窄的隘口——溫泉關（Thermopylae）。一支以三百名斯巴達精兵為首的七千希臘聯軍，在此緊守住懸崖峭壁上的缺口，這讓薛西斯的波斯大軍遲遲無法推進。

波希戰爭年表（西元前）

502 米利都僭主阿里斯塔格拉斯在波斯支援下，遠征希臘的納克索斯島失敗，因擔心獲罪，於是煽動愛奧尼亞人反抗。

500 小亞細亞的愛奧尼亞人群起反抗波斯。
左右

498 阿里斯塔格拉斯在雅典與埃雷特里亞支援下攻佔波斯大城撒狄斯，但隨後被剿滅。

492 波斯嘗試入侵希臘，在阿索斯山遭遇風暴，折返。

490 馬拉松之戰：雅典兵團成功防堵波斯入侵。

480 溫泉關戰役：七千名希臘士兵死守山口，牽制十萬波斯大軍。

480 薩拉米斯海戰：雅典人與科林斯人聯合打敗波斯艦隊。

479 普拉提亞戰役：波斯攻勢挫敗，斯巴達重裝步兵功高甚偉。

479 米卡勒戰役：斯巴達與雅典聯合掃蕩波斯的殘餘艦隊。

478 提洛同盟成形：在雅典的領導下，共同防禦，繼續抵抗波斯。

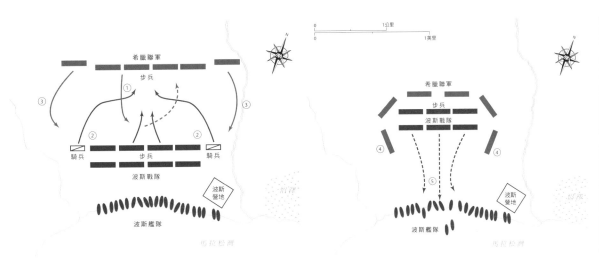

馬拉松戰役第一階段
（西元前490年）

① 希臘中央部隊攻勢，接著後退
　重整隊形。

② 波斯軍全面向前推進，其騎兵
　被安排在側翼。

③ 希臘軍一邊讓波斯軍從中央推
　進，一邊讓自己的兩翼從側邊
　夾擊。

馬拉松戰役第二階段
（西元前490年）

④ 希臘軍幾乎包圍住波斯軍。由
　於無法展開部署，波斯軍死傷
　慘重。

⑤ 波斯軍突破包圍圈，直奔海岸
　登艦撤退，在戰場上留下逾
　6,000名波斯士兵屍體。

下圖是今日的馬拉松平原，地勢低窪，有多處濕地及濃密的松樹林。

苦戰七天後，薛西斯的精銳部隊「不死軍」（Immortals，一支編制為一萬人的御林軍）才突破防守，屠殺了斯巴達國王列奧尼達斯一世和他的軍隊。薛西斯趁勝追擊，一路向南挺進，佔領皮奧夏（Boeotia）與阿提卡。接著，他大搖大擺進入雅典，此時雅典人已逃到鄰近的薩拉米斯島（Salamis）上避難，於是就在這些人的遙望下，薛西斯放火燒毀了雅典衛城的神廟。

當時希臘聯軍統帥多數希望在科林斯地峽進行決戰，但雅典主帥特米斯托克力（Themistocles）頂住壓力，堅定拒絕這項提

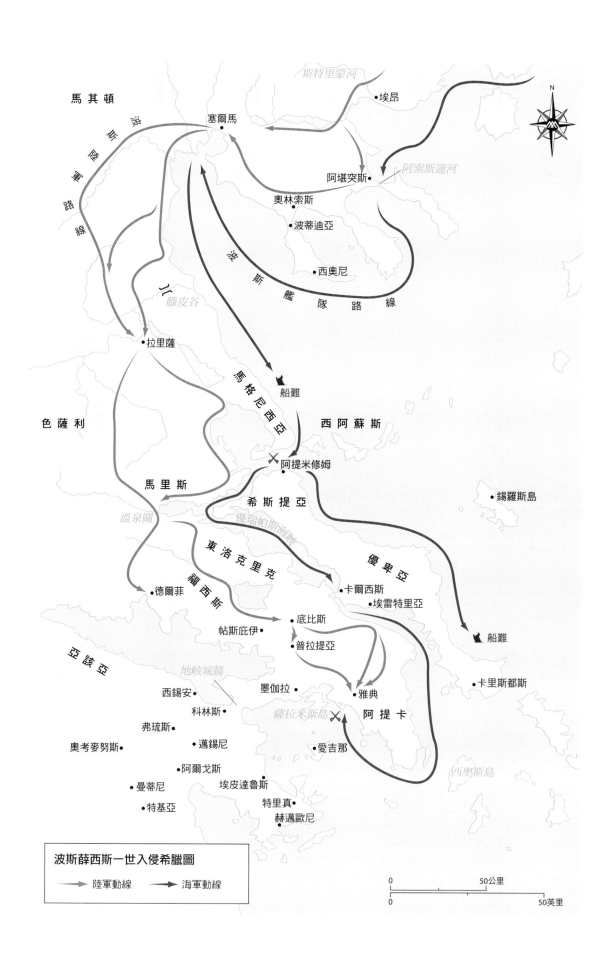

斯特里蒙河

馬其頓

•埃昂

塞爾馬

波斯陸軍路線

阿堪突斯•

阿索斯運河

奧林索斯•

•波蒂迪亞

波斯艦隊路線

川

滕皮谷

•西奧尼

•拉里薩

馬格尼西亞

▲船難

色薩利

西阿蘇斯

•錫羅斯島

✕阿提米修姆

馬里斯

希斯提亞

溫泉關

優瑞帕斯海峽

優卑亞

東洛克里克

•卡爾西斯

福西斯

•埃雷特里亞

•德爾菲

•底比斯

帖斯庇伊•

▲船難

亞該亞

•普拉提亞

地峽城牆

墨伽拉•

•雅典

•卡里斯都斯

西錫安•

•科林斯

薩拉米斯島

✕

阿提卡

弗琉斯•

奧考麥努斯•

•邁錫尼

•愛吉那

西奧斯島

•阿爾戈斯

埃皮達魯斯•

•曼蒂尼

特里真•

•特基亞

赫邁歐尼•

波斯薛西斯一世入侵希臘圖

→ 陸軍動線　　➤ 海軍動線

0　　　　　　　50公里

0　　　　　　　50英里

案，他說服聯軍應該在薩拉米斯狹窄的海峽上應戰。他向波斯陣營散布希臘艦隊準備撤退的假情報，將敵軍引誘到他所希望的決戰點，在那裡，希臘艦隊利用地形列成有兩艘船縱深的陣勢來阻擋波斯艦隊，數量優勢在窄海中無從發揮，波斯戰船因陣形四散而迷失方向，三百艘波斯船艦遭到擊沉，反觀希臘方面只損失了四十艘。波斯艦隊損失慘重，無力再戰，所以只好從雅典撤退。

　　西元前479年，也就是隔年夏季，希臘聯軍在雅典北方的普拉提亞（Plataea）擊潰了留在希臘的波斯陸軍。這次勝利是斯巴達的重裝步兵在撤退當中所獲取的，當時波斯人切斷了希臘聯軍的補給線，希臘軍看似大勢已去，在波斯軍隊追擊下，斯巴達人被迫反身投入肉搏戰，竟成功擊退波斯人。這場戰役的尾聲，是在米卡勒（Mycale）的掃蕩行動。在薩摩斯島（Samos）僭主的通風報信下，希臘艦隊開往

小亞細亞海岸，其主力在米卡勒登陸，徹底擊潰駐守的波斯陣營。當地的愛奧尼亞人也群起助陣，將波斯艦隊付之一炬。至此，長久以來波斯入侵的威脅，終於撥雲見日。

上圖　一名可能來自斯巴達的希臘重裝步兵，西元前500年（左），和一名波斯阿契美尼德王朝（Achaemenid）軍隊中的斯泰基（Scythian）士兵，西元前480年（右）。波斯軍隊通常配備弓箭、短矛、一把劍或斧頭，並帶著一面柳條做成的盾牌。波斯步兵的前排士卒有時還會裝備更長的矛。重裝步兵配備長矛和劍，帶著一面巨大的圓盾，有時會穿著厚重的鎧甲。

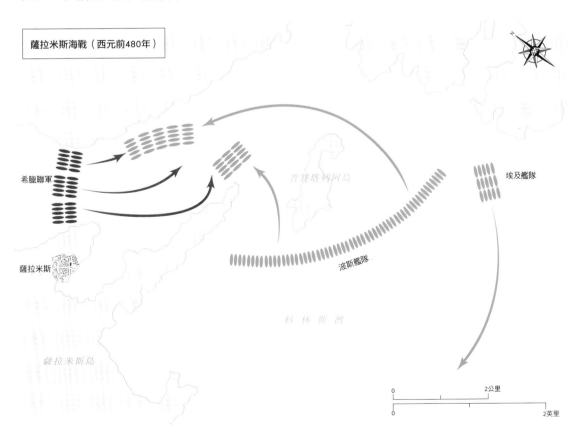

薩拉米斯海戰（西元前480年）

希臘聯軍

薩拉米斯

普賽塔列阿島

埃及艦隊

波斯艦隊

科林斯灣

薩拉米斯島

| 0 | | 2公里 |
| 0 | | 2英里 |

重裝步兵

重裝步兵可說是希臘軍團的中流砥柱，他們大都是希臘各城邦的普通公民，在必要時徵召入伍，保衛家園。重裝步兵以緊密的隊形應戰，他們以保護夥伴性命為要，而非爭著獨自強出頭。每位士兵都與鄰兵相互依靠，彼此保護著對方，所以忠誠與可靠更顯珍貴。

下圖是科林斯彩繪花瓶，製於西元前620年左右，描繪一個重裝步兵方陣。方陣是由密集的步兵所組成的矩形行列，各士兵皆手持長矛與盾牌，盾牌則彼此交疊。方陣緩慢地向敵人推進，士兵緊緊守住隊形，並用盾牌抵擋攻擊。

重裝步兵的主要武器是長達2.5公尺的木製長矛，矛尖為青銅或鐵刃，同時也配有一把鐵製短劍。他們身上全副武裝，頭戴皮革內襯的青銅頭盔、身披皮製或青銅製的胸甲、腿纏青銅護脛，有時也佩戴護臂。另外，步兵手持一面直徑達八十公分的大型圓盾，由木頭或硬皮革製成，表面再加上一層青銅，用盾牌邊緣的皮帶夾住。胸甲和盾牌上往往有徽章或圖案裝飾，最流行的圖案是希臘神話中的蛇髮女妖。一名全副武裝的重裝步兵需要承受二十公斤的裝備重量，因為每個人都得自行出資購買盔甲裝備，所以從中也反映出他們在希臘社會中擁有一定的地位。據推測，當時在符合體格的男性人口中，有三分之一到二分之一都得擔任重裝步兵。

重裝步兵的戰鬥模式是由數百人所組成的團體戰，其戰鬥隊形為八人以上排成一列，再前後縱深結成方陣。這種作戰隊形倚靠的是彼此掩護、緊密配合，還要有足夠的噸位抵擋衝鋒，以此作為打勝仗的關鍵。因為步兵左手握著盾牌，所以每個人或多或少可以保護左側的同袍。方陣在有節奏的戰歌與戰呼下向前挺進，與敵人正面交鋒時，他們會把長矛高舉過肩。短劍則是次要武器，通常只有在長矛折斷或丟失，或是方陣隊形被打亂時，才會使用。他們短兵相接，直到其中一方潰散，戰事才會宣告結束。理想狀況下，方陣最好在兩邊都有高地的地形上作戰，這樣就能防止隊形被來自側翼的敵人攔腰突破，這個特點在西元前480年的溫泉關戰役中發揮得淋漓盡致，斯巴達軍隊就是運用地形，在一條沿海的狹窄隘道上，牽制住波斯大軍達數日之久。

重裝步兵並非職業軍人，缺乏軍事訓練。不過，有些城邦的確也會從平民步兵的行伍中選出善戰者，讓他們成為職業的精銳部隊，稱之為epilektoi，意即「精選」。而斯巴達則是擁

有一支專業的正規軍，由20歲以上的男性公民組成。

　　重裝步兵的戰爭型態可能發展於西元前八世紀末，並且與城邦的興衰密切相關。這種戰爭模式是當城邦之間爆發衝突時，最有效率的解決手段，參戰雙方就像在進行一場儀式性的競賽，有明確的交戰規則，雙方也都能確實遵守。然而當希臘文明開始與像波斯帝國這樣的強大力量對抗時，各個城邦就必須聯合起來，組織防禦同盟，一同抵擋數量龐大的敵軍。隨著兵力愈來愈集中，戰鬥人員便能編組出更多樣化的兵種，在往後的衝突裡，也愈來愈倚賴海軍、城牆、攻城武器與傭兵的戰術。至西元前431到404年間的伯羅奔尼撒戰爭時期，大規模的消耗戰漸漸成為常態，重裝步兵獨領風騷的時代已近黃昏。

上圖為西元前五世紀的重裝步兵畫像，圖中清楚展示出他的裝備。重裝步兵的行頭得自行添置，所以只有經濟寬裕的人才買得起鎧甲——通常是青銅胸甲。圖中，士兵的頭盔帶有護頰，盔頂還有馬鬃冠飾，頭盔擺放在地面，隨時準備穿戴。步兵左手持著由木頭、青銅、皮革製成的巨大圓形盾牌，稱為aspis，並用皮帶固定在前臂上。長矛是主要的進攻武器，長約2.4到4.5公尺。重裝步兵還會配備一把短劍，稱為xiphos。

左圖為西元前500年左右的科林斯青銅頭盔。這種頭盔為穿戴者提供了全面保護，但因為戴起來會影響視線與聽力，所以之後被其他包覆更少的型式取代。沒有交戰的時候，步兵通常會把盔尖挪高一些，斜戴在頭上。

三列槳座戰船

三列槳座戰船是移動迅速、機動性強的船隻，也是古希臘海軍的最佳戰力，西元前五世紀，雅典成為愛琴海一帶的海上霸權，三列槳座戰船更是功不可沒。戰爭期間，這些單靠人類肌肉力量所驅動的戰艦，絕對是海面上最致命的武器。

相傳三列槳座戰船最早是由腓尼基人所發明的，可能早在西元前700年，便經由科林斯人引入希臘。三列槳座戰船之所以如此命名，是因為在船艦左右兩側，依船身長度各配置了3列槳手，每一列槳座幾乎交疊在另一列的上方，每列各有30人，因此每艘船總共有170到180名槳手。每位槳手都坐在固定的座位上，划動著一支4公尺長的船槳，每支槳都以皮革槳環固定在垂直的銷子上。憑著槳手同心協力，三列槳座戰船的移動速度最快可達9到10節，也就是每小時18公里。天氣好的時候，若讓槳手划上6到8個小時，可讓三列槳座戰船航行80到100公里。在戰場上，三列槳座戰船會用一個固定在船頭、頂端覆有青銅的撞錘向敵艦撞擊，藉此讓敵船無法航行，如此一來，士兵就能從甲板登上敵船，奮勇殺敵。

三列槳座戰船船身長度約37公尺，重量可達50噸，這也意味著在必要時，船員可以把船拉上海灘過夜。外部船殼是以橡木板建造，再刷上天然瀝青和樹脂來密合，船身內部用的則是松樹、冷杉或雪松之類的軟木。船體結構還用上船肋與綁緊的繩索來加強固定。二十世紀晚期，研究人員重建了古希臘時期的三列槳座戰船，證實這些船頭在幾秒鐘內就能調轉90度，改變行進方向。

戰船航行時，會升起兩面由紙莎草或亞麻製成的方形帆，一旦進入戰鬥狀態，這些船帆就會被降下來。船尾兩側各有一支舵槳，由一名舵手操控，而艦長便站在他的身旁。槳手長負責呼喊口令，眾槳手們隨著吹笛手（aulete）

下圖是描繪一艘希臘三列槳座戰船的阿提卡黑繪器皿，製於西元前六世紀晚期。船尾的舵手握著控制方向的兩支舵槳，有效率地掌管船艦的行進方向。船隻中央的守望員負責監控前側甲板。槳手分為三層，他們幾乎什麼都看不到，只能聽從口令，充當「引擎」的角色。

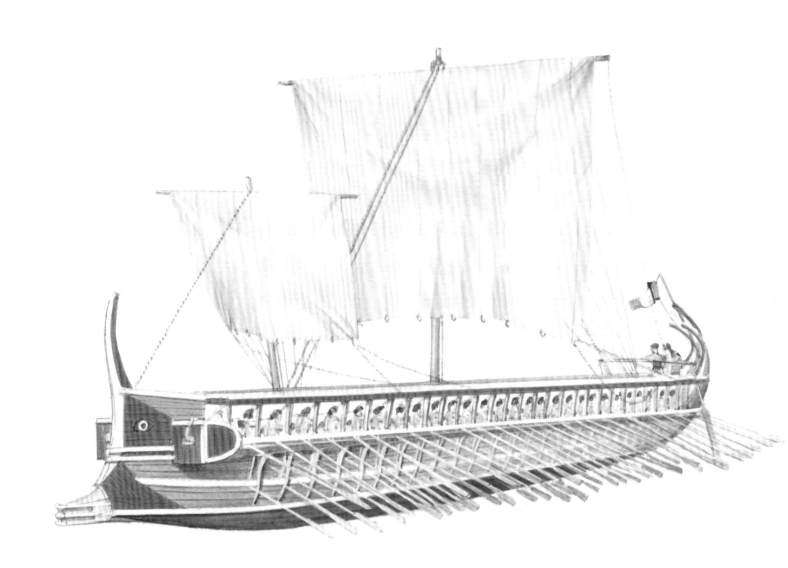

上圖為三列槳座戰船的重建示意圖，展示船隻的巡航樣貌。這艘船配備著兩面由紙莎草或亞麻製成的船帆，在航行時張起使用，一旦進入交戰狀態，則會將船帆取下收好。船首通常雕刻成類似動物頭部的形狀，並裝飾著巨大的彩繪大理石眼睛。

的笛聲一同奮力划船。船首通常雕刻成動物的頭部形狀，並畫上嚇人的眼睛，這麼做的目的是為了營造氣勢，使敵人心中產生恐懼。

　　在雅典的三列槳座戰船上，各槳手們無論出身貧富，此刻都相鄰而坐，共同為家園而戰。為了完成這項消耗極大體力的任務，槳手在和平時期就已接受嚴格的體能訓練，這是在他們的兵役生涯中不可或缺的一部分。最上排的槳手稱作thranitai，操控的是舷外槳，這是對力氣與同步性的默契要求度最高的位置。中間一列槳手稱為zygitai，以他們所坐的橫樑命名。最底層的槳手是thalimitai，他們在槳手中的地位最低，只要奮力划船就行了，而他們所坐的地方只高出水面45公分而已。在每艘戰船的甲板上，可搭載最多30名重裝步兵。根據記載，西元前480年那場驚天動地的薩拉米斯海戰中，每艘雅典戰船上都配置了14名重裝步兵與4名弓箭手。

　　三列槳座戰船是專為一日之內的航程設計，船上無法儲存補給，船員也不能在船上過夜。為了這些原因，艦隊航行時不會離岸太遠，每晚都要上岸補給糧食，並依靠當地資源生存。不過，當戰船上岸時，也是它最沒有防禦力的時候，很容易遭受敵人襲擊，往往讓出外尋求補給的船員措手不及。

伯里克里斯時代的雅典

伯里克里斯（Pericles）是位民粹領袖，他在雅典戰勝波斯後的復興過程中漸漸掌權。伯里克里斯目光遠大，把雅典打造得更加輝煌，成為該時代最偉大的哲學家與藝術家們的聚集地。但是，他的擴張主義與對領土的野心也導致雅典與斯巴達終究爆發了無可挽回的衝突，儘管伯里克里斯本人無法活著親眼看到雅典走向衰敗。

下圖 提洛同盟原是為了保護雅典與其希臘城邦盟友免受波斯入侵的威脅而成立，但是當斯巴達拒絕加入，納克索斯又力圖脫離時，這個同盟很快就成為衝突的導火線。而雅典在同盟中唯我獨尊的統治地位也讓各城邦越來越反感。

波斯戰爭大大激起了雅典人民的向心力。在薩拉米斯海戰告捷後，雅典創建了一個新的同盟組織，以與斯巴達的伯羅奔尼撒同盟互別苗頭。有別於伯羅奔尼撒同盟以陸地城邦為基礎，提洛同盟（Delian League）是由愛琴海諸城邦所組成的海上聯盟，但雅典身為海上強權龍頭，占據了主要領導地位。經年累月，雅典成為提洛同盟獨大的監控者，控制從度量衡到宗教儀式的一切事務。同盟成員愈來愈不像盟友，反而更像雅典臣民。

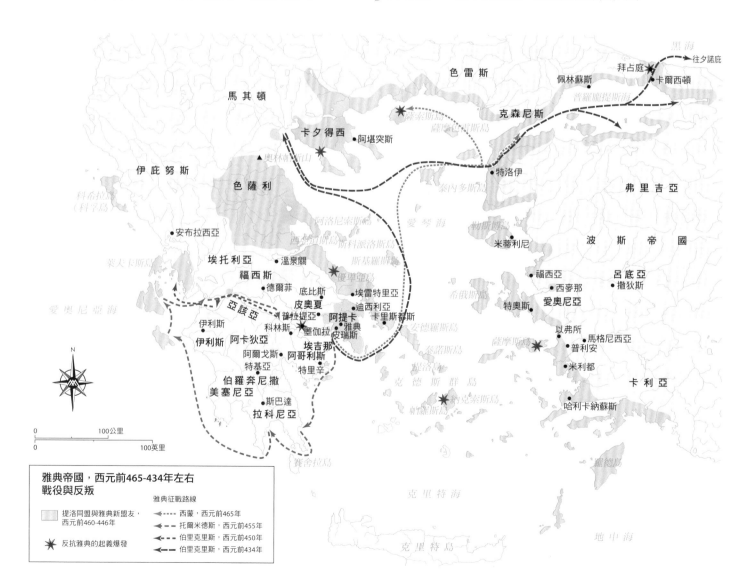

雅典帝國，西元前465-434年左右
戰役與反叛

提洛同盟與雅典新盟友，
西元前460-446年

★ 反抗雅典的起義爆發

雅典征戰路線

西蒙，西元前465年
托爾米德斯，西元前455年
伯里克里斯，西元前450年
伯里克里斯，西元前434年

左圖為羅馬時代複製的希臘伯里克里斯半身胸像，銘刻有「伯里克里斯，科桑西普斯（Xanthippus）之子，雅典人，西元前430年」的字樣。伯里克里斯是一名傑出的政治家、雄辯家與將軍，他帶領雅典走出波斯戰爭後的殘破，進入了「黃金時代」。

右圖為米利都的阿斯帕西亞（Aspasia of Miletus，西元前469至406年）半身胸像，原品創作於希臘化時代，此為羅馬時代的複製品。她是伯里克里斯的長期伴侶，與伯里克里斯育有一子，即小伯里克里斯。

　　波斯戰爭後的昇平時期，雅典又逐步走回傳統貴族主義。雅典政壇耀眼的新星是西蒙（Cimon，西元前510-450年），他是馬拉松戰役英雄密提阿德（Miltiades，西元前554-489年）之子。西蒙在西元前469年時，率領一支艦隊至地中海東部，並擊敗了波斯軍隊，重新開啟通往黎凡特和埃及的貿易航線，因而在雅典國內受到廣大讚譽。

　　儘管如此，西蒙和他貴族黨羽的政治地位卻沒有表面上看起來那般穩固。新一代的民

粹主義者在埃菲阿爾戴斯（Ephialtes）與伯里克里斯（西元前495–429年）領導下，對貴族階級在亞略巴古議事會（Areopagus）中的特權激烈抨擊，到了西元前461年，激進份子最終控制雅典政權，而西蒙也遭到了流放。於是伯里克里斯便開始著手進行他的雅典帝國式擴張大業，他在埃及與賽普勒斯都介入了戰爭，還三不五時就與斯巴達與其盟友愛吉那、邁加里德（Megarid，位在希臘中部與伯羅奔尼撒半島之間）爆發衝突。

　　西元前458年，他在雅典城和新建立的皮瑞斯軍港（Piraeus）之間開始修建一道防禦用的長城。西元前454年，伯里克里斯對斯巴達的盟友科林斯發動了一場成功的軍事行動，並在色雷斯和黑海沿岸建立了雅典殖民地。第一次伯羅奔尼撒戰爭在西元前446或445年結束，雙方簽署條約，劃定雅典和斯巴達各自的勢力範圍。雅典也在西元前449年與波斯達成和平協議，因此以防禦為前提的提洛同盟至此也失去了原本存在的意義。不過此時的提洛同盟早已變相成雅典帝國，這座城邦歷經過風風雨雨，但如今已站穩腳跟、蓄勢待發，準備好要迎接伯里克里斯的巔峰時期。

下圖是流放雅典政治家西蒙時所用的陶片，時間為西元前486年或461年。陶片（ostrakon）是陶器的碎片，上面刻有人名，使用於雅典的陶片流放制度。當公民認為某人權勢過大或可能對城邦造成危險時，就會在陶片上刻下他的名字付諸投票，若表決通過，該人便會被流放十年，期間不得回到雅典。表決時至少要有6,000票，流放才會生效。

伯里克里斯是位冷酷無情的政治家，他對自己的城邦充滿雄心抱負，渴望打造雅典的輝煌盛世。他想要把城市興建得富麗堂皇，這樣就必須要有穩定的朝貢經濟作為後盾，雅典強大的海軍讓他們在愛琴海事務中佔有主導地位，這便為資金來源提供了保證。西元前449年，他為了實現這個夢想，宣布召開一次泛希臘地區的會議，討論如何修復遭到波斯人摧毀的神殿。他爭辯著同盟資金應該用來修復雅典的大型紀念建物，因為他的故鄉是在波斯戰爭中被踐踏得最嚴重的城邦。

　　帕德嫩神廟是雅典公民的驕傲，而在公

共建設名單中，還包括修築雅典娜勝利神廟（Athena Nike）和厄瑞克忒翁神廟，這也是清除失業人口的有效良方，事先預防民眾的不滿情緒與暴動。伯里克里斯執政時期的政績，並不全都是宣揚國威的公共建築，他也補助窮苦公民進劇場看戲的入場費，並推廣藝術、文學與哲學。同時他還推行一些社會改革，像是發放津貼給要擔任陪審團或履行其他公民職責的市民，以鼓勵所有雅典公民都能充分參與政治。伯里克里斯清晰的思想與開闊的心胸，為雅典注入了更多吸引力，許多偉大的藝術家和思想家都從希臘各地不遠千里群集於此。

伯里克里斯本身也是位著名的雄辯家，第一次伯羅奔尼撒戰爭結束時，他在葬禮上發表振奮人心的演說，樹立了雅典民主與個人自由的典範，讓雅典在眾城邦中顯得與眾不同。可惜和平的日子並不常久，西元前431年，雅典與斯巴達之間又爆發第二次伯羅奔尼撒戰爭。偉大的雅典政治家伯里克里斯沒能見證勝利女神站在何方，便於西元前429年死於瘟疫。伯里克里斯作為雅典價值狂熱的捍衛者與現實主義宗師，在他的推波助瀾下創造出一種各家思想百花齊放的自由文化，讓建築、雕塑、戲劇、文學與哲學皆得以在雅典欣欣向榮。

上圖 西元前480年的波斯戰爭期間，波斯人將雅典衛城中大部分建築化為灰燼，因此戰後伯里克里斯大張旗鼓展開重建計畫，使衛城搖身一變，成為神廟遍地開花的城市，也開啟了雅典黃金時代（西元前460至430年）。著名建築包含雅典衛城的雄偉大門（the Propylaea）、雅典娜勝利神廟、以女像柱（caryatids）聞名的厄瑞克忒翁神廟，以及廣為世人所知的帕德嫩神廟。

帕德嫩神廟

雅典衛城中的這座多立克式建築風格神廟，由頂級阿提卡大理石砌成，建於西元前447到433年，是伯里克里斯時期的象徵，也為所謂的古典精神立下典範。如今，帕德嫩神廟依舊屹立不搖，主宰著現代雅典的視覺焦點，以宏偉的氣勢回應著這座城市的名聲。

帕德嫩神廟的建造是為了榮耀雅典的守護女神，同時也是為慶祝雅典成功領導希臘聯軍擊退波斯大軍。這座神廟由伯里克里斯擘畫，工程大多由他的雕塑家好友菲迪亞斯（Phidias）一手打造。西元前480年，波斯重創雅典衛城，許多建物夷為平地，因此戰爭結束後，雅典當局便決定修建這座帕德嫩神廟。其財源來自提洛同盟的戰爭剩餘資金，在戰爭期間，希臘聯軍曾經發誓，遭到破壞的建築物就讓它以殘破的樣貌保留下來，讓人們時時記得波斯人踐踏家園的殘暴。可是隨著戰後簽署和平條約，當初希臘聯軍的誓言也跟著失去效力，伯里克里斯讓雅典在提洛同盟中攫緊主導地位，也為他的重建大業獲取了必要資金。

帕德嫩神廟位於雅典衛城的制高點上，長約30.8公尺、寬69.5公尺，用上22,000噸從鄰近彭代利孔山開採的蜜黃色大理石。它是希臘最大的多立克式神廟建築，帕德嫩的名字由來是古希臘文的「處女」（parthenos），因為雅典娜是希臘三處女神之一。像這麼一座宏偉的建築物，從遠處看可能會顯得有點彎曲，所以建築師透過略為向內傾斜的柱子來彌補視覺落差，讓建築遠看還是感覺方方正正。其圓柱中間微寬，到了頂部又逐漸縮窄，這也為建築物增添高挑優雅的感覺。在這些多立克式圓柱兩側，大型木門上裝飾著青銅、黃金與象牙，人們可以由此進入正殿。神殿內部有兩個房間，其中一個是城邦國庫，另一個則用來供奉膜拜用的雅典娜神像。神廟屋頂則由雪松木與大理石砌成。

綜觀各希臘神廟，帕德嫩內部浮雕和建築雕塑的繁複程度與美感，可說是前所未有的，其外側四周都環繞有精雕細琢的橫飾帶，兩側三角楣飾上的雕刻群像，更令人嘆為觀止。其橫飾帶刻以淺浮雕，圍繞在列柱廊內側的建築四周。所有雕塑相加起來總長達16公尺，共刻有380個人物與220隻動物，其中以馬佔大多數。內容描繪四年一次的泛雅典娜節遊行，最高潮處是眾神和民族英雄齊聚一堂的宴會。遊行隊伍主要由戰士、騎士與戰車組成，反映出神廟興建背景那段兵馬倥傯的年代，雖然他們都是守護雅典的英雄，但在神聖建築上描繪血肉之軀的凡人，可說是非比尋常的。排檔間飾為施以深浮雕的方形牆板，放置在神廟外牆的楣樑上方，刻畫著希臘神話故事中的情節，包括半人馬獸與拉比特族青年間的戰鬥。山牆即建築上部位於屋頂之下的三角形部分，帕德嫩西側山牆上的雕飾描繪雅典娜與波賽頓為了爭奪雅典守護神地位的競爭，無論是肌肉紋理還是布料線條，都雕刻得栩栩如生。東側山牆刻畫著命運三女神，她們或坐或躺，斜倚著彼此，其中呈躺姿的女神，恰好巧妙地吻合三角楣飾的邊角形狀。

只可惜，菲迪亞斯設計的雅典娜女神巨像今已亡佚，留存下來的僅有羅馬時代的小型複製品。原巨像超過12公尺高，以黃金、象牙包裹著一個木質核心。女神披掛全副武裝，頭盔頂上裝飾有獅身人面的斯芬克斯與兩隻獅鷲，手持的盾面上描繪亞馬遜人與巨人間的戰鬥。雕像前放著一個裝有水的淺盆，反射出從門口照進來的光線，讓整座神殿顯得光芒普照、神力無邊。

埃爾金勳爵

數個世紀以來，帕德嫩神廟飽受摧殘、命運乖舛。神廟在西元500年左右，一度變成基督教教堂；在1460年代又變成了鄂圖曼土耳其帝國的清真寺；1687年，威尼斯人圍攻當時鄂圖曼帝國所轄城市時，把神殿當作火藥倉庫，結果屋頂慘遭炸毀；到了1800年，歐洲貴族參訪雅典，想一窺民主搖籃面貌時，帕德嫩神廟的雕像數量只剩下原來的一半。1801年，英國大使埃爾金勳爵（Lord Elgin）經過鄂圖曼帝國同意，移走僅存雕像的一半，運回倫敦珍藏。1816年，政府購入這批雕像，收藏進大英博物館，雕像完好保存至今。這些由勳爵帶回來的帕德嫩神廟雕像，被暱稱為「埃爾金大理石」（the Elgin Marbles），包括有14件排檔間飾、橫飾帶中最完好的石板，還有部分的三角楣飾人物塑像。至於留在原址的雕像則因為雅典嚴重的空氣污染而受到相當損壞，因此在1993年時特別建了一處展覽空間，將殘存的雕像全部移至那裡收藏展示，而人們在那裡也可以看到帕德嫩神廟的全景。這下子，帕德嫩神廟的兩位創造者——伯里克里斯與菲迪亞斯總算能夠安心了。

左圖是半人馬獸與拉比特族青年間的戰鬥浮雕，帕德嫩神廟南牆排檔間飾，編號31號，西元前447至433年。拉比特族是希臘神話中的一個傳說民族，其家鄉在色薩利。雕刻中的半人馬獸一躍而起，抓住拉皮特人的頭髮，而拉皮特人則抬起一隻膝蓋擋開。

下圖的騎兵遊行浮雕，來自帕德嫩神廟南面橫飾帶。
這面浮雕描繪一個泛雅典娜節的遊行隊伍，古雅典人
每年都會在守護神雅典娜誕辰時作此慶祝。其騎兵排
成十列，最前方的是戰車隊。

下圖的騎兵遊行浮雕，來自帕德嫩神廟西面橫飾帶。神廟西牆是遊客抵達雅典衛城時最先看到的一面，因此這裡的浮雕描繪的是遊行剛開始時馬匹與騎士的樣態，可以看到許多騎士還未上馬。接著騎士隊伍會兵分兩路，沿著神廟長長的南面牆與北面牆前進。

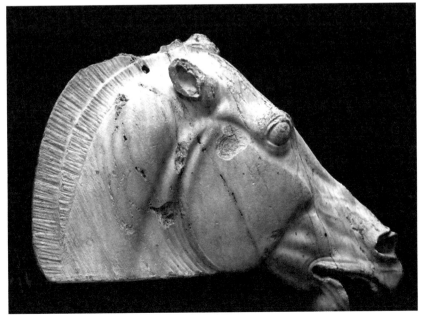

左圖是月神塞勒涅的其中一匹神馬頭像，應是塞勒涅所駕之四馬戰車的殘餘遺跡。這匹馬出自雕刻大師菲迪亞斯之手，由彭代利孔山的大理石雕成。菲迪亞斯以卓越的自然主義手法將這匹馬雕刻得極為生動，只見馬兒鼻孔擴張、兩眼凸出，顯見其拖著月亮橫越天際的疲態。

右圖是帕德嫩神廟西牆橫飾帶,上頭有三個人像與一匹馬,馬正把頭低在自己的前腿之間磨蹭著口絡。中間的人物可能是一位元帥或傳令官,他穿著希臘傳統長袍,左手握著一根短馬鞭,右手手臂舉起,似乎在下達指令。他的僕人站在他身後。左側人物則是一位年輕美少年,他低著頭,右手握著一樣物品,可能是古希臘人浴後用來擦除身上水分的工具strigil。

右圖是帕德嫩神廟東面橫飾帶上的眾神。畫面左側的波賽頓坐在席位上欣賞著遊行隊伍。波賽頓滿臉鬍子,穿著涼鞋,用斗篷圍住他的下身。他左手舉起,原本應是握著他的三叉戟。他顯然正在和坐在他旁邊的年輕阿波羅聊天。坐在最右側的是女神阿提米絲,她身著希臘傳統長衫,衣服滑落至香肩,她還穿著另一件外衣,並把長長的頭髮盤起。

上圖是雅典衛城最輝煌宏偉的帕德嫩神殿，建於西元前447到433年間。該神廟的建造是為了供奉菲迪亞斯製作的新雅典娜雕像，並向國際宣告雅典戰勝波斯大軍的實力。這座神廟在雅典城中佔據了絕對重要的位置，並成為雅典民主的非凡象徵。

希臘建築樣式

建築樣式代表的是建築上的風格，最容易區分的指標是柱子的類型，還有其比例、剖面結構以及各式各樣的美學細節。古典樣式分為多立克式、愛奧尼亞式與科林斯式三種，除了作為分辨時的標籤，也反映出古典希臘建築的演變進程。

圓柱的結構包含柱座、柱身和柱頭，三者共同支撐著柱頂，而柱頂共有三個水平構造——楣樑、橫飾帶和簷口，以不同造型的線腳及飾帶彼此區隔開來。在西元前七世紀，希臘藝術進入所謂的「東方化」時期，當時的希臘工匠就從東方文化汲取了不少靈感，尤其是埃及，畢竟埃及人蓋起石廟建築，已有好幾千年歷史。不過，希臘古典樣式建築這種以圓柱支撐楣樑的基本型態，倒是沿襲自希臘青銅器時代以來的柱樑結構，再從中演變而成。

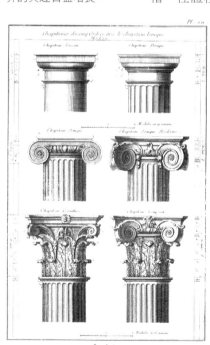

下圖是法國啟蒙思想家狄德羅主編《百科全書》（Encyclopédie）第18卷的五種建築風格插圖。最上頭的是托斯卡（Tuscan）與多立克柱，中間是愛奧尼亞柱的兩種版本，最下面則是科林斯式和混合式的設計。狄德羅主編的《百科全書》出版於1751至1766年間，是歐洲啟蒙運動的思想結晶，反映出當時人們對古典世界的興趣日益增長。

多立克柱式

多立克式是最早出現的古典樣式，其最大特色就是樸素，柱頭不加裝飾、柱身鑿有凹槽，柱體粗壯穩固，予人莊嚴之感。柱高只有圓柱直徑的4至8倍，每根柱身都開有20條凹槽。其圓柱沒有柱座，直接矗立在地板上，柱身上細下粗，看起來格外敦厚穩壯。多立克式柱頂上的橫飾帶由三豎線飾帶與排檔間飾所組成，三豎線飾帶為刻有垂直凹槽的石板，而排檔間飾則是兩面三豎線飾帶之間的平面或刻有浮雕的部分。多立克柱式最早可追溯至西元前七世紀的希臘本土，一般認為是從科林斯的多立克語系商業區發展出來，而後廣泛流行直到西元前五世紀初。這種柱式建築藝術成就最高的經典代表，就是帕德嫩神廟。

愛奧尼亞柱式

起源自西元前六世紀中土耳其中部沿海的愛奧尼亞地區，與雄性氣概的多立克柱式相比，顯得優雅柔美多了。愛奧尼亞柱又高又細，高度可達柱子直徑的9倍，每根柱身開有24條凹槽，並有柱座支撐。而愛奧尼亞柱辨識度最高的特徵，就是柱頭那有如公羊角一般的捲曲漩渦形裝飾。愛奧尼亞柱的橫飾帶，不像多利克式那樣拆分成三豎線飾帶與排檔間飾，其橫飾帶是整條連貫的。這種建築風格在西元前五世紀傳到希臘本土，最具代表性的建物是雅典厄瑞克忒翁神廟。

科林斯柱式

這是最精緻繁複的古典樣式，雖然命名似乎暗示源自科林斯，但目前已知最早使用這種柱式的，是巴薩的阿波羅伊壁鳩魯神廟，時間為西元前五世紀末。科林斯式圓柱最令人過目不忘的特色，就是柱頭精雕細琢的莨苕葉雕刻，裝飾性十足。儘管科林斯柱式從未在希臘流行起來，但羅馬人對其可是大為喜愛。

在西元前四世紀，希臘建築師開始突破單一框架，嘗試混搭不同建築風格，譬如在神殿內部與外觀分別採用不同建築樣式。帕德嫩神廟即是一例，雖然大致上屬於多立克式建築，卻擁有連續不斷的橫飾帶，而這是愛奧尼亞式的特點，至於撐起後殿屋頂的，更是四根不折不扣的愛奧尼亞式柱。

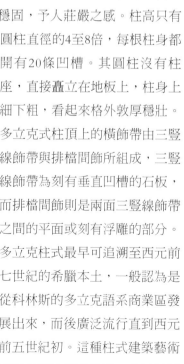

左圖是兩座古風時期的早期神廟,其中一座獻給希拉,另一座獻給雅典娜,地點位於大希臘地區的帕埃斯圖姆(Paestum,在義大利南部)。年代較早的是希拉神廟,建於西元前550年左右,而雅典娜神廟則是在西元前510到500年間完工。在帕埃斯圖姆共有3座建於西元前600到450年的多立克式神廟。第三座神廟也是供奉希拉,建於西元前460年。這些神廟憑著粗壯的柱體與柱頭,以及柱與柱之間的狹窄距離而馳名。

上圖是奧林匹亞腓力神廟(Philippeion)高聳圓柱及柱頭的特寫。這座愛奧尼亞式的紀念性圓形聖殿,建於西元前四世紀,為馬其頓的腓力二世為紀念喀羅尼亞戰役(西元前338年)的勝利而興建,後由其子亞歷山大大帝接續完工。

上圖是法國尼姆(Nîmes)的方形神殿(The Maison Carrée),是科林斯式建築的絕佳範例,於西元前14年建成。科林斯式圓柱為古典樣式中最華麗的設計,其柱身刻有凹槽,柱頭則有繁複的莨苕葉與捲軸般的渦形裝飾,極受羅馬人的喜愛。

左圖位於西西里島賽吉斯塔(Segesta)的希臘神廟,建於西元前五世紀,則是多立克式建築的良好示範。胖墩墩的柱子給人一種頂天立地、莊嚴肅穆之感。但實際上,這座神廟在當時並沒有完工,柱身既沒有開槽,屋頂也從未裝設。

伯羅奔尼撒戰爭

在即將迎接西元前四世紀的曙光前，伯羅奔尼撒戰爭於西元前五世紀的最後三十年間從未停止過刀光劍影，希臘各城邦的狀況慘烈、民不聊生，死傷數以萬計，而最後還是在老敵人波斯的援手下，才捻熄最後的戰火火苗。然而和平的結果也是要付出代價的，希臘人從此不得不放棄所有在波斯勢力範圍內的希臘城邦

雅典勢力的不斷擴張，是引發這一連串戰爭的導火線，尤其在雅典把觸手伸向希臘西部以及西西里島時，引起其他城邦更大不滿。地處雅典擴張西北路線上的科林斯，擁有十分重要的戰略性位置，他們越來越覺得自身難保，所以當雅典與科林斯因科希拉（即科孚島）爆發外交衝突時，引信便瞬間點燃。科林斯人對伯羅奔尼撒聯盟領導者斯巴達施以威脅，除非他們願意對雅典宣戰，否則就要退出聯盟。

長期以來，斯巴達的治理方式都是透過一群忠誠的寡頭領導，來維持城邦安定。所以從斯巴達的角度來看雅典，那個文化藝術與哲學思想百家爭鳴的新形態民主體制，是完全不值得信任的。而壓垮和平的最後一根稻草，也就是讓斯巴達再也忍無可忍的原因是，雅典企圖利用貿易禁運的手段，來顛覆斯巴達的盟友墨伽拉。西元前431年，趁著斯巴達盟友底比斯攻擊雅典盟友普拉提亞，斯巴達正式對雅典宣戰。由此展開的衝突日後將徹底在整個希臘世界延燒，也在未來造成難以估計的傷亡與破壞。

雅典人退回他們所築的長牆後面，打算展開消耗戰。紀律與戰事向來是斯巴達人的拿手戲，他們採取一項有效的策略來對付雅典，透過連年侵略阿提卡的農地，藉以摧毀雅典的糧倉。可是斯巴達的盟友們並不像斯巴達一樣有龐大的農奴人口可以負擔農務，因此他們必須回到家園收成農作，而無法在戰場上逗留。與此同時，雅典艦隊在愛琴海上來回梭巡，可以任意發動海上攻擊，這對伯羅奔尼撒聯盟中的幾個城邦帶來嚴重的補給問題。

但幸運之神並未特別眷顧雅典，西元前429年，雅典的領導者伯里克里斯死於一場瘟疫（可能是斑疹傷寒）。雪上加霜的是，因為斯巴達對阿提卡的侵擾，大量阿提卡難民湧入雅典城內尋求庇護，使雅典人口過於密集，在這種情況下，這場來得不是時候的瘟疫也讓雅典元氣大傷。伯里克里斯死後，他所倡導的「堅壁清野，坐等敵人自敗」的消耗戰略開始動搖。他的繼任者完全不玩這套，採取更多主動攻勢，像是在西元前427到424年間襲擊了西西里島，以阻撓當地的穀物運往斯巴達與科林斯。而西元前424年，雅典又出兵攻打墨伽拉和皮奧夏，但最後都以失敗收場。到了西元前421年，雅典與斯巴達雙方簽署休戰協議，承諾維持50年和平，將局勢拉回到戰前狀態。

但是在西元前416年，雅典對米洛斯島發動了慘無人道的侵略行動，當時意圖保持中立的米洛斯拒絕雅典強迫效忠的脅迫，結果城池陷落後慘遭種族屠殺。一年後，雅典為了獲取西西里島的穀糧與木材，以島上城邦塞傑斯塔（Segesta）向雅典尋求保護以對抗敘拉古為由，發動大規模海軍遠征。當訓練有素的敘拉古騎兵對上雅典海軍，雅典人完全占不了優勢，經過兩年激烈攻防，最終雅典大軍幾乎全軍覆沒，而在這場災難式的潰敗中，雅典海軍一共損失了兩百艘三列槳座戰船。接下來兩年，雅典陷入內憂外患，先是西元前412年，雅典的愛奧尼亞盟邦紛紛反叛，接著西元前411

年，雅典內部的反民主勢力發動政變，這些都讓雅典變得更加分裂，形勢岌岌可危，然而斯巴達並沒有把握住良機。

漫長的戰爭最後終結於西元前404年，由斯巴達迎來勝利，這一方面是波斯為斯巴達提供了金援，讓他們得以組建一支新艦隊，另一方面則要歸功於斯巴達新將軍萊山德（Lysander）出色的軍事才能。相較之下，雅典在政變中失去了幾位優秀的軍事領袖，所以現在只能靠二流的軍隊來指揮防禦。當雅典人在達達尼爾海峽（Hellespont）附近的伊哥斯波塔米海戰（battle of Aegospotami）中戰敗後，失去了一條極其重要的貿易航線，而這條航線正是雅典從黑海進口穀糧的必經之路。這下子雅典別無選擇，只能舉白旗投降，接受斯巴達式寡頭政府的短暫統治。經過這波激烈戰事之後，雅典黯然步下地中海海上霸權舞台，而雅典民主的黃金時代至此也走到了盡頭。

伯羅奔尼撒戰爭（西元前）

445　雅典與伯羅奔尼撒聯盟簽訂和平協議。

435　科林斯（斯巴達的主要盟友）與科希拉（科孚島）爆發戰爭。

433　雅典與科希拉結盟，因此與科林斯結下樑子。

432　位於愛琴海北部皮奧夏的城市波蒂迪亞在科林斯的援助下反抗雅典。

431–421　阿希達穆斯戰爭，戰爭命名自當時在位的斯巴達國王阿希達穆斯（Archidamos）。

430　雅典瘟疫肆虐，人口大量減少。

429　伯羅奔尼撒人圍攻普拉泰亞，最終在西元前427年攻佔該地。

428　小亞細亞西海岸外的勒斯博島諸城邦，在米蒂利尼城的領導下，群起反抗雅典帝國。

425　雅典人在伯羅奔尼撒半島西南部皮洛斯附近的史法克特里亞島俘虜了120名斯巴達貴族與170名盟軍，斯巴達為此向雅典求和。

423　雙方為了和平談判而休戰。

421　締結《尼西亞斯和平條約》，和約命名自代表雅典談判的尼西亞斯。

416　雅典攻擊並佔領米洛斯島。

415–413　雅典大舉入侵西西里島。

413　伯羅奔尼撒人在阿提卡東北部的德克萊亞（Dekeleia）建立堡壘，以作為侵襲鄰近地區的基地，使該地區的農業活動近乎停滯。

412　斯巴達艦隊開始在愛琴海域定期巡航。當時斯巴達與波斯結盟，由波斯金援斯巴達艦隊。雅典在愛琴海上的盟友開始反叛。

411　雅典爆發政變，成為溫和的寡頭統治（先是四百人議會，後有五千人議會）。

406　雅典在阿吉紐西（Arginousai）海戰中戰勝斯巴達，然而得勝的將軍們卻因戰後未能救起遭遇船難的水手而受到審判並處決。

405　斯巴達在伊哥斯波塔米戰役中大獲全勝，雅典艦隊損失慘重，變得不堪一擊。

404　雅典投降，斯巴達在雅典成立寡頭政府，史稱「三十人僭主」。

403　雅典重新擁抱民主制度。

伊利里亞
奧林里德亞
馬其頓
色雷斯
埃爾金河
黑海
拜占庭
塞萊布里亞
卡爾西頓
阿布德拉 422
安菲波利斯
多里斯
伊努斯
切索尼
斯塔吉拉
薩摩色雷斯島
梅索尼 卡夕得西
伊哥斯波塔米戰役 405
基齊庫斯 410
達斯基隆
斯巴托洛斯 429
斯巴達攻下
阿拜多斯 411
蘭普薩庫斯
弗里吉亞
伊庇努斯
色薩利
西奧尼 422
429
基諾塞馬之戰 411
林諾斯島
泰內多斯島
愛琴海
441
多多納
帕格塞
法薩盧斯
阿洛尼索斯島
斯基洛斯島
優卑亞島
米蒂利尼
伊奧拉斯
阿金努塞之役 406
波斯帝國
安布拉西亞
阿爾戈斯
哈爾基斯
諾帕克特斯
提洛 424
底比斯
迪西利亞
斯基羅斯島
香俄斯島
呂底亞
科林斯灣
帕特雷
亞該亞
墨伽拉
尼塞亞 皮瑞斯
斯巴達攻下 412
雅典
406
特奧斯
諾丁姆海戰 407
以弗所
伊利斯
阿爾戈斯
特里辛
哈利依斯
愛奧尼亞
米利都
雅索斯
卡利亞
曼蒂尼 418
418
特基亞
415
克尼多斯
巴塞
多里斯
427-424
415-413
往西西里島
皮洛斯
斯巴達
依西翁
斯法克特里亞 425
425
424
米洛斯島
410左右
斯巴達軍隊煽動
當地反抗雅典聯盟
雅典攻下 424
克里特海
喀帕蘇斯島

0 50公里
0 50英里

伯羅奔尼撒戰爭，
西元前431-404年

雅典與提洛同盟成員，
西元前431年

雅典盟友

→ 雅典出征

✗ 雅典戰勝

斯巴達與其盟友，西元
前431年

→ 斯巴達出征

✗ 斯巴達戰勝

☆ 爆發反抗雅典的起義

波斯帝國

中立城邦

上圖為伯羅奔尼撒戰爭圖，年代為西元前431-404年，最初起因於雅典支援科希拉而與科林斯發生衝突，而斯巴達則是站在科林斯的陣線，緊繃的關係最終導致十年戰爭開打。西元前421年雙方曾一度休戰，但隨即又重啟戰端，最後雅典在斯巴達重重包圍下，宣告投降。

上圖為提洛島的獅子台，這是西元前七世紀初為獻給阿波羅而建。提洛同盟的寶庫就存放在提洛島上的阿波羅神廟裡，但這些資源都是雅典從其提洛同盟中越來越像從屬的盟友處強徵豪奪而來，而雅典也將其民主體制強加在這些盟友身上。

左圖是展翅的勝利女神尼姬像，上方的銘刻表明，該神像是西元前421年伯羅奔尼撒戰爭中，美塞尼亞與納夫帕克托斯為紀念戰勝斯巴達而製。神像為卡爾基第吉（Chalkidiki）地區芒德（Mende）的雕塑家帕奧紐斯（Paionios）的作品，以帕羅斯大理石製成。神像高2.2公尺，但如果從翅膀頂端（目前已毀壞）開始計算，總高度應是宏偉的3公尺。

體育館

在希臘人的觀念中，「體育館」並不僅僅是鍛鍊身體、磨練運動技能的場館，更是一個培養健全的身體與腦力啟發激盪的地方。古希臘人在體育館內除了肉體上的訓練外，還同時討論哲學，一起學習。

上圖是希臘伯羅奔尼撒半島的美西尼（Messene）體育館與競技場。西元前369年，底比斯將軍艾帕米農達斯（Epaminondas）在古代的伊索米（Ithome）遺址上建立了美西尼城，時值留克特戰役（the Battle of Leuctra）之後。在那場戰役中，斯巴達遭受挫敗，底比斯建立了短暫的霸權。宏偉壯觀的美西尼體育館與競技場，是現存最完整的古希臘體育場館。

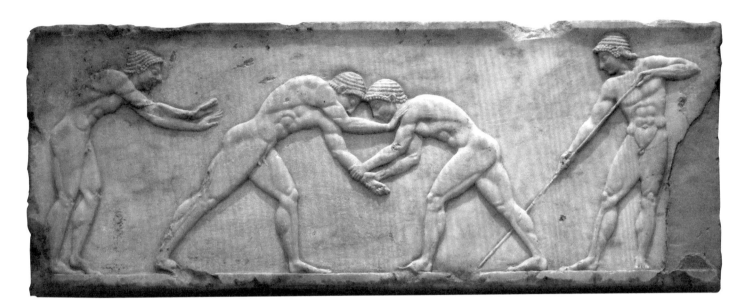

西元前六世紀，體育館原本只是個單純的集會場所，通常位在聖所內，又或是著名競賽場地附近，一般而言，會在有水流過的蔭涼處，像是溪邊。體育館為古希臘年輕人提供一處場所，讓他們得以提升體能，好替戰爭做準備，而在承平時期，也可為參加運動比賽而訓練。之後演變為專門為了這個目的而建造的建築結構，在幾個主要的大城市都可以找到。至西元前五世紀，體育館不再只是強健體魄之處，也同時是腦力激盪、相互討論與教育學習的場所。從功能來看，體育館就如同一所大學，成員們可以在館內聆聽演講、互相切磋學問，或單純訓練體能。體育館內常見的體能訓練包括：摔跤、跑步、跳躍、武裝格鬥、射箭、鐵餅與標槍，而在做這些運動的時候，許多也會以有節拍的音樂伴奏。

「體育館」一詞源自希臘字「裸體」（gymmos），因為運動只有男性能夠參與，而在過程中，他們總是一絲不掛。柏拉圖曾探討過這樣一個事實，那就是在希臘社會中，體育館經常是男同性戀關係萌芽的沃土，情慾在一個年輕男孩（eromenos）與一名年輕男子（erastes）之間流動。接著，戀情開花結果，而男子將成為男孩的精神導師（mentor）。雅

典有三座知名體育館——西諾薩格、呂克昂和雅典學院。雅典人想法明智，認為「唯有健康的身體，才有健康的心靈」，也視運動為對抗疾病的最佳良方。一般而言，古代體育館都坐西朝東，主入口通向一個開放的四合院結構，其中還包含兩座內院。東側庭院是個列柱中庭，即是由一排柱廊圍繞而成的空間，也是主要的體能訓練區域。西側庭院也有柱廊圍繞，種植提供蔭涼用的懸鈴木，並擺放長凳與椅子，或許是人們切磋學問，或是沉思、交談的空間。北側是競技場，運動員在此訓練田徑項目，競技場有時位於體育館的場地之外。南側則是種植了樹木的外圍區域，也有步道供人行走，提供人們一處放鬆休憩的僻靜角落。

體育館內設有澡堂，運動員也會在更衣室中為皮膚抹油，最理想的是橄欖油，這有可能是為了舒緩肌肉，也或許只是單純追求美觀。抹完油後還會再撒上一些粉塵，以達到止滑效果。訓練結束後因為滿身大汗，再加上先前塗抹的油而渾身滑膩，這時他們會使用青銅或鐵製的刮板xyston，來刮去身上的髒汗，順便按摩疲勞的肌肉。接著他們在簡單的澡盆中用冷水清洗身體，最後，運動員會在身上塗抹帶有香氣的油，就可以打完收工。

上圖的大理石浮雕，刻畫古希臘摔跤選手與他們的教練。

希臘戲劇

西元前五世紀，正值雅典全盛時期，希臘悲劇與喜劇也在此同時開花結果。劇作家寫出的劇作可說是既前所未有、充滿挑戰，也激勵人心、發人深省。悲喜劇也開啟新形態大眾娛樂之先河，為現代戲劇奠定了基礎。

西元前530年代，獻給酒神戴奧尼修斯的節慶習俗傳進了雅典，讚美戴奧尼修斯的〈酒神頌〉也會在節日當天唱誦。這些祭祀歌曲逐漸演變為悲劇的前身，而悲劇一詞，源自希臘字源的「山羊頌」，或許是因為山羊是祭品的緣故。而接下來，悲劇成為節日活動的一環，開始以比賽的形式進行表演。而這些祭拜戴奧尼修斯儀式的樂曲、舞蹈與狂喜，都化作悠揚的樂音與合唱，呈現在古希臘的戲劇當中。雅典把這些慶典傳入盟邦，用以增強盟友間的文化凝聚力，於是它們得以風行不衰，並漸漸擴及整個地中海世界。這些為了酒神祭典所表演的戲劇，正是現代戲劇的前身。

悲劇透過演出神話中王室家庭的過往來探討道德與宗教上的衝突，也探討家庭與社會群體、性與倫理、宗教與英雄性格，並將之融入合唱的歌舞中。悲劇的終極目標是讓觀眾能夠宣洩情緒，畢竟他們與角色一同經歷苦痛。

早期悲劇只有一名男演員演著獨角戲，他戴著一張面具，使他得以被允許去扮演神。

自西元前六世紀以降，台上又加入了最多15名男性演員組成的合唱隊，他們又唱又跳，但沒有任何台詞。最終人數逐漸固定，戲劇可能最多由三名男演員共同演出，每人都需要分飾多角，所以必須頻頻更換面具、服裝、聲調與姿態。古希臘劇場空間廣闊，因此演員穿戴誇張的面具及戲服是極其必要的，這些面具要麼喜上眉梢，要麼愁眉苦臉，因為在這麼遠的距離，觀眾很難看清楚演員的臉部表情細節。同時，面具也能達到擴音效果。總而言之，希臘悲劇結合了唱誦有韻律的詩文與表演歌舞的合唱歌隊，因此比起戲劇，反而更像是歌劇。

希臘悲劇劇作家共有三巨頭：艾斯奇洛斯、索福克理斯、尤里皮底斯。艾斯奇洛斯是首位打破希臘悲劇的獨角戲形式，讓第二位演員上台的劇作家，他也讓合唱歌隊更融入戲劇情節之中。艾斯奇洛斯的悲劇主要探討宗教與道德議題，以三連劇的形式登場，代表作品有《奧瑞斯提亞》與《波斯人》。索福克理斯生逢雅典黃金時代，據推測，索福克理斯除了為

希臘劇場

劇場通常建在山坡上，並且經過精心設計打造，以確保能營造出餘音繞樑的聲學效果。劇場的建築構造可分成三部分：舞樂場（orchestra）是一塊圓形或長方形的場地，座落在劇場正中央，戲劇、舞蹈、宗教儀式都是在此舉行。舞樂場後面的長方形建築稱為景屋（skene），也就是後台區域，演員在此更換戲服及面具。劇中人物慘死當下的橋段不會在舞台上演出，而是用一個稱為ekkyklema的帶有輪子的平台，將扮演的屍體從景屋推出，向觀眾展示悲劇的結果。起初，景屋只是一個隨意搭建的帳篷或小木屋，但之後演變成石造建物，有時還會漆上顏料，當作舞台佈景。觀眾可能僅限於男性，觀眾席是圍著舞樂場的半圓形石階，而觀眾們就坐在陡峭傾斜的石階座位上。劇場大多有一定規模，最多可容納一萬四千名觀眾。

上圖是西西里島陶爾米納（Taormina）的希臘羅馬式劇場。現存遺址大多為磚造建築，表示此劇場是在西元前三世紀的希臘舊劇場基礎上，進行重建修復的成果。希臘建築師擅長選址，總是在自然景色優美之處建造劇場，這樣便能融合自然與建築，利用地形來設計格局，以求觀眾席上的每個角落都能接收到完美的聲學效果。

上圖是伯羅奔尼撒半島上的埃皮達魯斯劇場，也是公認聲學效果最佳、美學設計最完美的古典希臘劇場。該劇場建於西元前四世紀末，出自建築師皮力克雷托斯（Polykleitos the Younger）之手，可容納一萬四千名觀眾。這座劇場位於希臘醫藥之神阿斯克勒庇俄斯的聖所東南側，因為當時人們認為戲劇表演也是一種治療病人的方法，可以促進心理上的健康。

希臘悲劇引入第三位演員，也廢除過往三連劇的戲劇形式，意味著他所創作的每部戲劇都劇情完整，能單獨上演。較短的戲劇形式大大地增添了戲劇張力，也讓情節更流暢。索福克理斯也開始更著重探討個人的逆境，塑造更為鮮明的角色性格，並凸顯他們的行止是如何受到傲慢與命運的引導。代表作品包括《安提戈涅》、《厄勒克特拉》、《伊底帕斯在克洛諾斯》與《伊底帕斯王》。尤里皮底斯是希臘悲劇三巨頭中最年輕的一位，在西元前五世紀末嶄露頭角，該時代也是思想與科學大鳴大放的時期。尤里皮底斯也承襲時代特色，納入他的劇作之中，作品著重在普通人的思想與經歷，主角不再只是神話英雄人物。其劇作《美狄亞》和《酒神的伴侶》，刻畫英雄與神祇一如凡人，也有容易犯錯、不完美的一面。

在早期的酒神祭典戲劇比賽中，每位劇作家都必須創作出三部悲劇與一部薩提爾劇，薩提爾劇是以神話故事為主題的諷刺劇，內容多為滑稽模仿，由妝扮成薩提爾（酒神戴奧尼修斯的隨從）的演員表演。這些戲劇的開場陣容壯觀，由多達24名穿著奇裝異服的演員所組成的合唱歌隊載歌載舞進場，稱為「parodos」。戲劇的第二部分為「agon」，通常伴隨著快速的場景轉換，兩名演員以機智的言辭交鋒或是辯論。「parabasis」是戲劇的第三部分，歌隊以詩人的口吻向觀眾致詞。最後一幕則是歌隊戲劇性地退場，通常是邊唱邊跳著另一首曲目，為整齣劇畫下句點。

至於古希臘喜劇的起源與早期發展，我們所知甚少，但可以肯定的是，喜劇的開端在悲劇之後，直到西元前480年代，喜劇才獲得官方認可與城邦支持，在城市酒神節中亮相。

喜劇的起源有可能可以追溯到慶祝葡萄豐收的節慶活動，當時人們會表演粗俗下流的歌曲來娛樂群眾。雅典喜劇之父是阿里斯托芬（活躍於西元前420至380年間），他巧妙融合了雙關語、性暗示、諧擬嘲弄與謾罵諷刺，其代表作包括《利絲翠塔》和《雲》，前者敘述雅典和斯巴達的女人們為了和平，對他們的男人展開「性罷工」，拒絕滿足男人的一切需求，來脅迫他們停止戰爭；後者則用諷刺和滑稽的口吻來批判偉大的哲學家蘇格拉底。在阿里斯托芬之後，希臘喜劇的繼起之秀還有米南德、菲勒蒙和狄菲盧斯。

上圖是艾斯奇洛斯（西元前525-456年左右）的羅馬時期半身像，打造於西元前一世紀。人們常讚譽艾斯奇洛斯為希臘悲劇之父。

上圖為西元前380至379年的紅繪雙耳陶器，描繪在阿伽門農墓前的奧瑞斯提亞、厄勒克特拉與赫密士。希臘悲劇《奧瑞斯提亞》是一齣由艾斯奇洛斯所創作的三連劇，敘述阿伽門農遭到其妻克呂泰涅斯特拉謀殺，以及阿特柔斯家族沒落的故事。

左圖為尤里皮底斯（西元前484-407年左右）希臘半身像的羅馬大理石複製品，原作約莫製於西元前339年。尤里皮底斯是希臘享負盛名的悲劇家之一，作品多達90餘部。他也開創出將神話英雄凡人化的新視角，說明他們也是普通人，只是面對的挑戰往往很棘手。

上圖是索福克理斯（西元前496-406年左右）的半身像，屬於法爾內塞家族（Farnese）收藏品。此雕像很有可能是西元前二世紀希臘化時期雕像的羅馬複製品。據說，索福克理斯生涯共寫下120部劇作，但現存的完整作品僅剩7部。

上圖希臘演員配戴的面具，多是木製或由亞麻布製成，如今無一倖存。不過，現存文物仍有以赤陶、石材、青銅製成的面具與演員模型，而在保留下來的畫作與馬賽克作品中，也有描繪戲劇面具的畫面。喜劇面具展現出誇張、古怪的面部表情，而悲劇面具則呈現出平靜、理想化的樣貌，表情也顯得難以捉摸。

希臘哲學

希臘的哲學家們提出發人深省的問題、挑戰傳統信仰與偏見，甚至為了自身信念甘願冒生命危險。哲學家們各有不同理念，從崇尚超自然的神秘主義者到腳踏實地的現實主義哲學家，他們的見解在今日依舊占有一席之地。

希臘哲學的搖籃位於古愛奧尼亞地區，許多當時數一數二的國際化大都市與貿易重鎮都在那裡。第一代希臘哲學家——泰利斯（約西元前624-528年）、阿那克西曼德（西元前610-546年）、阿那克西美尼（約西元前586-526年），先後在西元前七世紀末至六世紀初於愛奧尼亞最南邊的城市米利都嶄露頭角，他們對宇宙萬物備感興趣，懷疑當時人們普遍接受的觀點，自成一套理論，不受神話、教條與迷信的影響。畢達哥拉斯（約西元前570-495年）來自愛奧尼亞的薩摩斯島，他脫離純粹的科學演繹，將科學結合了神秘主義，例如他相信靈魂輪迴說。他提出「萬物皆數」的理論，認為所有事物的結構與本質，都可以透過它們傳達出的相應數字來確定。畢達哥拉斯也發明了史上第一個數學公式。有可能也是來自米利都的留基伯（生卒年不詳）與色雷斯出生的德謨克利特（約西元前460-370年），相信「萬物皆由原子組成」，並

在西元前五世紀時發展出根據自然法則的決定論：每件事物的發生，背後都有其自然原因。

在雅典，民主的發展也帶動辯論與辭令遍地開花。所有的自由公民都能參加議會上的討論，或是站在法庭替自己辯護，因此人們高度重視演說技巧、論述以及詞藻。詭辯學派也在此時期興起，修辭學與辯論的藝術即為這個學派傳授的核心目的。蘇格拉底是希臘哲學的重要人物，也是一位過著簡樸生活的教育家，比起對物質世界感到好奇，他更醉心於探討道德與心理層面。他的教學方式又稱為「反詰法」，透過不斷向學生提出思辨性的問題，來挑戰學生們的既有認知。蘇格拉底的不可知論與對不理智者缺乏包容，也為他樹敵無數，以致最後遭判處死刑，罪名是腐蝕雅典青年思想，他平靜地接受對自己的判決，喝下毒堇的汁液而亡，而沒有像其他被判刑的人常做的那樣：選擇逃跑。

柏拉圖是蘇格拉底的學生，在老師無辜犧牲後，決定離開喪心病狂的雅典。多年後，他重回雅典並創立了著名的雅典學院。柏拉圖鑽研倫理學與政治學，但他最著名的思想莫過於形而上學與知識論。柏拉圖的倫理政治代表作《理想國》，描繪出一個理想國度的輪廓，這個國度由菁英治理，所有政策的施行都是根據理性。

亞里斯多德師承柏拉圖，也當了亞歷山大近20年的家庭教師，他博

酒酣耳熱之際

研討會（symposium）一詞源於希臘人的「酒局」，通常是在私人住宅裡舉辦的集會，男性齊聚一堂，一同吃喝、談天說地、高歌一曲。談論主題包含政治、哲學與詩歌朗誦。唯一允許在場的女性是高級妓女，這些妓女能歌善舞，甚至還接受過體操訓練。賓客倚在鋪滿坐墊的躺椅上休息，躺椅靠著四面牆壁，所以每位賓客都能看見彼此。用膳、小酌與祭酒完畢後，賓客還會繼續喝酒喝一整晚，並且大家共用一個淺口大酒杯（kylix），一位傳一位黃湯下肚。

右圖是亞里斯多德頭像，製於西元一或二世紀，該頭像是西元前四世紀留西波斯（Lysippos）作品的羅馬複製品，原作為青銅像，但已失傳。亞里斯多德（西元前384–322年）著作無數、涉獵廣泛，從物理學、生物學、動物學，到形而上學、經濟學、政治學、語言學、美學、詩歌和戲劇，幾乎無所不通。

左圖是西元前五世紀的紅繪式陶瓶，描繪火神赫菲斯托斯和酒神戴奧尼修斯舉杯對飲的酒會場景，出土於西西里島阿格里真托的神殿之谷。酒會是一種交際活動，通常緊接在餐後舉辦，也是許多哲學家們辯論的舞台。像是柏拉圖的著名作品《會飲篇》（西元前385-370年左右），講述參加酒會的名人賓客間展開熱烈的比賽，每人都發表了一番即席演說。

學多聞，從物理、生物、天文、心理，到政治、修辭、倫理與形而上學，無所不通。亞里斯多德開邏輯研究之先河，以極有系統的條理創立了一套邏輯體系，並寫在五篇專門的著作中，集合起來就是世人所熟知的《工具論》。此外，他也寫下許多關於倫理、政治、詩學與修辭學的重要作品。

　　亞里斯多德與世長辭後，希臘各城邦也逐漸分崩離析，成為希臘化時期諸王逐鹿混戰的棋子。在此背景下，出現了兩種教條主義的哲學流派──斯多噶學派及伊比鳩魯學派。斯多噶學派的領導人是西提姆的芝諾（約西元前335-263年），他主張「天人合一」，認為幸福的

根源來自美德，而美德即是要懂得自我控制、切勿大喜大悲。另一位同時期的思想家伊比鳩魯（西元前341-270年）則提出完全相反的觀點，認為追求個人幸福就是要好好享樂，他也警告人們不應參與公共事務。不過，伊比鳩魯所指的享樂，並不是放縱或墮落，而是認為簡簡單單的快樂，就是幸福。他告訴學生，諸神太過尊貴，不會為了凡人的事務而操心。

　　最後一個著名哲學學派是懷疑學派，代表人物為伊利斯的皮浪（約西元前360-270年）。他認為任何事物都不能加以斷言，就算是親身所知所感，也無法確定是否即為真實，還是一切皆空。不過皮浪對自己的信念倒是深信不疑，相傳他在過馬路時完全沒在意其他人車，也不擔心發生危險，因為他認為信念會引導著他，讓他毫髮無傷。

上圖為蘇格拉底（西元前469–399年）的大理石雕像，於西元一世紀羅馬時期製成，可能是雕刻家留西波斯的青銅雕像複製品，可惜原作早已遺失。後世將蘇格拉底譽為西方倫理思想之父，而他的思想主要透過學生柏拉圖與色諾芬（Xenophon）的筆記而得以流傳下來。

左圖是柏拉圖（西元前428-348年左右）的雕像複製品，原作品製於西元前370年左右，出自雕塑家西拉尼昂（Silanion）之手，以此獻給雅典學院。柏拉圖是蘇格拉底的學生，也是亞里斯多德的老師，被視為影響西方哲學史的關鍵人物。他也是開創西方宗教與靈性的其中一位哲學家。

馬其頓崛起

希臘城邦與民主的時代，隨著位於希臘世界邊陲地帶的馬其頓王國崛起，畫下淒涼的句點。西元前四世紀，馬其頓強大的軍事力量銳不可擋，一路勢如破竹地攻城掠地。然而當時人們的個人自由也遭到了削弱，社會風氣也轉變成必須透過征服與彰顯財力才能維護權力。

馬其頓自始至終都不是希臘世界的成員，因為它位在希臘世界最北部的邊陲，是個荒涼多山的小國，由一個聲稱是阿基里斯後代的王室家族統治。西元前359年，腓力二世登基，在他即位之前，許多家族成員皆死於非命。他的前人要不就酗酒放蕩，要不就明爭暗鬥，儘管過程中也斷斷續續地嘗試要希臘化，但都沒有成功。像是在西元前408年，馬其頓就曾邀請劇作家尤里皮底斯前往居住與寫作。

腓力二世目光遠大、聰明睿智，但也冷血無情。他年少時期曾在底比斯度過一段歲月，在那不久之前的西元前371年，底比斯在留克特戰役中擊敗斯巴達，震驚了全希臘世界。經歷過底比斯霸權時代的洗禮，腓力二世學習到不少與戰爭有關的知識，從而開創出新的重裝步兵方陣。腓力二世設計的馬其頓方陣縱深多達16列，而不像以往只有8列，步兵手持讓人聞之喪膽的薩里沙長矛（長約5.5-6公尺），僅靠人海戰術就足以突破對方防線。他也創建一支由貴族菁英組成的騎兵軍團，稱之為「夥友」（Companions）。腓力二世征討東部富饒之地時，也把戰俘帶回馬其頓當奴隸，這讓馬其頓的地主階級得以有餘裕成為正規職業軍人，整個國家的常備軍擁有兩萬四千名步兵與三千四百名騎兵，每位將士都對國王宣示效忠。腓力二世所向無敵的馬其頓方陣，很快就成為希臘世界的夢魘。他的軍隊先是橫掃當時朝馬其頓西北面節節進逼的伊利里亞部落，又於西元前357年占領了雅典的舊殖民地安菲波利斯，不但打通了通往南方的要道，還因此而獲取了當地的金礦和銀礦。接著，腓力二世一鼓作氣征服卡夕得西半島上的所有城鎮。下一步，他把目標瞄準托羅南海灣頂端的奧林索斯。

雅典目前的處境岌岌可危，偉大的演說家狄摩西尼深諳腓力二世將對雅典文明構成威脅，他試著警告雅典同胞，藉著一系列熱血澎湃的演講，希望同胞趕快覺醒，這些演講後來被稱為「反腓力辭」。但長期以來，雅典人選擇相信腓力二世虛假的承諾，在西元前346年簽署了《菲洛克拉底和平條約》，默許維持現狀，承認腓力二世攻下新領土的合法性。最

右圖是喀羅尼亞之獅，由底比斯人設立，以茲紀念在喀羅尼亞戰役（西元前338年）中陣亡的將士。這場戰爭是由希臘城邦聯軍與扶搖鵲起的馬其頓王國對決，最後腓力二世率領的馬其頓大軍拿下關鍵勝利，也讓腓力二世得以統合除了斯巴達以外的所有希臘城邦。

馬其頓崛起，至西元前336年疆域

- 馬其頓統治的核心區域，西元前四世紀初
- 至西元前359年，馬其頓新納入的土地
- 至西元前336年，馬其頓新納入或征服而來的土地
- 西元前336年之後，馬其頓新納入或征服而來的土地
- 西元前337年後，推測當時科林斯同盟的範圍
- 其他希臘城邦

巴　爾　幹　半　島

色 雷 斯

黑　海

伊斯陀

托米

卡拉迪斯

奧德修斯

墨森布里亞

阿波羅尼亞

腓力波波利斯

埃皮達魯斯

培 奧 尼 亞

阿波羅尼亞

馬 其 頓

佩拉

文加伊

梅索尼亞 卡 得 西

奧林索斯

波蒂迪亞

番礴斯山

腓立比

安菲波利斯

薩索斯

薩索斯島

拜占庭

卡爾西頓

佩林蘇斯

伊努斯

卡迪亞

基齊庫斯

弗 里 吉 亞

波 斯 帝 國

每 西 亞

帕勞伊

伊庇魯斯王國（摩洛希亞王國）

波海比亞

色薩利

拉立沙

費萊

克羅庫斯平原

溫泉關

福西斯

德爾菲

338BC

喀羅尼亞

底比斯

皮奧夏

安布拉西亞

阿卡納尼亞

薩摩色雷斯島

林諾斯島

愛 琴 海

錫羅斯島

米蒂利尼

勒斯博島

帕加馬

呂 底 亞

以弗所

卡 利 亞

呂 西 亞

科希拉島（科孚島）

萊夫卡斯島

凱法利尼亞島

扎金索斯島

伯 羅 奔 尼 撒

科林斯

希俄斯島

安德羅斯島

泰諾斯島

薩摩斯島

納克索斯島

科斯島

愛 奧 尼 亞 海

斯巴達

米洛斯島

伊卡里亞島

羅德島

賽舍拉島

克 里 特 島

地 中 海

0　　50公里

0　　50英里

終，雅典意識到他們的姑息政策猶如慢火燉青蛙，這才做了個為時已晚的決定——與底比斯結盟，共同對抗馬其頓。這便是西元前338年，馬其頓稱霸希臘的關鍵之戰——喀羅尼亞戰役的背景。戰後，腓力二世在科林斯召開泛希臘的大會，和平之日終於到來，而腓力二世作為至尊王者，當然也成為這個新同盟的最高領導人。於是現在時機已經成熟，科林斯同盟即將在腓力二世率領下，對波斯發動戰爭。

腓力二世一共有七位妻子，其中最重要者莫過於伊庇魯斯的摩羅西亞公主奧林匹亞絲，兩人生下了亞歷山大，而這個兒子在未來將完成腓力二世征服波斯的遺願。西元前336年，腓力二世萬萬沒有想到，就在他展開遠征大業前竟會慘遭好友兼同志愛人保薩尼亞斯暗殺。亞歷山大登上王位，但在此之前，他的母后奧林匹亞絲已下令除掉了腓力二世最新迎娶的妻子與她的子女，馬其頓宮廷的殘暴與野蠻依舊沒有停止的跡象。

下圖是一枚4德拉克馬銀幣的正面，上頭鑄有宙斯頭像，此銀幣鑄於馬其頓首都佩拉，時值腓力二世在位期間。宙斯是馬其頓神系中最重要的神祇，因為馬其頓人認為自己神話中的祖先是宙斯之子，所以他們都是宙斯的後代。

馬其頓崛起（西元前）

371 底比斯將軍艾帕米農達斯（Epaminondas）以寡擊眾，在留克特大破斯巴達主力部隊。

359 馬其頓攝政王腓力二世篡奪其侄兒阿敏塔斯四世（Amyntas IV）的王位，成為希臘最北端的馬其頓國王。

356 亞歷山大出生於當時馬其頓王國的首都佩拉，當時的馬其頓王國在他父親統治下，正不斷擴張。

348 馬其頓國王腓力二世攻擊奧林索斯，迫使奧林索斯的公民不得不拋棄家園、遠走他鄉。

343 亞里斯多德被聘請成為馬其頓王國13歲王儲亞歷山大的家庭教師。

340
左右 時年16歲的亞歷山大，在對抗色雷斯人的軍事行動中初試啼聲。

338 腓力二世在喀羅尼亞打敗由雅典與底比斯組成的聯軍，成功拿下希臘世界的控制權。

337 腓力二世遊說希臘各城邦在科林斯組成同盟，並且由他作為同盟領導人。

336 隨著腓力二世駕崩，科林斯同盟推舉亞歷山大繼承父位，成為對抗波斯的新同盟領袖。

335 在亞歷山大準備啟程東征前，因為底比斯反叛了科林斯同盟，所以他先征討底比斯，將底比斯城夷為平地，並把倖存的底比斯人貶為奴隸。

334 亞歷山大大帝率領五千名騎兵與三萬名步兵東征，在特洛伊附近的格拉尼庫斯河（the River Granicus）擊潰了一支波斯大軍。

333　在靠近今日土耳其與敍利亞邊境的伊蘇斯（Issus），亞歷山大大帝乘勝擊敗波斯皇帝大流士三世（Darius III）。

332　接著，亞歷山大南下穿過今日的敍利亞與巴勒斯坦，直達埃及，波斯主帥望風而降。

331　亞歷山大往東北方進入美索不達米亞，於高加米拉（Gaugamela）再次擊潰大流士三世主力大軍，波斯就此門戶洞開。

330
左右　亞歷山大佔領波斯名義上的首都波斯波利斯（Persepolis），燒毀薛西斯一世建造的雄偉宮殿。

327　亞歷山大大帝征服波斯行省巴克特里亞（Bactrian，在今日的阿富汗一帶），娶當地貴族之女羅克珊娜（Roxana）為妻，羅克珊娜成為馬其頓王后。

325　亞歷山大的麾下官兵揚言，除非亞歷山大回軍讓他們返回家鄉，否則就要發動叛變。

324　亞歷山大與他的摯友赫菲斯提昂（Hephaestion）娶了大流士三世的女兒們，不過就在軍隊抵達伊克巴塔納（Ecbatana，今伊朗境內）時，赫菲斯提昂不敵傷寒而亡。

323　年僅33歲的亞歷山大大帝，在巴比倫參加一場宴會後英年早逝。眾將領們決定擁護他同父異母的哥哥腓力三世（Philip III）與尚未確定性別的遺腹子女（與羅珊娜所生，後為亞歷山大四世）共同繼位。

左圖是馬其頓的腓力二世（西元前359–336年在位）頭像，製於希臘化時期。腓力二世既是一位高超的軍事戰術家，也擅長於外交手段，他遵循馬其頓一夫多妻的傳統，一生共結過七次婚。他曾遭箭矢射傷而失去一隻眼睛，右腳也在戰爭中受傷而跛。

上圖是奧林匹亞的腓力神廟（Philippeion）遺址，當初是為了慶祝從喀羅尼亞戰爭（西元前338年）凱旋歸來，而由腓力二世一手打造。在這場戰役中，馬其頓大勝希臘城邦聯軍，這對馬其頓王國來說，是極其關鍵的一戰。

韋爾吉納

在今日希臘北部的韋爾吉納所挖掘出的馬其頓王室陵墓，證明了馬其頓的歷代國王果然一如傳聞，擁有雄厚的財力與權力。黃金與象牙製的陪葬品展現雍容華貴，而陵墓內的生動壁畫則描繪著王室狩獵與神話中的場景。

1977年，希臘考古學家馬諾利斯・安德羅尼可斯（Manolis Andronikos）挖掘出一對壯觀的王陵，裡面藏有大量的金、銀、青銅與鐵器，以及兩付裝有人骨的棺材和幾幅壁畫。這座墓穴被埋在希臘北部小鎮韋爾吉納（Vergina）5公尺深的地底下，年代可追溯至西元前350到320年左右。

韋爾吉納就位在古代馬其頓的城市艾加伊（Aigea）的地點上，在馬其頓遷都至佩拉（Pella）之前，這裡一直都是馬其頓的都城。由於艾加伊曾是馬其頓首都，因此在這裡的考古發現，釋出了極為大量關於古馬其頓人的豐富史料。出土遺址包含一座頗具規模的王宮（西元前340年左右）、一座劇場、名聲女神艾琪莉亞的聖所、城牆，以及包含500座古墳的王家陵墓群。有些人認為，艾加伊從來都不是馬其頓實質上的王都，因為規模不夠，頂多只是一群由古馬其頓貴族部落聚集成的村莊集合體。可是就算在西元前四世紀馬其頓把國都遷到馬其頓平原中部的佩拉之後，艾加伊依舊是王國的聖城，王室成員的婚禮在此舉辦，死後也都是葬在這裡。

關於所挖掘出的古墓究竟屬於何人，至今仍有爭議。二號墓向來被認為是腓力二世的長眠之地，但眾所周知，腓力二世曾遭長矛刺穿腿部，並造成永久性的殘疾，然而根據最新研究，從墓穴主人的骨骼分析看來，並沒有找到可以證明的痕跡。也有人認為，事實上腓力二世和他的妻子一同葬在一號墓中。假如真是如此，那麼二號墓的主人就有可能是他的兒子腓力三世與其妻歐律狄刻（Eurydice），腓力三世是亞歷山大大帝同父異母的哥哥，他與歐律狄刻皆亡故於西元前316年。二號墓為神廟形狀的地下陵墓，立面裝飾著色彩細膩保存完好的壁畫，內容描繪在王室獵場狩獵的場景。該陵墓分為兩間墓室，在主墓室裡有一個大理石櫃，裡面安放著一座純金打造的希臘式棺材（larnax），棺蓋上雕有維吉納太陽符號（Vergina Sun，又名馬其頓之星）的凸飾，棺內裝著一具火化過的遺骨，以及一個鍛造精美的金質橡葉花環。墓室裡還擺著一張華麗的葬

下圖為蛇髮女妖梅杜莎頭像造型的黃金壁燈，於希臘韋爾吉納的王陵出土，製於西元前四世紀中期。

上圖的金冠上頭有313片橡葉及68顆橡實，同樣出土於韋爾吉納王陵，製於西元前四世紀中期。該金冠是在存放火化遺骨的金棺中發現的。

左圖為韋爾吉納王陵中的金棺，製於西元前四世紀中期。金棺頂蓋上裝飾有維吉納太陽的浮雕，人們相信這個光芒四射的太陽就是古馬其頓王國的王室圖騰。

床，這是在遺體尚未火化前，進行儀式之用。此外，還有曾經裝飾在葬床上的象牙雕刻頭像，以及在葬禮宴會中使用過的銀製器皿。墓室中也有些用黃金打造的盔甲、武器。此陵墓的前廳中躺著另一口金棺，金棺的主人是名女子，極有可能是按照習俗而殉葬的王后。

亞歷山大大帝

亞歷山大大帝的家庭教師亞里斯多德期勉他「做希臘人的領袖、野蠻人的暴君，對待前者如親朋好友，對待後者如植物野獸」。亞歷山大開始動身征服波斯帝國時，他的顧盼自雄、對旗開得勝的渴望、對成功的雄心抱負，無不昭然若揭，但亞歷山大最後之所以能獲得如此巨大的勝利，反而是因為他決定違背恩師的訓誡。

由於父王腓力二世遭人暗算，正值20歲的亞歷山大於是在西元前336年坐上了國王大位。在腓力二世的馬其頓軍隊支持下，他一登基便立即出兵鎮壓反叛部落，並降伏其為頑強的希臘諸城邦，確保了他們的忠誠。亞歷山大還消滅了老是為馬其頓製造麻煩的底比斯，將其人民貶為奴隸，並在西元前334年春天，啟程前往亞洲。然而這一去，即是永別故鄉。

亞歷山大大帝的遠征可說是波瀾壯闊，一路上神擋殺神、勢如破竹，經歷三場主要戰事——格拉尼庫斯會戰（西元前334年）、伊蘇斯會戰（西元前333年）、高加米拉會戰（西元前331年），橫掃了曾經盛極一時的波斯阿契美尼德帝國（the Achaemenid Empire），也為馬其頓打下大片江山。西元前331年，他雄姿英發地征服了埃及，並在祭拜錫瓦的阿蒙神廟時得到神諭，宣稱他是宙斯‧阿蒙之子。亞歷山大的軍隊沿用先王腓力二世研發的陣法及戰術，並將實用工程發揮得淋漓盡致，像是他會運用攻城井闌來攻擊城牆上的守軍，打起圍城戰可說是得心應手。而當他在攻打島城泰爾（Tyre）時，甚至築起一條跨越海面的堤道，讓攻擊部隊可以直接開到城下。他也放火燒光了大流士的波斯波利斯城，把整座城池夷為平地。亞歷山大大帝吃苦耐勞、膽大心細，是個沉著冷靜的戰略家，面對險境，也毫不怯懦。然而他有時也冷酷無情，甚至流於殘暴，對於那些抵抗得特別頑強的城市，他曾下達屠城的命令。亞歷山大大帝特別尊崇荷馬史詩，而阿基里斯正

是他的偶像。

亞歷山大重新繪製了希臘世界的地圖，他建立了16座新城市，實際上的數量可能還不僅如此，這些城市的建立都出於戰略上的考量，扼守著重要的貿易路線，許多城市都是以他為名，唯有一座城市布西發拉斯（Bucephalus）

，名字來自陪伴他出生入死17年的愛馬。他建立的新城市基本上是希臘化的，住著希臘移民，操著希臘語言，但被征服的民族也住在那裡，只是原本的遊牧戰士漸漸轉變為定居的農耕者。

在解放小亞細亞的希臘城市後，亞歷山大恢復了他們的民主自治。他對將自身宗教信仰與行為規範強加給被征服的人民身上並不感到興趣，只要他們能繼續為馬其頓軍隊提供糧食補給，亞歷山大是很樂於讓他們享有自治的權利的。實際上，對大多數人民來說，只是換了個主子而已，生活並沒有多大改變。亞歷山大

接管了波斯的朝貢體系，並派遣軍隊、任命總督來維持地方安定。這些征服與進貢也讓亞歷山大荷包滿滿，無數的榮華富貴享用不盡。他一次次舉辦豪華盛宴，款待他的夥友（馬其頓貴族精銳騎兵）們醉醺醺地倒在銀製躺椅上，瓊漿玉露無限暢飲，有時還會引發一些酒後的暴力衝突。

亞歷山大一直對世界充滿好奇，他相信世界是被一片汪洋所包圍，而尋找「世界盡頭的外海」（Outer Ocean）這個念頭，將他帶到了印度的喜馬拉雅山腳下。在此過程中，他集結了一支12萬人的龐大軍團，士兵大多是印度

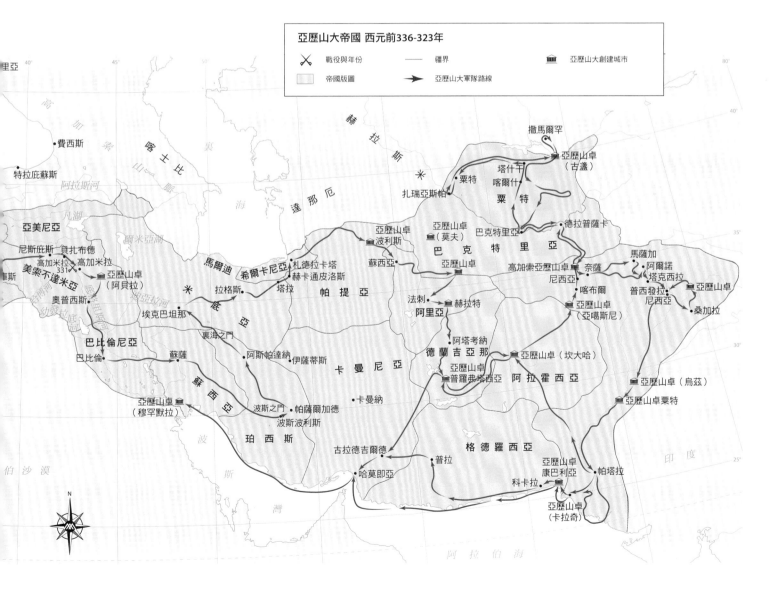

上圖為龐貝城農牧神之家（the House of the Faun）的馬賽克細節，作於西元前100年左右，描繪亞歷山大大帝在伊蘇斯會戰（西元前333年）中擊潰波斯大流士三世的軍隊。英勇的亞歷山大大帝駕著他的駿馬布西發拉斯馳騁戰場，而波斯國王正拋下他混亂的軍隊落荒而逃。這幅驚心動魄的馬賽克作品以自然寫實的手法，巧妙捕捉戰爭中的混亂與活力。

人、伊朗人，還有來自四面八方的野蠻民族。不過就在印度季風肆虐時，他的軍隊也掀動叛變，他們思鄉情切，拒絕再前進，迫使亞歷山大只好就此班師回朝。回程途中，他在蘇薩（Susa）舉辦了一場盛大的集體婚禮，包括他自己在內，他也讓麾下的高級將領迎娶波斯貴族女子。許多士兵反對這種強迫性的文化融合，也對亞歷山大採用波斯的服裝與禮儀愈來愈感到不滿。西元前323年，亞歷山大抵達巴比倫，可是突然之間風雲變色，一代帝王竟在此亡故，死因可能是瘧疾。雖然他那群因遭逢遽變而爭吵不休的夥友們一度傳出謠言，說他遭人下毒，但傳聞顯然站不住腳。在他過世前的幾個月，他還在策畫新的征服目標，但他也日漸狂妄，要求人們把他當作神一般膜拜。亞歷山大駕崩後，他的帝國樹倒猢猻散，幾個高級將領之間交相惡戰，只為分到他遺產的一杯羹。古典希臘世界隨著亞歷山大大帝而闔上書頁，即將展開的，是希臘化時代的全新篇章。

亞歷山大讓希臘文明開枝散葉，甚至遠及興都庫什山脈以外的地區，而隨軍的科學家與勘測員們也汲取所見所聞，記錄下東方地理、動植物與不同文化的寶貴知識。這位馬其頓的年輕國王改變了已知世界的形狀，成為一位近乎神話的英雄人物，也是打破疆域概念的先驅征服者。

下圖是西元前三世紀製作的英雄豪傑亞歷山大大帝像，底下署名：帕加馬的米納斯製作。亞歷山大宛如希臘英雄阿基里斯的化身，三十歲時就締造古典世界最大的帝國，而且屢戰屢勝。至今，世界各地的軍事學校依舊在學習他的戰術謀略。

第三章
改朝換代

西元前四世紀末製作的希臘化風格亞歷山大石棺❶，出土於黎巴嫩的賽達古墓。石棺上雕刻著英勇的亞歷山大大帝率領希臘聯軍，在西元前333年的伊蘇斯戰爭中擊潰大流士三世的波斯阿契美尼德帝國軍隊。

編註❶：雖名為亞歷山大石棺，但其實和亞歷山大本人的遺體並無關聯。

希臘化時期

亞歷山大離世後，他的帝國慘遭眾將領們瓜分殆盡，這些將領彼此傾軋交戰，歷史上給了他們一個名字——繼業者（diadochi）。綜觀希臘世界，城邦政治被中央集權的王國所取代，獨裁者的權力與威信變得至高無上。文化方面則呈現宏大的世界觀，兼容並蓄、百家齊鳴，哲學、戲劇、建築也在這個時期蓬勃發展。

亞歷山大駕鶴西歸後，馬其頓名義上由兩位傀儡人物共同繼承，一是亞歷山大同父異母、患有智力障礙的哥哥阿里達烏斯（Arrhidaeus），即位後名為腓力三世（約西元前358-317年），另一位是亞歷山大與波斯公主羅克珊娜所生的遺腹子亞歷山大四世（約西元前323-310年）。亞歷山大大帝的其中一位重要將領安提帕特（Antipater，約西元前397-319

年）成為攝政王，掌握了馬其頓與希臘的實權，他藉由逐退預謀篡位者，並鎮壓由雅典領導的叛亂來鞏固權力。

在歐洲以外的地區，亞歷山大殞落後的數十年內，各將帥之間的爭權奪利紛至沓來。當時由托勒密一世（號稱「救主」，約西元前366-282年）所統治的埃及與鄰近的中東地區，是前帝國疆域內相對穩定的政權，他在那裡建立了一個偏安的王朝。其他地區，你爭我奪的景況可謂越演越烈。佩爾狄卡斯（Perdiccas，約西元前360-321年）是個野心勃勃的將軍，

在亞洲地區大權在握，引起埃及的托勒密、弗里吉亞（Phrygia）的安提柯（Antigonus，西元前382-301年）、巴比倫的克拉特魯斯（Craterus，西元前370-321年）與馬其頓的安提帕特等各方總督猜疑。猜疑不斷累積的結果，終於在佩爾狄卡斯與托勒密之間爆發衝突時達到最高潮，而在衝突的最後，佩爾狄卡斯遭到手下叛變軍官的殺害。

到了這個階段，塞琉古（Seleucus，約西元前358-281年）成了巴比倫的總督，而原是亞歷山大貼身護衛的利西馬科斯（Lysimachus，

右圖是《垂死的高盧人》（The Dying Gaul），此為羅馬時代的大理石複製品，希臘化時代的原作可能為青銅材質，據傳是帕加馬國王阿塔羅斯一世於西元前230-220年左右委託製作，以慶祝他戰勝加拉太人（the Galatians），也就是居住在今日安納托利亞地區的塞爾特民族。這尊雕像刻畫高盧人特有的塞爾特髮型、脖子上戴著金絲項環，以強烈的自然主義和悲壯情懷，體現出希臘化時期藝術的表現張力與寫實感。此雕像亦為最著名的古代作品之一。

下圖是一尊不知名的青銅像，其雙眼以鑲嵌技法呈現，發現於提洛島的派斯特拉湖（Lake Paelstra），年代為西元前一世紀的希臘化時期。

西元前360-281年）則於色雷斯掌權。當時正值統治弗里吉亞的安提柯兵強馬壯、聲勢不可一世，於是安提帕特之子卡桑德（Cassander）、托勒密及利西馬科斯聯合起來，在西元前320到311年起兵共同對抗安提柯。最終，塞琉古加入了反安提柯陣營，並在西元前301年的伊普蘇斯會戰（the Battle of Ipsus）中將之擊斃。

而在日後的紛爭中，利西馬科斯與塞琉古也反目開戰，結果最後又是由塞琉古獲得勝利。在經歷連年混戰之後，支離破碎的亞歷山大帝國如今呈現三強鼎立的局面——托勒密王國掌控埃及、塞琉古王國雄峙敘利亞與從前的波斯帝國範圍、安提柯王朝（由安提柯之子德米特里繼承）統治馬其頓、色雷斯與小亞細亞北部。此外，許多小王國也如雨後春筍般在不同時期先後冒出，其中最有名者，莫過於位在小亞細亞、由阿塔羅斯一世（Attalus I Soter，西元前269-197年）建立的帕加馬王國（Pergamon）。帕加馬靠著農業與銀礦致富，成為當時藝術、文學與哲學重鎮。至於色薩利以南的多數希臘城市仍維持獨立自治，各城邦之間聯合組成防禦性的聯盟，例如埃托利亞同盟（the Aetolian League）、亞該亞同盟（the Aechaean League）、皮奧夏同盟（the Boeotian League）等。

西元前280年前後，內憂外患一齊上演，內憂為希臘化諸王國間永無止境的鬥爭，外患則是塞爾特人（Celtic）從北方大舉入侵。此時，彼此交戰中的希臘統治者們暫時團結起來，共同以攘外為優先，最終大獲全勝。而殘留在南方的塞爾特人，後來則定居在塞爾維亞、色雷斯、加拉太（Galatia）與安納托利亞中部。

相比於這種衝突與分裂的時代背景，反倒是出現了許多新興城市，像是帕加馬、以弗所、安提阿（Antioch）、大馬士革（Damascus）、亞歷山卓（Alexandria）等，並紛紛成為新王國的統治中心。這些宏偉的新城市，點綴著氣勢萬千的公共建築與紀念碑，在在反映出統治者的財力雄厚、野心勃勃、信心無窮。

希臘化時期年表（西元前）

323 亞歷山大大帝駕崩。

322–320 第一次繼業者戰爭爆發。

321 佩爾狄卡斯遇刺身亡。

320–311 第二次繼業者戰爭開打。

317 馬其頓的腓力三世遭到暗殺。

301 伊普蘇斯會戰，利西馬科斯與塞琉古聯手，擊潰馬其頓的安提柯與德米特里（Demetrius）父子。

295–168 安提柯王朝統治馬其頓。

281 希臘的亞該亞同盟成立。塞琉古遇害身亡。

280–275 皮洛士戰爭（Pyrrhic War）爆發，伊庇魯斯國王皮洛士協助西西里島塔林敦的希臘人對抗羅馬共和國。

280–277 塞爾特人大舉入侵。

276–239 安提柯二世成為馬其頓國王。

267–262 克里莫尼迪茲戰爭（Chremonidean War）爆發，希臘城邦與埃及的托勒密王國聯手對抗安提柯王朝統治的馬其頓。最終，由馬其頓獲得勝利。

262 帕加馬的歐邁尼斯一世擊敗塞琉古王朝的安條克一世，掀開帕加馬王國的新扉頁。

260 狄奧多特一世（Diodotos）反叛安條克一世，建立希臘-巴克特里亞王國（the Graeco-Bactrian kingdom）。

239–229 德米特里二世成為馬其頓國王。

229–221 安提柯三世坐上馬其頓國王寶座。

221–179 腓力五世即位馬其頓國王。

214–205 第一次馬其頓戰爭爆發，羅馬與希臘的埃托利亞同盟及帕加馬王國的阿塔羅斯一世攜手合作，共同對抗馬其頓。戰情陷入膠著，最終以和談收場。

200–197 第二次馬其頓戰爭開打，由馬其頓的腓力五世對戰羅馬、帕加馬與羅德島聯軍，馬其頓吞下敗績。

192–188 安條克戰爭開打，塞琉古帝國與羅馬共和國交戰，最終又由羅馬摘下錦旗。

190左右 印度-希臘王國伊始。

179 第三次馬其頓戰爭，羅馬大獲全勝。

149 希臘列入羅馬行省。

148 馬其頓也成為羅馬行省。

133 帕加馬末代國王阿塔羅斯三世因膝下無子，遂立遺囑將王國贈予羅馬。

下圖是托勒密一世（約西元前367-282年）的半身像，他頭上戴著的王冠是希臘化時代王權的象徵。托勒密一世是亞歷山大大帝的夥友之一，也是托勒密王朝的創建者。

塞琉古王朝

塞琉古王朝是由塞琉古一世（號稱「勝利者」）建立的帝國，其領土從地中海一路延伸至印度河流域，幅員極為遼闊。這個由許多小國、不同民族所組成的王朝，靠著運作得當的行政體制與發達的貿易網絡，獲致豐厚的財富。然而其多元文化卻也正是造成王朝垮台的原因，最後在羅馬施加壓力下，終至分崩離析。

塞琉古一世（西元前312-281年在位）統治初期，曾在西元前305-303年出兵攻打印度孔雀王朝的開國君主旃陀羅笈多（Chandragupta Maurya，西元前321-297年在位），戰後塞琉古將旁遮普割讓給旃陀羅，以換取多項貿易協定與五百頭戰象。事後證明，當他在伊普蘇斯戰役（西元前301年）中與前同僚安提柯廝殺對戰時，這五百頭戰象起到了關鍵性的作用。到了西元前300年，塞琉古已控制了美索不達米亞、敘利亞、亞美尼亞及卡帕多奇亞，並建立一座名為安提阿（Antioch）的新城市，而這座城市日後便成了王國西部地區的首都。至於王國的東部地區，則由塞琉古一世的兒子安條克一世統治，坐鎮之處位於另一座新城市——塞琉西亞（Seleucia）。後來當塞琉古捲入另一場與利西馬科斯的繼業者紛爭時，又趁機將安納托利亞納入自己帝國的版圖中。

西元前三世紀中葉，塞琉古王朝面臨重重危機，先是伊朗北部的領土被安息遊牧民族占領，接著巴克特里亞總督又宣布脫離王朝。好在被稱為「大帝」的安條克三世即位後，又於西元前209到204年重新奪回失土，也正是他在位期間，帝國疆域達到前所未有的廣闊。西元

上圖是塞琉古一世的四德拉克馬銀幣，於帕加馬出土，約鑄於西元前281到280年。大象是塞琉古一世所鑄造錢幣中常見的圖像，象徵著王權與勝利。

前196年，安條克三世越過達達尼爾海峽，僅僅在兩年後就拿下了色雷斯。這是塞琉古王朝首次與日益強大的羅馬發生正面衝突。在西元前189年的馬格尼西亞戰役（Battle of Magnesia）中，塞琉古王朝敗在了羅馬手下；西元前167-160年，境內的猶太人又掀起馬加比起義（the Maccabean Revolt），並在最後將塞琉古的勢力趕出巴勒斯坦。到了西元前141年，就連東部大城塞琉西亞都失守，被安息帝國所佔領。一連串的失利，導致塞琉古王朝的力量一步步被削弱，最終在西元前64年為羅馬所征服。

塞琉古王朝是希臘化文明的一環，因此希臘語和希臘習俗在其國內的地位都明顯優越於其他文化。按照亞歷山大時代的先例，城市由操著希臘語的貴族，也就是所謂「國王的朋友」來治理。希臘語也是往來於中亞綠洲城市與近東國際都會之間的商人們所使用的貿易語言。不過，塞琉古王朝時不時就強迫本土人民接受希臘習俗，結果往往導致災禍臨頭。舉例來說，當統治者在猶太神廟裡立起宙斯神像時，就招致了猶太民族的馬加比起義。塞琉古王室自詡為阿波羅的後裔，作為潛移當地人民宗教情感的手段，阿波羅與他的攣生姐姐阿提米絲被對應為本土多神信仰中的日神與月神，在帝國內受到廣泛崇敬。

塞琉古人建立了許多新城市，而這些城市也都成為帝國發展的基石，靠著征服領土與接受朝貢，讓塞琉古王朝獲得滾滾財源。塞琉古王朝擁有多達八萬人的龐大雇傭軍團，其海上

左圖為阿帕米亞城（Apamea）遺址，西元前301年由塞琉古帝國所建，是敘利亞北部最重要的城市之一，同時也是軍事與貿易重鎮。其大列柱廊逶邐二公里長，是羅馬世界之最。

艦隊也為鞏固帝國霸權地位貢獻良多。此外，來自馬其頓的士兵建立並駐守著多個軍事殖民地，他們藉由服兵役來換取土地。塞琉古王朝透過扼守山脈隘口的戰略手法，支配了從地中海通往亞洲的陸路貿易路線。其軍隊隨時都準備好動員應戰，以防備來自中亞的騎馬遊牧民族的零星襲擊，安條克一世甚至還修築了一堵將近160公里的長城來保護梅爾夫城。

　　塞琉古王朝對其心臟地帶伊朗所帶來的主要影響為貨幣經濟、王權意識形態，以及帝國的軍事與經濟結構，然而其文化方面的影響，卻註定不會持久。

下圖是塞琉古一世的頭像，此為赫庫蘭尼姆出土的羅馬時代複製品，原作製於希臘化時期。塞琉古一世曾是亞歷山大的麾下將領，也是在其死後爭奪帝國權位的其中一名繼業者。

左圖為《安提阿的泰姬》（Tyche，希臘的幸運與豐饒女神），此為羅馬時代的大理石複製品，希臘原作為青銅材質，出自西元前三世紀的名雕刻家歐提開德斯（Eutychides）之手，是塞琉古藝術最著名的代表作品。安提阿的城市守護神泰姬安坐在岩石上，腳下踩著的游泳男子代表的是奧龍特斯河（the River Orontes）。女神手握一捆麥穗，象徵繁榮昌盛；頭上戴的王冠，象徵政權穩定。安提阿位於今日土耳其境內，西元前300年時由塞琉古一世建立，並成為地中海東部僅次於亞歷山卓的第二大城。

埃及托勒密王朝

從亞歷山大大帝到埃及豔后克麗奧佩脫拉，希臘人統治埃及將近三個世紀之久，見證了希臘人以法老王的形象現身，而非征服者的姿態。托勒密王朝崇尚務實，從未把希臘文化強加到當地人民身上，而是嘗試著打造出創新的多元文化主義，並且獲得相當大的成功。

右圖為希臘化時期的尼羅河馬賽克，描繪托勒密王朝統治下的埃及，約製作於西元前100年左右。這幅細節精緻、令人眼花撩亂的作品，刻畫出從藍色尼羅河到地中海的浩瀚旅程。整幅作品寬5.85公尺、高4.31公尺，最初位在義大利中部羅馬古城帕勒斯特里納（Palestrina）的一處聖殿岩洞的壁龕上。該馬賽克藝術營造一股充滿異國風情的景色，包含狩獵場景、野生動物以及河流本身，喚起羅馬人對這片如夢似幻異國土地的嚮往。

西元前305年，托勒密一世在埃及建立了托勒密王朝。托勒密的霸權並非毫無爭議，在敘利亞戰爭中，托勒密與塞琉古為了爭奪近東領土，光是在西元前三世紀，雙方就交手了無數次。但無論如何，托勒密王朝的國祚延續了下來，並始終保持主權完整，直到西元前30年才被羅馬併吞。托勒密王朝在其統治埃及的三個世紀內，其王室成員一直都維持純正的希臘血統，原因無他，靠的便是近親通婚。在這點上，他們引用了既有的埃及民俗，強調他們與埃及三神間的關聯性——作為兄長的歐西里斯娶了妹妹伊西斯，誕生出兒子荷魯斯。

托勒密王朝的統治中心為亞歷山卓，這座新建立的國際大都會，位於尼羅河三角洲西北方的海岸地帶。亞歷山卓城的規劃極度符合希臘城市標準，擁有縱橫交錯的格狀街道，以及莊嚴宏偉的宮殿與神廟群。美輪美奐的大圖書館及博物館建於西元前295年，志在成為收納所有知識的寶庫，而它也不負眾望地成為地中海的文化中心，典藏多達70萬冊卷軸。曾在此居住過的傑出學者，包括數學家阿基米德與歐幾里德、地理學家埃拉托斯特尼，以及天文學家克勞狄烏斯‧托勒密。

托勒密的統治者混合了希臘神祇與古埃及

上圖是托勒密一世黑玄武岩雕像的殘存,他被雕刻成埃及法老形象。托勒密王室在肖像上揉雜希臘和埃及文化傳統,這有助於他們宣揚自己作為埃及真正統治者的合法性地位,並烙印在人民的意識形態中。

神明,創造出新的複合信仰。主神神廟獻給希臘-埃及的太陽神塞拉皮斯,其由來與埃及的公牛神阿皮斯有關。埃及的傳統淵遠流長,本身就因時因地而富有彈性,托勒密的統治者也積極贊助埃及本土信仰。當年亞歷山大征服埃及時,神廟興建計劃早已準備就緒,現在則付諸完工,隨著時光推移,王朝又對現有神殿加以擴建裝飾。托勒密諸王甚至將自己神格化,在埃及神廟中建立起統治者崇拜信仰。在三角洲以外的地區,孟菲斯仍舊是重要的第二大城,當地普塔神的大祭司擁有偌大影響力。在赫墨波利斯,托勒密國王建造一座希臘風格的神廟,以祭祀王室信仰中的托特神。

那時希臘移民大量湧入,尤以北部三角洲地帶為甚。希臘人在埃及是享有特權的少數

右圖為埃及考姆翁布的托勒密式神廟,這座供奉兩位神明的雙神廟,東側主祀索貝克,祂在某些神話中是世界的創造者;西側主祀荷魯斯,祂是天空之神,也是王的守護者。

份子,他們生活在希臘律法保障之下,接受希臘教育,也在希臘法庭受審。新移民被授予地產,定居在肥沃的法尤姆盆地,並透過水利灌溉與集約耕種漸漸改變地貌。希臘語成為當地主要語言,在政府部門與商業活動中使用,但其他語言並沒有因此而受到禁止,政府也沒有強制規定官方語言。

托勒密王室巧妙地借助宏偉壯麗的埃及塑像,把自己塑造成古埃及風格的巨大法老,顯而易見地,托勒密王朝採用法老王的造像形式,是當成一項政治武器,用以傳達出正統政權一脈相傳且應受敬畏的訊息。隨著托勒密的政權日漸穩定,他們也開始創造出新的合成形象,兼具希臘人的外表與埃及式的特徵姿態。

西元前30年,隨著克麗奧佩脫拉七世死亡,羅馬人終於將埃及納為行省,而當時羅馬對這片土地所覬覦的主要是糧食穀物。羅馬幾乎沒有改變當地的行政體系與文化生活,很大程度上依舊由希臘人來管理。就像希臘人那樣,羅馬也維護埃及的傳統宗教,同時又巧妙地引進自己的神祇,使希臘化時代務實的多元文化主義政策得以延續。

上圖為托勒密二世半身像的羅馬青銅複製品,發現於赫庫蘭尼姆的紙莎草別墅。此像明顯屬於希臘風格,或許反映出他將亞歷山大崇拜轉化成王朝的國家信仰。不過他也有許多法老風格的半身像。

帕加馬王國

帕加馬位在安納托利亞西北部，是阿塔利德王朝的首都，在其統治之下，成為希臘化時代最耀眼的文化重鎮之一。城市座落在海拔335公尺高的岩石露頭上，傲視著周邊的平原地帶，如同一座希臘化時代的燈塔，象徵著富饒與自信。

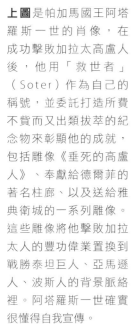

上圖是帕加馬國王阿塔羅斯一世的肖像，在成功擊敗加拉太高盧人後，他用「救世者」（Soter）作為自己的稱號，並委託打造所費不貲而又出類拔萃的紀念物來彰顯他的成就，包括雕像《垂死的高盧人》、奉獻給德爾菲的著名柱廊、以及送給雅典衛城的一系列雕像。這些雕像將他擊敗加拉太人的豐功偉業置換到戰勝泰坦巨人、亞馬遜人、波斯人的背景脈絡裡。阿塔羅斯一世確實很懂得自我宣傳。

亞歷山大大帝崩殂時，帕加馬不過是一座山頂上的小要塞，由馬其頓將軍利西馬科斯所管轄。後來利西馬科斯捲入與塞琉古的紛爭之中，並在戰場上陣亡，帕加馬於是又落入塞琉古手中。由於帕加馬守將菲萊泰羅斯當時受到塞琉古的信任，因此得以享有半自治的政治地位。到了西元前263年菲萊泰羅斯逝世時，帕加馬已然成為一個殷實富裕的城邦。菲萊泰羅斯的侄兒成為後來的歐邁尼斯一世，也就是在他手上誕生出阿塔利德王朝。繼任的阿塔羅斯一世戰勝了加拉太人，大大提升帕加馬在小亞細亞的實力。而阿塔羅斯一世的兒子歐邁尼斯二世，與將塞琉古王朝逐出安納托利亞的羅馬人結盟，使阿塔利德王朝的地位更加鞏固，儘管此舉讓帕加馬失去了許多希臘人的信任，因為他們認為與羅馬結盟就等同於背叛希臘世界。

帕加馬位於小亞細亞的愛琴海地區，地處古希臘世界十字路口，扼守著歐洲與中東間的戰略要地。由於城市建在山丘制高點上，意味著支配了周圍的平原地帶，無論從城市名字的字義上

下圖是帕加馬大祭壇西側橫飾帶上的細節，描繪一個泰坦巨人被海仙女多莉絲擒住的畫面。這條《巨人族之戰》的橫飾帶，敘述奧林匹亞眾神與泰坦巨人為了爭奪支配宇宙的權力而戰，而泰坦巨人則是原始神中大地女神蓋婭的孩子們。

看，還是從其象徵意義上看，帕加馬都代表了周邊愛琴海城市的守護者。歐邁尼斯二世和他的弟弟阿塔羅斯二世，都希望把帕加馬打造成文化重鎮，他們支持在領地內建立新市鎮，允許希臘各城市保持名義上的獨立，並向提洛與德爾菲等文化名城獻上大禮。

為了確保帕加馬作為該地區文化之都的名聲，兄弟倆興建了一座圖書館和學習中心，規模之大，在希臘化世界中僅次於亞歷山卓城。帕加馬也因為是當時羊皮紙的生產重心而聞名於世，羊皮紙「parchment」這個字即是從「pergamenos」訛轉而來，其意思是「來自帕加馬」。其衛城是以雅典為範本加以重新規劃，並委託興建了日後成為希臘化藝術曠世傑作的帕加馬大祭壇。祭壇兩側是宏偉的階梯，以及長120公尺、高2.3公尺的橫飾帶，上方還有列柱廊。這條令帕加馬祭壇聲名遠播的橫飾帶，以深浮雕的方式，刻畫出奧林匹亞眾神戰勝泰坦巨人，展示著希臘的力量與威望永垂不朽。

當阿塔羅斯三世於西元前133年去世時，他因為膝下無子，於是便立下遺囑將帕加馬贈予羅馬，最後帕加馬大部份的領土都成了羅馬在亞洲新行省的一部份。這座城市享受過短暫時光的特權，甚至成為羅馬行省的首府，但這個角色很快就被轉移到以弗所。儘管如此，帕加馬依舊名聞遐邇，以至於西元113年時，羅馬皇帝圖拉真又在其衛城下方打造了一座雄心勃勃的新城市。當地一座祭祀醫神阿斯克勒庇俄斯的聖殿，被改建為奢華的水療浴場，讓帕加馬搖身一變，成為馳名當世的療養度假勝地，持續欣欣向榮。直到一場地震，加上隨後而來的哥德人洗劫，才讓帕加馬在西元三世紀時卸下光環。

印度—希臘諸王國

希臘化時期的希臘人勢力版圖，最遠觸及中亞以及印度次大陸西北部，而亞歷山大大帝與其遠征軍團的影響力，依舊不斷滲透印度-希臘諸王國，繼承了他所留下的遺產。希臘人的語言及曆法系統，在這些地區延續了好幾個世紀，而印度-希臘發展成熟的鑄幣制度，也改變了印度的流通貨幣。

右圖是一尊頭戴弗吉里亞頭盔的跪姿希臘士兵小型雕像，出土於中國新疆天山山脈北麓一處西元前三世紀的墓地。有證據指出，希臘-巴克特里亞人在西元前220年時曾遠征東方，最遠抵達今日新疆的喀什及烏魯木齊，這是目前已知東、西方之間的首次接觸。

亞歷山大大帝在西元前329到327年之間征服了巴克特里亞（Bactria），即今日的烏茲別克、塔吉克與阿富汗境內。亞歷山大死後，這些土地成為塞琉古王朝的領土，但大約在西元前255年時，巴克特里亞總督狄奧多特（Diodotus）起身反抗塞琉古的統治，並且宣布獨立。狄奧多特繼續征服位於中亞阿姆河與錫爾河之間的粟特（Sogdiana）地區，並在那裡建立了第一個印度-希臘王國❶。

西元前230年左右，粟特總督歐西德莫斯（Euthydemus）推翻希臘-巴克特里亞國王狄奧多特二世的統治，建立了一個新的王朝。約莫在西元前190年左右，希臘-巴克特里亞國王德米特里（約西元前190-167年在位）率領軍隊進入旁遮普及印度河流域。他與手下名將米南德（Menander）一同打遍江山，將王國疆域最遠推進到巴塔利普特拉❷（Pataliputra，即今日的巴特那），並短暫征服了該地。但是緊接著內戰爆發，希臘人在亞洲的遼闊王國一分為二，分別是希臘-巴克特里亞王國與印度-希臘王國。

米南德在西元前165年成為印度-希臘王國的國王，在強大軍力支持下，將王國邊界大舉南移。而他治理國家的首都則設在旁遮普的奢羯羅（Sakala，今日巴基斯坦的錫亞爾科特）。從西元前180到130年，無數希臘人國王在印度以王朝形式的政體統治著，他們三不五時就試圖統一這片異域王國，但全都無功而返。與此同時，一支伊朗語系的斯基泰遊牧民族入侵了巴克特里亞，並在西元前130年將希臘-巴克特里亞的末代國王拉下寶座。最後，印度-希臘的諸小王國也無法逃脫斯基泰人的魔掌，儘管這些孤立的希臘人口已在這個地區支撐了好幾個世紀，但到了西元前10年，仍不得不向印度-斯基泰王國的國王拉吉烏拉（Rajuvula）稱臣。

這些對希臘故鄉來說遠在天邊的眾王國，早已被希臘世界所遺忘，它們以自己的方式獨立發展，汲取印度的文化元素，並對鄰近地區起著深遠影響。雖然無從考證印度-希臘最偉大的國王米南德究竟是否為佛教徒，但他對佛教的資助是有目共睹的。他最為人所知的是《彌蘭陀王問經》（Milinda Pañha），內容記載米南德與佛教僧侶那先（Nāgasena）之間的蘇格拉底式對話，探討深奧的形而上學問題。

右圖是阿富汗北部阿伊哈努姆（Ai Khanum）一座神廟壁龕裡的海克力士銅像，製於西元前二世紀。阿伊哈努姆是希臘-巴克特里亞王國中的一個主要城市。海克力士在希臘化時期的東方是非常熱門的創作題材，從某些風格元素可以推測，這尊雕像是在鄰近地區資助下於本地製作。

雖然離鄉背井，與祖國隔著千山萬水，在印度的希臘人仍遵循著希臘的治理模式，他們建立希臘式的城市殖民地與常備軍隊，以維持政權穩定。在其鼎盛時期，軍隊能派出6萬名步兵、1千名騎兵與7百頭戰象。這些小王國內部又劃分為許多行政地區或行省，由將軍（strategoi）擔任首長，其職權如同總督，同時掌管軍事與民政。希臘語是受過教育的菁英份子與貴族所使用的語言。諸王國鑄造出高品質的硬幣，對後世研究者而言，這些硬幣成了釐清該時期亂如絲縷的王位繼承與朝代更迭時，不可或缺的參考依據。而在當時，這些貨幣在與巴克特里亞、中國、印度南部等地的區域間貿易流通，對印度-希臘諸王國的經濟至關重要。

至於希臘化時期的藝術所留下來的遺產，清楚表現在造像人物謎樣的微笑、精緻的布料皺褶與優雅的姿勢上，這些都成了日後希臘式佛教藝術裡最出色的傑作——犍陀羅佛像（the Buddhas of Gandhara）的特徵。在希臘人來到印度之前，佛陀形象都是以象徵性的手法來表現，然而當希臘人定居印度後，他們之中有許多人皈依佛教，一般認為他們以阿波羅和海克

力士等希臘眾神的雕像為靈感，用具體的人類樣貌來描繪佛陀。犍陀羅佛像被視為印度-希臘藝術的直接繼承者，在西元的頭幾個世紀中具有高度影響力，而這種希臘式佛教藝術的傳播，甚至還遠及中國、韓國與日本。

編註❶：目前有一派主流說法，認為希臘-巴克特里亞王國就是中國史書中所記載的大夏。
編註❷：又常譯為華氏城，是古印度諸多朝代的首都。

左圖為西元前245年，巴克特里亞國王狄奧多特一世的金幣。狄奧多特曾是巴克特里亞總督，他在大約西元前250年脫離塞琉古王朝後，創建了希臘-巴克特里亞王國。

左圖為希臘式佛教風格的釋迦牟尼佛像，出自今日巴基斯坦西北部與阿富汗東部的犍陀羅地區，年代為西元一至二世紀。犍陀羅自西元前三世紀以降，便是佛教在印度次大陸的信仰中心之一，這裡地處文化交界，因此該地區的藝術融合了希臘-羅馬、伊朗與印度風格。希臘化的影響體現在以理想中的寫實樣貌來塑造佛像，同時像是衣料皺褶等地方，都以自然主義的細節呈現。

希臘化時期藝術

受希臘化時期政局所致,希臘藝術重鎮逐漸向東移至亞歷山卓與帕加馬等城市,藝術家們發現越來越常收到國王與普通公民的委託,這些人為了誇耀自身財富,競相修建金碧輝煌的王廷、鋪張浮誇的建築、雄偉驚人的雕塑,只為了勝過對方。對宗教的崇敬與公民的自豪感這些舊日典範,曾經是古典希臘的特徵,但如今已轉變成毫無節制的高調宣傳與縱情任性的炫耀展示。

下圖是《馬上的少年》青銅像(The Jockey of Artemision),年代為西元前二世紀,於優卑亞島的阿爾特密斯角(Cape Artemision)附近海域中打撈上岸。雕塑近乎真人大小,其奔放的活力與流動感,加上栩栩如生的肌肉組織,以及對馬匹跑動姿態的觀察入微,都是希臘化時期的雕塑前所未有的自然主義特徵。

王室家族住在富麗堂皇的宮殿裡,享受著精心打造的宴會廳和花園。他們在宮廷慶典、酒會上炫富,並且是藝術家最主要的客戶,他們委託製作的品項五花八門,從宏偉浮誇的公共紀念建物到精雕細琢的珠寶首飾,都是拿來炫耀自己的財富及品味。希臘化時代的藝術既充滿活力、華美鋪張,也崇尚自然主義,同時更追求創新、突破侷限,在新的文化視野中進行探索。像是亞歷山卓與帕加馬所建造的那些博物館與圖書館,都凝聚起強烈的歷史與文化自豪感。

許多希臘化時代的雕塑,在創作時都是

左圖是西元前二世紀希臘化時代晚期的一幅馬賽克作品，發現於科斯島（Kos），其主角是神話中的女妖梅杜莎，她的頭髮是一叢扭動盤繞的毒蛇。在繁華而又國際化的希臘化世界，馬賽克作品絕大多數是由菁英階級與富豪所委託製作，放在私人豪宅中專供展示之用。這些作品使用小石塊、牆磚、玻璃或其他鑲嵌物，讓藝術家得以創作出寫實的人物場景。

以讓人能從四面觀賞來構思。身著長袍的人物最能展現藝術家精湛的技藝，因而也越來越常見。衣料織物要麼被雕刻成貼身而緊繃，要麼就寬鬆而予人厚實之感。人們也對女性的裸體產生新興趣，像是漸受歡迎的美神阿芙蘿黛蒂裸體雕像，便反映出傳統宗教的日益世俗化，以及人們對於情色的公然遐想。基於嶄新的國際主義精神與好奇心驅使，藝術家們突破傳統期望下的框架，開始探索從前被視為非正統的主題，諸如兒童、老人、寧芙精靈、羊男薩堤爾與其他怪誕的事物。他們也試著讓作品表達出更豐富的情感，像是痛苦、慈悲、殘暴或睿智，當雕塑家不再執著於雕刻理想中的完美體態，藝術便被引領到現實主義的新紀元。

這樣的風氣從像是亞歷山大石棺及帕加馬大祭壇橫飾帶上的浮雕也能略窺一二，藝術家們以極其逼真生動的細節來描繪真實歷史事件。扭動交纏的人體與動物、盤繞的蛇和飄揚的衣料，營造出一個動態、掙扎、狂暴、混亂的場景，幾乎就要從石材裡蹦跳出來。

壁畫和馬賽克藝術大量使用自然景觀，頻繁引用神話與田園情調的元素。近世在韋爾吉納出土的馬其頓王陵壁畫，為研究希臘壁畫的學者開創前所未有的契機，這些壁畫揭露了希臘藝術家們對透視圖法已有深入的理解，會運用光影來表現形體，甚至還屢屢嘗試視覺陷阱來讓畫面更加逼真。

至於希臘化時期的建築，兩種古典建築樣式——多立克式與愛奧尼亞式，其規則也不再嚴謹，常能見到同一棟建物之中同時使用這兩種建築形式。而造型浮誇的科林斯樣式則變得日益受到歡迎，在整個希臘化世界都能找到科林斯柱那過份華麗又兼具自然主義的柱頭。甚至越來越普遍地，有些柱子的豎立只是單純為了美感裝飾，而不具備支撐建物結構的功能。希臘化時期新建立的城市以統一、和諧的設計

著稱，許多都規劃有直角的格狀街區，而建築師們也熱衷於用令人賞心悅目的方式使各建物彼此之間產生連結，像是以柱廊當作框架結構就是常用的手段。此外，建築師們也擅長富於創意地利用地形，例如帕加馬這座城市，看起來就如同從一連串扇形平台的景觀中自然生長出來一般。

右圖是《米洛的維納斯》（The Venus de Milo），因在希臘的米洛斯島發現而得名，雕像尺寸略大於真人大小（高2.3公尺），年代在西元前三到一世紀之間。這是希臘化藝術最著名的代表作品之一，一般推測她的創作者為安提阿的亞歷山德羅（Alexandros of Antioch）。阿芙蘿黛蒂是希臘神話中掌管愛與美的女神，而到了羅馬時代，她的名字就變成了維納斯。女神安詳和諧的臉部表情，在很大程度上屬於西元前五世紀古典時代的傳統，但她的姿態是那麼樣的優雅，彷彿停留在某個瞬間，這點則純粹是希臘化時代的風格。

下圖是《薩摩色雷斯的勝利女神》（The Winged Victory of Samothrace），約雕刻於西元前200到190年。這座雕像矗立在一個船首形狀的雕刻底座上，俯瞰著薩摩色雷斯島的萬神聖所，可能是為了慶祝在某次海戰中獲勝。其戲劇性的前傾姿態、隨風飄逸的衣角和強而有力的翅膀，在在預示了帕加馬雕塑家們的巴洛克美學。

上圖是《勞孔父子群像》（Laocoön and His Sons）的大理石複製品，原作製於約西元前200年的希臘化時代。勞孔（Laocoön）是特洛伊的一名祭司，他和兒子們被諸神派出的海蛇襲擊而亡，三人扭曲的臉龐生動地傳達出痛苦與絕望。這座雕塑被視為希臘化「巴洛克」風格的最佳範例。

世界七大奇蹟

隨著希臘化世界的國際視野不斷延伸，古典時代的旅人們開始探索這片遼闊的新土地，並且為各地形形色色的地標、紀念碑及雕像建築所深深著迷。今日我們說的「奇蹟」（wonders），用當時的古希臘語來說就是「theamata」，也就是「值得一看的事物」。西西里的狄奧多羅斯（Diodorus Siculus，西元前91-30年左右）在西元前60至30年間，匯編了一套堪稱曠世鉅作的世界史《歷史叢書》（Bibliotheca historica）。在這部著作裡，像是要用作旅遊導覽書一般，他把許多「奇蹟」羅列在一份清單上。而在他所列出的七大奇蹟中，目前僅有吉薩金字塔群尚存於世。

吉薩金字塔群

希臘警語家西頓的安提帕特（Antipater of Sidon）曾形容吉薩金字塔群是「高聳而偉大的人造山脈」，這群巍然屹立的金字塔，最高的一座高達147公尺，矗立在今日開羅附近的沙漠原野中。吉薩金字塔大約建於西元前2550到2490年間，是法老王的長眠之地，建成金字塔的目的就是要確保能萬世不朽。金字塔是巨大的墓室，裡面備妥了法老王來世所需的一切用品。第一座在吉薩興建的金字塔是古夫金字塔（Khufu），估計用上230萬個石塊所砌成，對工人們來說，這可是項艱鉅至極的浩大工程，而為了施工方便，他們都就近住在臨時搭建的城市裡。第二座金字塔約莫在30年後開工，興建者為古夫的兒子卡夫拉（Khafre）。第三座金字塔是孟卡拉金字塔（Menkaure），也是三座金字塔中最小的一座，約竣工於西元前2490年，其特色是擁有複雜的神廟構造。古埃及人在生前積極為來生精心準備，其墓室裡的裝飾就像百科全書一樣，詳盡地記錄下他們的文明，壁畫描述了日常生活，鐫刻的銘文與其他文本則留下書面記載。

右圖是1893年吉薩金字塔群的凹版印刷，由原板翻印而來。凹版印刷是複製攝影圖像的技術中，最古老的一種手法。

左圖是一幅十九世紀手繪木刻版畫的插圖，讓人想起古代巴比倫的空中花園應該就是這個模樣。

下圖的插畫描繪出奧林匹亞主神廟中，裝飾著黃金與象牙的宙斯雕像。這是由法國考古學家兼建築歷史學家卡特梅爾・德昆西（Antoine-Chysostome Quatremère de Quincy，1755–1849年）依照想像繪製而成。

巴比倫空中花園

　　如同西西里的狄奧多羅斯所述，巴比倫的空中花園是國王尼布甲尼撒（Nebuchadnezzar）在西元前605到562年間所興建，作為送給愛妻安美依迪絲（Amytis）的禮物，以緩解她對故鄉伊朗高山綠意的思念。空中花園的明確地點究竟所在何處，至今仍然沒有定論，考古學家更是為此爭論不休。理論上，空中花園應是一群屋頂花園的集合體，佈置在一系列節節上升的金字塔形階梯露台上。花園利用水泵汲取幼發拉底河的河水灌溉，並巧妙地以蘆葦杆、瀝青與鉛設計內層構造，以防止灌溉用水從空中平台上滲出。

奧林匹亞宙斯像

　　奧林匹亞宙斯像由蜚聲古今的雕塑家菲迪亞斯製作，他的另一項成就即是雅典的帕德嫩神廟。這位至高無上的天神高坐在以黃金、寶石、烏木和象牙裝飾的雪松木寶座上，高達12公尺的神像，皮膚以象牙雕就，黃金長袍則以槌工打製，相傳每位來到奧林匹亞的朝聖者在踏進宙斯神廟時，看到雕像都不由自主地感到敬畏與驚嘆。站在祂伸出的右手上的，是一尊勝利女神尼姬的雕像，而祂的左手則握著一根上面棲息著老鷹的權杖。據推測，這尊宏偉的雕像年代可追溯至西元前430年，但卻在西元五世紀時遺失，很有可能是西元425年神廟慘付祝融時一同損毀，也或許是羅馬皇帝狄奧多西一世（Theodosius I）明令禁止異教崇拜後，神像被搬到君士坦丁堡，而後在西元475年勞斯宮（the Palace of Lausus）大火中付之一炬。

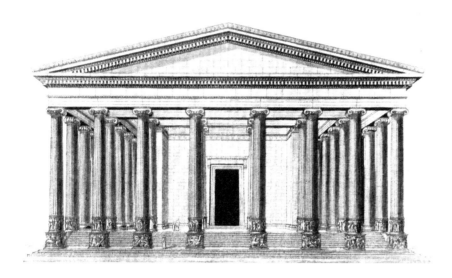

上圖是繪製於1904年的素描,畫的是西元前七世紀重建的以弗所阿提米絲神廟。

下圖是摩索拉斯王陵墓的重現圖,由十九世紀德國藝術史學家查爾斯 洛柏(Charles Reber)繪製。

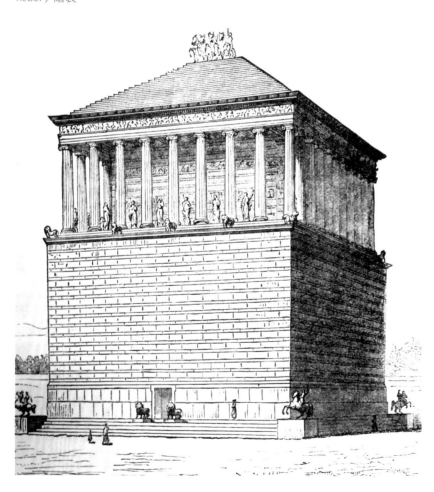

以弗所阿提米斯神廟

這座宏偉的神廟由傳說中極為富有的呂底亞國王克諾索斯出資興建,大約在西元前550年竣工。這次大手筆重建的成果,是一棟氣勢壯觀的大理石建物,光是立面就長達115公尺,由127根柱子支撐,部分柱子還裝飾著華美的浮雕。可惜這座優雅的神廟在西元前356年,遭到一個名叫希羅斯特拉圖斯的縱火犯蓄意焚毀,犯案原因竟然只是為了想在歷史上留名。後來亞歷山大提議重建神廟,但以弗所人傾向出資修復他們更穩重的方案。只是新神廟在西元268年哥德人入侵時,還是逃不過被毀壞的命運。而後第三次重建,也是最後一次,但神廟在西元五世紀初為基督徒所關閉,從此年久失修而堙滅。

摩索拉斯王陵墓

摩索拉斯(Mausolus)是一名波斯帝國的總督,他選擇哈利卡那索斯(現今土耳其波德倫)作為其新首都所在地。西元前353年,摩索拉斯逝世,他的妻子阿提米希亞為他打造了一處配得上他偉大地位的安息地,而阿提米希亞自己也在兩年後合葬該處。陵墓座落於一處能俯瞰城市的山丘上,底層是個四面圍繞的封閉庭院,庭院中央為一石頭平台,高達41公尺、上頭飾以華美浮雕的陵墓就矗立在平台上方。順著一道兩側有獅子雕像的階梯可以登往平台頂部,在那裡,陵墓的四個角落都有一位騎在馬背上的武士石像守衛著。陵墓上部由36根細長的柱子組成,支撐著巨大的金字塔型屋頂。屋頂尖端立著一輛雙輪戰車,由四匹駿馬所拉著,站在車上的是摩索拉斯與阿提米希亞。至於古墓傾圮的確切時間不明,推測可能在西元十二至十四世紀間的某場大地震中夷為平地。英文中的陵墓(mausoleum)一詞,就是從摩索拉斯的名字而來。

上圖是羅德島太陽神巨像的想像圖，出自十六世紀畫家馬騰‧范‧海爾斯姆克之手，他繪有一系列關於世界七大奇蹟的作品，此為其中之一。

羅得島太陽神銅像

這座巨大雕像的主角，是羅德島的守護神赫利歐斯（Helios）**❶**，打造於西元前292到280年間。神像超過33公尺高，矗立在白色的大理石基座上，主宰著島上的主要港口。西元前305年，羅德島人擊退了領軍入侵的馬其頓國王德米特里一世，為了紀念這場大勝利，因而豎立雕像。當年德米特里撤退時拋下大部分的攻城裝備，羅德島人遂將這些裝備賣出，以籌得建造雕像的資金，同時他們也將戰敗者的青銅與鐵製武器重新熔鑄，作為建造的材料。據信，雕像獻詞這麼寫著：「致敬愛的太陽啊！多利安羅德島的子民們為祢立下這座青銅像，直達奧林匹亞山；當他們平息了戰爭的波濤，並且用從敵人手中奪取的戰利品來為他們的城市加冕。他們不僅在海上，同時也在陸地點燃自由與獨立的甜美火炬。」只可惜，太陽神巨像僅只屹立了56個年頭，便在西元前226年的大地震中轟然倒下。雕像就算只剩殘骸，依然令人嘆為觀止，足以讓倒下的雕像成為旅遊景點。直到西元七世紀，雕像才被熔化賣給來自埃德薩（Edessa）的猶太商人，據說他用了900隻駱駝，才能把青銅全數運走。

編註**❶**：赫利歐斯是古希臘的太陽神，後世常把祂與阿波羅混為一談。

右圖的亞歷山卓燈塔插畫，出自十四世紀晚期的阿拉伯文本《奇蹟之書》。

亞歷山卓燈塔

這座燈塔高度超過110公尺，由托勒密一世委託建造，於西元前280年完工。燈塔建在尼羅河三角洲西邊的法羅斯島上，這座小島與亞歷山卓城之間由一條超過1.2公里長的堤防連接，稱為Hepstadion**❷**。燈塔遠在50公里外就能看見，白天的光源來自一面大鏡子反射太陽光，夜晚則是燃燒爐火。這座優雅的燈塔由三個部分構成，推測是用粉色花崗岩打造，每往上一部分便向內縮一些。燈塔底座為方形，中間是八角形，而最上頭為圓柱形。後部是晚上燃燒火光的地方，可經由一條寬闊的螺旋坡道前往。1994年，海洋考古學家在法羅斯島周邊水域發現大量雕像，包括兩個巨大的紀念雕像，分別是托勒密二世與其妻阿爾西諾伊，它們當初可能放置在燈塔下面。西元946至1323年間，燈塔屢次遭受地震破壞，到了1480年，終於倒塌成為廢墟。

編註**❷**：意思是7個stadium，stadium為古希臘長度單位，1 stadium約180公尺。

這座青銅雕塑描繪的是羅馬傳說中的乳嬰母狼。神話中的羅馬建城者是一對名為羅穆盧斯（Romulus）及瑞莫斯（Remus）的雙胞胎兄弟，他們出生後就被篡位的叔公扔進台伯河，所幸一隻母狼將他們救起並餵奶給他們喝，兄弟倆才得以存活下來。這尊雕像以往一直被認定是來自伊特拉斯坎，但經科學分析證實，母狼雕像其實製於西元十一至十二世紀，而雙胞胎兄弟則是西元十五世紀末才添加上去的。

第四章

羅馬共和

伊特拉斯坎人

義大利中部輝煌的伊特拉斯坎文明為羅馬的崛起奠定下基礎，伊特拉斯坎人在山頂上建立了數座城市，布下廣泛的貿易網絡，同時也是技藝精湛的工匠與藝術家。但是對今人來說，他們依舊充滿謎團，因為他們的文字至今還無法完全破譯。我們對伊特拉斯坎生活的了解，大多來自於他們的墓塚，或是應該稱為「亡者之城」。

伊特拉斯坎文明源自義大利中部的伊特魯里亞，位於阿爾諾河及台伯河之間，到了西元前八世紀，其勢力範圍往北已擴展至波河流域，往南則到達坎帕尼亞。其文明一直蓬勃發展至西元前三世紀，當時羅馬人大量吸收伊特拉斯坎文化，尤以服裝、宗教儀式與建築風格為最。伊特拉斯坎的起源頗具爭議，他們長期以來被認為是義大利的原生人種，但近年的DNA分析和對伊特拉斯坎語的研究表明，其祖先其實是在青銅時期自近東地區遷徙而來，可能是安納托利亞的呂底亞沿岸。一直以來，人們也認為伊特拉斯坎文明演變自西元前十二世紀義大利中部的維拉諾瓦文化，該文化是鐵器時代以村落為基礎所構成的社會形態，因坐擁豐富的自然資源，並發展出農業與貿易而興旺。最終，這些早期村莊蛻變為伊特拉斯坎的數個主要城市，像是切爾維泰里、丘西、塔爾奎尼亞、維愛和武爾奇。這些繁榮市鎮開墾肥沃的土地、開採豐富的礦藏資源，特別是鐵礦，來製造金屬工具。

伊特拉斯坎人是地中海貿易網絡的一環，他們與希臘人、腓尼基人和迦太基人進行貿易，出口鐵、陶器、葡萄酒、橄欖油與穀物。對外貿易必然會促進文化交流，在義大利沿岸商業據點定居的希臘人及腓尼基人，也對伊特拉斯坎文化加以「東方化」，灌輸了他們的信仰、服飾、食物與字母。伊特拉斯坎人也是技術純熟的水手，支配著義大利沿岸海域及海上貿易。然而這也導致衝突發生，西元前474年，西西里島的敘拉古在海戰中擊敗伊特拉斯坎，並持續針對他們窮追猛打，在西元前四世紀初摧毀了好幾個伊特拉斯坎的港口。

起初伊特拉斯坎的城市多由君王統治，後來慢慢發展成寡頭政治。每個城市之間皆獨立

右圖是年代約西元前530-520 年間的夫婦陶俑石棺，出土自托斯卡尼切爾維泰里的伊特拉斯坎墓葬群。夫婦兩人的姿態像是身處宴會一樣，斜倚在石棺的棺蓋上。他們都雕刻有精緻的髮辮和拉長比例的身型，這些都是古代地中海藝術的典型特色。這種宴會的場景讓後人明白，狂歡與宴飲是伊特拉斯坎喪葬儀式中的重要環節。

左圖是蒙特羅里（Monterozzi）伊特拉斯坎墓葬群中宴飲廳之墓（the Tomb of the Triclinium）的兩位舞者壁畫特寫，年代約西元前470 年左右。蒙特羅里墓葬群有將近6千座墓塚，其中2百座以豐富的壁畫裝飾，而宴飲廳之墓正是因其描繪正式宴會的壁畫場景而得名。這個墓穴包含一個單間，房間後牆畫著宴會場景，兩邊相望的側牆則繪有舞蹈與奏樂的熱鬧畫面。

而自治，其中12座最主要的城市結成伊特拉斯坎聯盟，每年舉辦一次會議。然而城市之間並不總是和睦，證據顯示，他們彼此經常發生衝突。婦女在當時享有非比尋常的自由，因為她們能夠繼承自己的私人財產，並充分參與社會生活，但也如同每個古代文化一樣，女性無法參與公眾決策。伊特拉斯坎人為多神信仰，擁有眾神的宇宙觀，由名為提尼亞的天神領導，其他還有太陽神、月神、愛神、戰神等等，許多希臘神祇也被吸納進伊特拉斯坎的眾神世界，例如阿提米絲及戴奧尼修斯。而從像是鳥類飛翔軌跡與閃電雷擊等自然現象中，解讀出徵兆啟示的占卜，則是其宗教核心，他們甚至還會透過檢查獻祭動物的內臟來預測未來。宗教儀式諸如動物獻祭與奠酒，都是在神廟外面進行，他們在那裡擺放祭品，像是食物、陶器、青銅做的小雕像等，用以取悅眾神。

伊特拉斯坎的神廟原本只是簡樸的木結構，到了西元前七世紀發展成宏偉的建物，並使用無凹槽的托斯卡納圓柱。其最偉大的建築遺產是墳塚，同一家族內的好幾代人都埋葬在一起，代表當時已出現世襲的貴族菁英階級。其墳塚或呈小型方形建築，又或是直徑可達 40 公尺的大型圓形構造，有枕樑的拱頂或圓頂覆蓋。墓室裡有安放骨灰甕的壁龕，也有真人大小的石棺，棺蓋上則是以赤陶土製作、呈仰臥姿勢的亡者雕像。墓中還備有為來世準備的諸多陪葬品，包括黃金胸飾、手鐲與胸針、銀器及青銅器皿，也有床等家具，證明那個時期的巨大財富。在墓穴牆上以大型壁畫裝飾的風氣，最早可追溯至西元前六世紀中，用生動自然的畫風反映出日常生活，讓人猶如親眼目睹他們彈奏音樂、跳舞、狩獵及飲宴的場面。

伊特拉斯坎人也以他們獨特的「布凱羅」陶器聞名遐邇，這種陶器呈現深色、具有光澤，當時出口到歐洲各地。他們的青銅工藝也十分純熟，雕刻精美的銅鏡被認為是新娘嫁妝的一部分。青銅雕像是常見的供奉祭品，諸如《阿雷佐的密涅瓦》和《托迪的戰神像》等大型金屬雕像，都是出類拔萃的藝術品。

羅馬建城之初：從小村落到大城市

連續三位伊特拉斯坎國王統治著這座自西元前八世紀開始發展的獨立城市，為羅馬的政府、文化和宗教帶來根深蒂固的觀念思想，深深影響了羅馬的未來趨向。他們也攻擊傳統特權，並將公民權下放到更廣泛的群體，為將來的羅馬共和鋪平道路。

上圖是維斯塔神廟（Temple of Vesta），維斯塔是羅馬掌管爐灶與家庭的女神，這座神廟位於羅馬廣場上，始建於古羅馬王政時期。羅馬所有的維斯塔神廟都建成圓形，開口面朝東方，象徵維斯塔的火焰與創造生命的太陽之間的連結。圍繞神廟的是一片聖林，當中的墓地是侍奉灶神的祭司與護火貞女們的長眠之地。

羅馬位於台伯河畔，距離海岸24公里，北邊是伊特魯里亞，南邊是希臘殖民地坎帕尼亞與西西里島。羅馬由7座密集的山丘組成，山丘之間為沼澤地帶。約莫在西元前1000年，一群牧羊人小屋開始在帕拉丁諾山丘出現，成為這個地區在鐵器時代的聚落核心，接著其他山丘上也逐漸有人定居，人們砍伐林地，並開墾為梯田加以耕種。帕拉丁諾後來成為羅馬衛城，雄峙著一座朱庇特神廟，而沼澤地的泥水也被排乾成為羅馬廣場。

羅馬建城國王為羅穆盧斯，人們相信他和孿生兄弟瑞莫斯是戰神馬爾斯之子，兩人出生後被遺棄在拉丁姆的荒野中，所幸被一隻母狼救活，而後由牧羊人撫養長大。羅穆盧斯在與瑞莫斯爭論該由誰來統治新城邦時殺死了對方，遂成為羅馬國王，據說在他之後，羅馬一共又有6位國王，目前至少可以確定的是，

羅馬王政時期的最後三任國王都是伊特拉斯坎人，分別是移民而來的塔克文·布里斯克斯（西元前616-578年在位）、奴隸之子塞爾維烏斯·圖利烏斯（西元前578-535年在位）與好戰暴力的塔克文·蘇佩布（西元前535-509年在位）。上述三位伊特拉斯坎君主，王位基礎都是來自民眾支持，並且都挑戰了貴族的權力。尤其是塞爾維烏斯·圖利烏斯，他推行新的法令制度，並創立新的公民議會，即百人團大會。

是時羅馬畫分為拉姆尼斯、替提及盧切利斯三個主要部落❶，而羅馬貴族是100位建城元老的後代，當初羅穆盧斯選出他們為自己出謀畫策，即為後來的元老院。貴族是氏族集團的代表，這些羅馬家族可追溯其好幾代的歷史至同一位共同祖先。這些貴族每個都有一名親戚、侍從、門客作為其從屬者，被稱為clients，他們將在日後的羅馬共和時期在

上圖是馬拉迪大師（Maestro di Marradi，活躍於1470-1513年）所繪的《蘇佩布一家逐出羅馬》。大約西元前509年，隨著羅馬末代伊特拉斯坎國王塔克文·蘇佩布遭到驅逐出境，羅馬王政時期也劃下了句點。

左圖為古羅馬廣場，幾個世紀以來，這裡一直作為羅馬人民日常生活的中心，包括王室居所、雷吉亞（the Regia，最初幾任國王的居所）與維斯塔神廟等羅馬最古老、最重要的建築都位於這裡。進入羅馬共和時期後，又陸續增加了元老院、政府機關、雕像、神廟和紀念碑等建設。

從國王的專制統治下獲得自由。西元前509年，因為國王蘇佩布的兒子強暴了羅馬有力貴族之女盧奎西亞，於是4名貴族憤而發動叛亂，將這位不得人心的國王踢下寶座。羅馬共和時期的序幕於焉即將揭開。

編註❶：分別代表拉丁人、薩賓人、伊特拉斯坎人。

政治上扮演舉足輕重的角色。當此之時，人們賦予國王絕對權力，他可以期望臣民們無條件地服從他，也有權任命所有官員、主持行政與審判、還能徵召軍隊。這種至高無上的帝王權力，以一種伊特拉斯坎的器物作為象徵，即「法西斯」，也就是一捆榆木與樺木棍棒加上一把斧頭，長度為1.5公尺，再用紅色皮帶綁在一起。在國王的絕對統治下，元老院和由老百姓組成的公民大會僅有一丁點權力，充其量只是國王頒布新法時的橡皮圖章。羅馬王政的君主制度並非世襲，當時的元老院成員共有300名，代表羅馬三大部落，負責在國王去世後的政權過渡時期提名和任命新國王。由於國王將會身兼羅馬的大祭司長，因此在任命前需要向一名占卜師諮詢，而他的工作就是解讀諸神關於國王任命的旨意。

伊特拉斯坎國王們大大擴展了羅馬對所屬區域的控制，並興建許多重大公共工程。布里斯克斯在位期間排乾了沼澤，打造出羅馬廣場，又修建馬克西姆下水道與馬克西穆斯競技場；圖利烏斯興建了黛安娜神廟、屠牛廣場與一堵新城牆；蘇佩布則建造了朱庇特神廟。至西元前500年左右，羅馬可能已有多達35,000位男性公民，統治範圍沿著海岸向南延伸到距離羅馬65公里遠的泰拉奇納。現在，羅馬人尋求

羅馬建城之初
（西元前七至四世紀）

塞維安城牆　　沼澤地
橋樑　　　　　壕溝
下水道

0　　　　1000公尺
0　　　　1000碼

奎日那雷山
維米納爾山
城防土堤
台伯河
卡比托利歐山
丘頂
古羅馬廣場
馬克西姆下水道
卡比托
埃斯奎利諾山
屠牛廣場
朱庇特神廟
聖道
波圖努斯與瑪圖塔神廟
帕拉丁諾山
羅馬最古老的橋：蘇布里基烏斯橋
西里歐山
阿凡廷山

羅馬共和誕生

當羅馬貴族們於西元前509年起身反抗國王時，便預告了一種新形態政府的開創，即羅馬共和政體。起初，權力只保留給少數貴族菁英階級，於是庶民階級起而爭取自己的權利與政治話語權，在他們強烈要求下，一步步將羅馬共和轉變為更加代議制的政府，旨在為大眾的利益而服務。

下圖是羅馬銀塔廣場（the Largo di Torre Argentina）的神廟B遺址。銀塔廣場上有4座羅馬共和時期興建的神廟，另外還有龐貝劇場（Pompey's theatre）的殘餘遺跡。神廟B❶為一座圓形神廟（tholos），為卡圖魯斯（Quintus Lutatius Catulus）於西元前101年所建，今日僅有6根圓柱保留下來。

譯註❶：由於神廟祭祀主神考已不可考，考古人員遂將四座神廟遺址分別編號為A、B、C、D。

貴族們發動政變之後，帝國權力現在掌握在兩位執政官（consuls）手上，他們每年由公民投票選出。之所以有兩位執政官，其構想是希望能起到相互制衡的作用。兩位執政官皆是從貴族中選出，按照羅馬氏族的風氣，他們身邊隨時都跟著12名隨從，以作為貼身隨扈及傳令官，並帶上象徵執政官權力的「法西斯」。緊急危難時期，羅馬人可任命一位獨裁者（dictator），允許他採取非常行動來恢復秩序，完成任務後，再將控制權還予兩位執政官。隨著政府組織在西元前五世紀時變得越來越複雜，為了因應日漸繁重的職務，於是又任命了一系列次級政務官員，他們的工作就是替執政官分憂解勞，而他們也和執政官們共同組成了羅馬的統治階層。元老院代表的是政治菁英，而非羅馬公民，元老院成員由貴族與卸任官員所組成，他們沒有制定法律的權力，只能為立法辯論，並充當官員們的顧問機構。

共和是個將許多不同政府傳統有效融合在一起的政治體系，它結合了民主（在公民議會中的選舉與通過新法案）、寡頭（元老院）與君主制（執政官）的要素。這樣的政治結構變

通靈活、富於彈性，而且極有效率，但也帶出了一個至關重要的命題：是否只有貴族階級才能擔任官職？庶民老百姓能否參與政治？不出所料，最為富裕的平民們也渴望在羅馬行使權力，於是他們開始鼓吹改革。但無論是投身選舉或是要被提名為地方行政官，都需要大筆資金，因此只有極少數的平民百姓能擠進權力的窄門。此外，富有的平民設法得到權位後，往往會向貴族們靠攏，於是形成一個新的且排外的「貴族階級」。

這使得像是工匠、農民、店主、商人等普通平民，不得不為自己的權利挺身奮鬥。西元前494年，情況已到了緊要關頭，在債台高築與專橫鎮壓的沉重壓力下，平民們跑到阿凡廷山丘（Aventine Hill）上另外建立了一個「國中之國」，他們選出自己的地方行政官，稱為「平民護民官」（tribunes of the people）。直到貴族——那群靠著受庇護者支持與保護的極少數羅馬人口，在西元前471年和449年頒布一系列

新法承認這個官職，平民的反抗才終於止息。

這是一次從根本上的躍進，現在平民每年可以選出10位護民官，每位護民官都有責任保護自己的選區免於權力濫用的侵害，保護平民不會莫名遭到逮捕或受到不公正的懲罰。他們握有廣泛的權力，可以處以罰款、下令監禁，甚至宣判被告死刑。召集平民議會（the Concilium Plebis）也是他們的職責，這個可以通過法律的立法會議只有平民可以參加。各護民官還能對國家一般事務進行調解，行使他們的否決權，讓政府陷入停擺。假如體制又失靈了，平民最後的殺手鐧就是脫離共和國，他們可以單純地放下勞動工具，再次撤到阿凡廷山丘生活。這種情形從西元前494年到西元前287年一共發生過五次，使得阿凡廷山丘後來變成平民活動的中心。

這種貴族菁英與平民議會共同合作治理羅馬的方式，在當時可說是非比尋常，並且在一開始的時候相當成功。這樣的模式以「元老院與羅馬人民」（Senatus Populusque Romanus）為名，縮寫為SPQR，被醒目地展示在羅馬軍團的軍旗上，每當他們浩浩蕩蕩離開羅馬，到各地開疆闢土時，SPQR之名也隨著旌旗飄揚、熠熠生光。

上圖是西元前二世紀晚期的大理石浮雕作品，描繪羅馬人口普查的情景，是多米提烏斯·阿黑諾巴爾布斯祭壇（the Altar of Domitius Ahenobarbus）中最左側的一塊飾板，以「人口普查飾帶」（Census frieze）而聞名。這片浮雕推測創作於戰神廣場上的海神涅普頓神廟修建期間，而阿黑諾巴爾布斯則是在西元前122年獲任命為羅馬執政官。

左圖是西元前一世紀中葉，共和時期的一尊老人肖像，該名男子若不是神職人員，就是位家父長。這尊肖像為超寫實主義風格的絕佳範例，對刻畫主體的特徵全都以極度真實的手法呈現，像是深深凹陷的皺紋、向後退的髮際線，甚至連疣都刻得一清二楚。

元老院及羅馬律法

羅馬共和國飽滿的活力體現在層面廣泛的代議機構與議會，還有越臻豐富的律法上。而在這些領域裡，傳統與創新、貴族與平民、羅馬公民與外邦人之間，都存在著緊張關係。為因應衝擊現狀的諸般挑戰，元老院商討了大量法令、執政官不斷制定決策，議會投票也更加蓬勃，創造了一個靈活應變的社會，能面對瞬息萬變的情勢與時俱進。政府的代議制度更加成熟，旨在為了公眾福祉而努力。

上圖為馬卡里（Cesari Maccari）於1882至1888年所繪之壁畫，描繪西塞羅在羅馬元老院譴責卡提林納的演說。西塞羅（Marcus Tullius Cicero，西元前106-43年）是一名政治家、律師及哲學家，被認為是羅馬有史以來最偉大的雄辯家與演說家之一。在他擔任執政官期間最有名的事蹟，就是挫敗了卡提林納（Lucius Sergius Catalina）勾結外國企圖推翻羅馬共和的陰謀。

羅馬的民意由數個不同的議會來發聲：羅馬元老院是一個諮詢機關，負責提出法案，但沒有制定與頒布法令的權力。然而，國家的財政、民政管理及外交政策都是由元老院所把持。真正的立法權掌握在兩個平民議會手中，一是百人團大會，另一則是平民議會，前者既制定法律，也負責選出執政官和對外宣戰；而後者則是選出平民護民官們來代表普通老百姓。上述議會內部又劃分為不同等級群體或選區，投票

也是以各群體為單位進行。除了這兩個主要的立法議會外，還有一些規模較小的部落議會。

元老院的成員們最初是由執政官所任命，而卸任的政務官員通常會直接成為元老。自西元前318年以來，政務官之一的監察官（censor）獲任命為元老院的一員，他被授予指定元老成員的權力，而如果元老有任何違法瀆職的行為，也可以將其罷黜出元老院。因為元老院成員為無給職，也禁止從事借貸、簽訂公共合約或商業貿易等行為，所以可以見得，其成員都是財富自由、無需為錢發愁的富人。

元老院有著悠久的歷史，其議程參照過往悠長的傳統和先例。元老院總是在一年之初舉行會議，地點通常在卡比托利歐山上的朱庇特神廟，儘管有時也會移往他地，有些元老會議甚至在城外舉辦。無論地點為何處，會議規定必須在具有相當重要性的宗教建築裡舉行，在所有議程開始之前，得先向眾神獻祭，並占卜尋求眾神許可的徵兆。

也正是在元老院中，羅馬人的雄辯藝術得以千錘百鍊。會議通常在黎明即開始，一旦元老們到場，各大門就維持敞開，讓公民大眾進場旁觀，但在會議過程中，只有元老院成員能夠發言。會議由其中一位執政官或主席政務官主持，在主持官員的開場致詞結束後，從首席元老開始，每位元老都要按照資歷依序發言。唯有當所有元老都發言完畢，才能進行投票表決，由於所有元老院會議都得在傍晚時分結束，因此有充分的機會讓元老利用冗長的發言來拖延時間，藉以阻撓投票進行。而起鬨、噓聲、用力拍手，也可以用來干擾辯論，這使得元老院常常變成像市場一樣鬧哄哄的地方。若要進行表決，就必須達到法定人數，在西元前67年，最低法定人數是要有200名元老參與投票。代表普通人民的平民護民官可以否決任何動議，但在他行使否決權之前，他通常得在場參與辯論。

共和時期也是羅馬律法奠定基礎的重要階段。西元前451年，10位立法者接獲任命組成十人委員會（decemvirs），於是催生出羅馬成文法的濫觴——《十二銅表法》（Twelve Tables），其內容包含家庭、結婚、離婚、財產所有權、繼承權、債務與奴隸的相關律法。而這部律法僅適用於羅馬公民，這實際上也意味著，律法只適用於男性家長，因為他們對其照顧下的所有人都掌握大權，包含親屬、僕從與奴隸。這道法律起初禁止貴族與平民通婚，結果掀起重大反彈，迫使該法在西元前445年廢除。不過在多數情況下，《十二銅表法》賦予自由公民平等權，儘管進行訴訟的時候，原告還是得想盡辦法帶被告進法庭，才能執行判決。在這樣的處境下，對大多數老百姓來說，法律能提供的保障似乎依舊很少，最後還是得倚靠有錢有勢之人的庇護。

時代持續在變，慢慢地，《十二銅表法》已不敷因應所有事宜，所以需要制定新領域的法條。像是羅馬日漸複雜的貿易活動，讓公民接觸外邦人的機會大增，因而更需要法律保障，所以從大約西元前242年起，羅馬任命一位專門的政務官，即外事裁判官（praetor peregrinus），負責處理涉外法律糾紛及國際關係。至於內政方面，重點則在於由政務官們針對現有法條加以修改，而不是大費周章地將司法體系全面汰舊換新。

下圖的青銅像名為《演說家》（The Orator），約製於西元前100年左右，主角人物是身為伊特拉斯坎人的羅馬元老奧勒斯・米特勒（Aulus Metullus）。在羅馬，公開演說的藝術（ars oratoria）由政治家和律師們發揚光大，並且極受推崇。

羅馬共和生活日常

共和時期的羅馬，是座勢力不斷增長的都城，但儘管有著光鮮亮麗的豪華建築與雄偉壯觀的公共建設，這座城市依然有其陰暗的一面。狹窄的巷道難以通行，龍蛇雜處的人們摩肩接踵，大量平民擠在貧民窟內，與優雅的市鎮大街恍如兩個世界，乾淨的渠引水源和帕拉丁諾山上的清淨空氣彷彿與他們完全無緣。

在像羅馬這樣由城牆圍繞的城市，土地都是寸土寸金，因此解決之道即為興建6至7層樓高的公寓建築，稱為「因蘇拉」（insulae）。據記載，早至西元前150年，羅馬城內就有超過46,000棟因蘇拉，這些基本上搖搖欲墜的出租房屋，以木材和泥磚建造，往往過度擁擠又容易發生危險。居民們永無止境地生活在對火災與樓塌的恐懼裡，而有時只有2公尺寬的狹小街道，又讓危險的情況雪上加霜。

因蘇拉的低樓層最為豪華，一戶裡面可以有多個房間，擁有自然採光，甚至還裝設嵌有玻璃的窗戶。低樓層的住戶享有自來水，由於羅馬早在西元前六世紀就建造了馬克西姆下水道，在那之後便有了汙水排放系統，因此在某

下圖為描繪銅匠鋪的古羅馬浮雕，中央有個方形盒子與鐵砧，準備鑄造的銅鋪在鐵砧上，一名工匠跪在旁邊用錘子（今已磨損不存）輕輕敲打，而站著的助手則用長柄大錘重重敲擊。右邊是另一名工匠正忙著對一個銅器做最後加工；左邊的男子站在一副天平旁，而這副天平用兩條鍊子懸在天花板上。店裡的牆上還掛著許多器皿及模具。

些因蘇拉的例子中甚至還有室內廁所。高樓層則又擠又熱，整個家族只能擠在一個房間裡生活，既沒有自來水，也沒有公用廁所，飲水只能依賴公共水槽與市區噴泉，人類排泄物就隨意傾倒在街道上，散發難擋的惡臭，成為疾病的溫床。因為公寓內也沒有廚房，所以人們湧進擁擠的街道上覓食，那裡多的是酒吧和便宜的小吃店。而運貨推車、馬匹、馬車、垃圾、排泄物等，更增加了街道上的噪音與混亂。

富裕的居民們則是舒舒服服地遠離臭氣熏天、擁擠不堪的城市街道，他們住在帕拉丁諾山丘上的獨棟建築裡，稱為「多姆斯」（domus）。雖然一樓在面向街道那側可能開著一家店面或其他商業場所，但這種房子是圍繞著後方的開放中庭而建造的，中庭有個長方形的水池可用來收集雨水，以供房子的其他地方使用。中庭周圍是一整排房間：多間臥室、辦公室、一間廚房及宴飲用的臥躺餐廳（triclinium）。房子後面是一座花園，四周環繞著柱廊，也就是所謂的列柱中庭（peristylium）。更有錢的人家經常乾脆遠離城市，躲在鄉下的雅緻別墅裡，盡情享受由地下火坑供暖系統提供的中央暖氣，當然還有自來水。這些別墅往往自給自足，有一個私人農場負責供應農產品，並且也能養活大量農場工人與奴隸。

共和初期的羅馬人崇尚刻苦簡樸，並不沉迷於奢侈品，但這種風氣日後會逐漸改變。羅馬平民百姓的飲食非常簡單，包括麵包、沙拉、橄欖、起司、水果與堅果。葡萄酒在早期

左圖是羅馬外港奧斯提亞（Ostia）的黛安娜大道，這條路旁有一整排磚造的古羅馬出租公寓因蘇拉。奧斯提亞創建於西元前三世紀，當時是座公寓高樓林立的城市，一般都接近四層樓高。

既沒有大規模生產，也沒有普遍販賣，直到西元前250年左右才成為便宜的日常飲品，而羅馬人喝葡萄酒的時候，總是兌水稀釋著飲用。據估計，平均每位羅馬市民一天就要喝光一瓶葡萄酒，而體力勞動者與士兵們肯定又喝得比生活悠閒的淑女們更多。

多數羅馬人一天工作6個小時，日出而作，日正當中就收工。有些店鋪到了晚上會再度營業。下午是閒暇的時光，人們會去觀賞角鬥競技、戰車比賽、戲劇表演或到公共浴池去。年輕男子們可能會去參加各色運動，包括摔跤、拳擊與賽跑。戰車競賽在當時頗受歡迎，觀眾也會在場邊開賭盤下注。至於酒吧和妓院，則是在夜間為人民提供娛樂活動。

洗澡對羅馬人來說極其重要，他們每週會去浴場一至兩次，浴場設施包含體育館、健康中心、游泳池，還有三間浴室：熱水浴室（caldarium）、冷水浴室（frigidarium）和作為溫度緩衝之用的溫水休息室（tepidarium）。多數浴池都是由富有的贊助人提供金援，費用極為便宜，有時還免費開放。

這樣的生活方式最後被複製到整個羅馬帝國，在羅馬人建立的城市與村鎮中流行。但在鄉下地區，為數眾多的羅馬臣民繼續過著一成不變的日子，彷彿時間並不存在一般，羅馬城鎮裡的種種舒適與匱乏都與他們毫不相關。他們住在小村莊裡耕種土地，過著和他們的祖先千百年來一模一樣的生活。

下圖　從共和時期開始，複合式的浴場就是羅馬城鎮與都市的便利設施。羅馬人在英格蘭建立的聚落蘇利斯之水（Aquae Sulis，即今日的巴斯），其浴場設施年代可追溯至西元70年左右，至今依舊保存良好，每天仍有大約110萬公升、溫度高達攝氏46度的熱騰騰泉水，注入這座浴池裡。

羅馬衣著

羅馬共和時期的衣著打扮深受希臘與伊特拉斯坎人影響，服裝樣式起初以簡約、實穿為主，呼應羅馬人欣賞的美德，但是隨著國際貿易漸趨發達，為羅馬帶來財富與奢侈品，服飾也變得越來越鋪張華麗，以至於最後甚至不得不立法規定，以確保每位羅馬公民的服飾打扮都能符合其年齡、角色及相應的社會地位。

上圖為西西里島卡薩爾古羅馬別墅（the Villa Romana del Casale）的馬賽克拼貼畫，描繪穿著「比基尼」的羅馬女子。這樣的衣著，包含一條布料或皮革製的纏腰布，稱作subligaculum，以及一條通常是亞麻織就的束胸帶，名為strophium。上述衣著為從事體育活動的女子們所穿的標準配備，圖中上排最左側的女子手拿啞鈴，而她隔壁的女子正要擲出鐵餅，另外兩位正在跑步；下排的兩名女子正在拋接球，最左側的年輕女子手拿玫瑰花冠及棕櫚葉，這是體育競賽中勝利者的象徵。

羅馬人的服裝材質大多為羊毛、亞麻粗布或亞麻加工織品，由於來自印度的棉花與中國的絲綢所費不貲，因而成為富豪們追逐標榜的財力象徵。某些特定的顏色、布料與款式，為羅馬公民或達官顯要所獨享。在舉行重要儀式時，羅馬人會穿上昂貴的泰爾紫染服飾（Tyrian），這種染料得自軟體動物骨螺（Purpura）的小腺體分泌物（這便是紫色之所以是purple的字源由來），從黎凡特的泰爾和西頓進口。而大多數的工作日裡，他們穿著的日常服裝則是以便宜且容易取得的染料染製，像是靛青、地衣、茜草和菘藍等。

羅馬人最為常見的服飾是亞麻製的束腰外衣（tunic），腰部會繫一條腰帶固定。男性穿著短袖或無袖的束腰外衣，其下擺長度及膝，而

女性穿著的束腰外衣下擺較長，且通常是有袖的。若出席正式場合，男人會在束腰外衣外，再披上一件羊毛製的托加長袍（toga）。天冷時，無論男女都會在厚一點的束腰外衣內再穿一件柔軟的束腰內衣。男人和女人也都會在他們的束腰外衣內纏上一條束腰布，而女人還會在胸口纏上束胸帶，稱為strophium。

古羅馬人的祖先為吃苦耐勞的農夫與牧人，他們身上總是披著一條實用的羊毛毯，或許古羅馬的托加長袍就是由此改良演變而來，而後成為羅馬男性自由公民的象徵。到了共和時期，羊毛毯演變為長達5.5公尺的半橢圓形羊毛布料，披在身體、左肩和左手臂上，讓右臂得以自由活動。由於長袍的長度很長，因此大量布料會垂下成為深深的皺摺和衣袋，有時羅馬人也會將其拉起罩在頭上，作為類似兜帽之用。平民的托加長袍是以未加染色的羊毛製成，因此顏色略呈灰黃白；元老們的長袍更加寬大而有份量，也比平民的衣料更加潔白；政務官和祭司都穿著有紫色帶子鑲邊的外袍；而喪服用的托加則由染成深色的羊毛製作。另外還有一種刺繡托加（toga picta）與繡有掌葉狀圖紋的束腰外衣，這種衣服是紫色的，並繡上金色的花紋，極少有人能夠穿戴，除了執政官和皇帝外，只有羅馬將軍凱旋歸來時，才會被授予這種榮耀。至於純紫色的托加長袍（trabea toga），唯有皇帝才有資格穿上。

長袍越厚重有份量，代表穿著之人越富裕顯貴，因為身上罩著如此厚重又多皺褶的羊毛製品，穿起來既不方便也沒有意義，並不適合勞動。這樣的長袍適合在演講時穿著，或是列席於正式遊行或元老院中時，又或是在觀賞戲劇與角鬥競技等活動時才會穿著。為求實用，大多數市民平時都不會穿著托加長袍，只有出席最為正式的場合才會穿上。除了束腰外衣外，已婚婦女也穿著穩重而端莊的斯托拉（stola），斯托拉起初是貴族女子的服飾，但到了後來平民婦女穿上，也是可以被社會所接受。一般來說，斯托拉包含兩片裁成長方形的布料，用一個胸針（fibulae）或幾個鈕扣固定在肩側，這樣就能折疊披戴在身上。女性穿在最外層的外衣稱為帕拉（palla），是一片長達3公尺、寬2公尺的長方形披巾，不是纏繞在身上，就是像兜帽斗篷那樣披著。在公共場合，女子會用羊毛髮帶紮好頭髮，並且戴著面紗。

外出鞋皆為平底，皮革鞋面有時會做成半鏤空的款式。工作鞋與標準規格的軍靴，通常會在鞋底釘有平頭釘。薄底涼鞋有精緻的皮條與繫帶，形成裝飾性的圖案，則是適合在出席較為正式或特殊場合時穿搭。

禁奢法

羅馬共和時期，隨著私人財富開始增長，立法人員通過法條，以限制毫無節制的奢侈，並規範私人的消費行為。羅馬的禁奢法試著約束人民在葬禮、宴會與節慶時的開銷，除此之外，也禁止個人的穿著打扮太過鋪張招搖、珠光寶氣。西元前215年頒布的《奧比亞法》（The Lex Oppia），規範女性身上佩帶的金飾不得超過半盎司，其束腰外衣只能是單一素色，不可有其他花色。其他法規還進一步規定，像是：只有皇帝才能夠穿著全身紫色的托加長袍、只有占兆官才能穿著橙黃色的托加長袍、只有元老院成員與他們的兒子才有特權在束腰外衣搭配紫色條紋束帶、政務官和17歲以下的年輕男子才能穿有紫色鑲邊的托加長袍（the toga praetexta）。而束腰外衣上垂直條紋（clavus）的數量，也依穿戴者的社會階級而有所規定。透過明文法規約束，羅馬立法人員希望遏止人民揮霍無度的炫富行為、維護統治階級的傳統特權，並確保每位羅馬公民的社會地位從服飾上就能一目瞭然。

下圖和**右圖**
在羅馬，平民百姓與上層階級的服飾，無論在款式還是質料上，皆大有不同。婦女
通常穿著不同顏色的衣服，最常見的服裝是長擺的束腰外衣，或是斯托拉，穿在另

一件束腰衣也就是束腰內著的外面。大多數男性的衣著為白色，包括一件束腰外衣和托加長袍，束腰外衣是底層階級與奴隸身上唯一的衣服，僅有羅馬自由公民才能穿著長袍。

取悦眾神

羅馬人膜拜眾神，其背後的主要動機並非寬恕他們所犯的罪，也不是為了保障來世安穩，而是希望運用來自神祇賜予的好運。羅馬多神教信徒致力於取悦眾神，透過膜拜、獻祭與表達崇敬榮耀，他們相信這麼做便能避免神明發怒。

下圖的羅馬雕像為維斯塔的首席護火貞女（Virgo Vestalis Maxima）。護火貞女是爐灶女神維斯塔的女祭司，她們緊護著聖火，讓聖火永不熄滅。她們在10歲之前就被任命為女祭司，並過著貞潔的生活，從而被免除了一般女性所應負結婚生子的社會義務。貞女的任期為30年，當她們卸任之後，就能獲得一筆退休金，並允許其接受婚嫁。

羅馬人從希臘人的信仰那裡分享了許多神話與傳統，以朱庇特為首的羅馬眾神，雖然有著拉丁文的名字，但與希臘眾神之間卻都能找到明顯的對應關係（參照本書第28-33頁）。羅馬人還敬拜能守護其日常生活大小事的神祇，從農作歉收、疾病肆虐、財務吃緊，到婚姻不幸、膝下無子、厄運降臨，都能找到神祇寄託，祈求好運。

羅馬城由最偉大的男神與女神掌管，朱庇特可看作是羅馬的宙斯，祂是萬神之王也是天神，掌控天候與各種自然現象。隨著城市日益欣欣向榮，卡比托利歐山丘（Capitoline Hill）上也興建了一座朱庇特神廟。而在埃斯奎利諾山丘（Esquiline Hill）上則有座朱諾神廟，祂是光與月的至高女神，體現羅馬婦女的美德，也是生育與豐饒的守護神。

就像希臘一樣，羅馬宗教祭拜的主要活動是向神明獻祭動物，獻祭時會有一位專業占卜師，稱為haruspices，他會仔細研究犧牲品的內臟，以找尋徵兆。他們也會觀察大自然現象來

感知神明的啟示，像是鳥兒的飛行、畸形兒的出生，或是異常的天候氣象。羅馬人尋求透過占卜來證實自己行動的正當性，在公共集會、軍事出征之前，由首席政務官來求卦問卜是件理所當然的事。若占卜得出任何不祥之兆，羅馬人會極其嚴肅地看待。

羅馬大眾謹守一套嚴格的宗教儀式，一年之中有許多宗教節日，而與這些節日相關的公眾儀式可說是支配了羅馬社會。這些儀式因循悠久的傳統，由男性祭司（pontifices）主持，其上還有國家宗教事務最高階的大祭司長（pontifex maximus）監督，儀式包含長長的遊行隊伍，隊伍中的人們則念誦著祈禱文與讚美詩。這份宗教年曆反映出一年的農耕週期，以及傳統上春天與夏天的軍事開戰季節。因為這個緣故，三月是崇敬戰神馬爾斯的月份，羅馬人會在戰神廣場上舉行遊行、舞蹈和戰車比賽來榮耀戰神。論及羅馬的重大節慶，二月有祭祀亡者的敬先節（Parentalia）、四月有慶祝富

饒的花神節（Flora）、十二月有全城都陷入無政府般狂歡的農神節（Saturnalia），在這個節日中，主人會設宴款待奴隸，讓奴隸短暫享受當主人的感覺。

女性當中最主要的官方宗教人員是護火貞女（Vestal Virgins），她們是爐灶女神維斯塔的女祭司。護火貞女是從貴族階級年滿6歲的幼女中選出，她們侍奉女神，並堅守貞潔的誓言，若違背誓言的話，將會遭受死亡的痛苦。這個職務的期限是30年，在那之後她們便能得到結婚的允許。

儘管神明看似遠離塵囂，但祂們其實無所不在，在交叉路口有神明，在邊界河流有神明，泉水、山丘、甚至家家戶戶都有各自相應的神祇。舉行各種儀式來取悅主管家戶的神明們，是身為家父長的職責，這些神明包括爐灶女神維斯塔與門神雅努斯，而潘斯（Panes）與潘娜絲（Penates）分別是主管食物儲藏室和廚房的精靈，至於拉瑞斯（Lares）則是祖先的神

上圖為位在羅馬屠牛廣場的波圖努斯神廟（Temple of Portunus），始建於西元前四世紀到三世紀間，之後在西元前120年至80年間重建。這是現存最完整的羅馬神廟之一，以愛奧尼亞建築樣式興建，獻給波圖努斯神，祂掌管的範圍包含牲畜、鑰匙與港口等。

上圖是西元前二世紀米提烏斯‧阿黑諾巴爾布斯祭壇上的浮雕，刻畫將一隻公牛獻祭給戰神馬爾斯的場景。公開獻祭在羅馬宗教中扮演極為重要的角色，必須在固定的時節以正確的古法來進行，以確保神明們感到歡喜，進而庇護國家、家庭和個人。

右圖為羅馬西班牙的拉爾（Lar）青銅像，高22.5公分，年代約西元1-50年。拉爾（複數型為Lares）是家庭的守護神靈，照顧著每戶人家的幸福與興旺。每個家庭都設有拉爾的神龕，通常會有個專門供奉小型拉爾神像的壁龕，也有可能是一尊獨立的雕像。

靈。另外，羅馬人也會使用符咒及護身符來安撫死者的鬼魂（Umbrae），藉以趨吉避凶。羅馬人深信，透過崇敬供奉家中的神靈，就能家和萬事興，帶給家人平安好運。

羅馬人崇敬以韻文詩寫成的希臘神諭之書《西卜林書》（Sibylline Books），這是由一位希臘預言師西比爾（Sybil，侍奉阿波羅的女祭司）口述記載而成，而她是在伊特拉斯坎國王蘇佩布統治期間，從希臘殖民地庫邁（Cumae）來到羅馬的。《西卜林書》由15位羅馬顯貴人士所組成的委員會看守，在緊急時期便取出來尋求神諭啟示。《西卜林書》中的許多宣言也經常促成羅馬引進希臘信仰，像是在西元前290年代，一場發生在羅馬的饑荒，便讓希臘醫神阿斯克勒庇俄斯的信仰傳進了羅馬。

羅馬也從各地吸收了形形色色的諸神信仰，像是酒神巴克斯、弗里吉亞的希栢利、埃及的伊西斯、托勒密的塞拉皮斯等，都是羅馬宗教中極為重要的一環，祂們分別在不同時期傳入羅馬，有時還造成狂熱崇拜。只是當局偶爾也會對這種情形感到不安，譬如3月17日的酒神節，人們在慶典上總是爛醉如泥、狂歡過度，經常演變成無政府的混亂狀態，由於羅馬年輕人相當熱衷於此，令當局十分擔憂，所以在西元前186年時下令禁止。

左圖是普拉內斯蒂尼日曆（Fasti Praenestini）的碎片，這是記錄宗教慶典的日曆，年代為西元6-9年。VIN代表的是Vinalia，為一個葡萄酒的節慶，而ROB則代表Robigalia，是個祈求農作物免於病害的節日。

左圖是西元前二世紀的青銅模型，今人稱之為「皮亞琴察肝臟」（Liver of Piacenza）。其形狀為一個動物的肝臟，上面刻有數個伊特拉斯坎神祇的名字，每個名字都對應到肝臟上的不同部位。皮亞琴察肝臟是用來進行haruspicy的工具，也就是透過觀察祭祀動物的內臟來占卜。

羅馬擴張

羅馬人是冷酷無情的征服者，在短短200年間就控制了義大利半島。他們在戰爭衝突中既殘忍又粗暴，但在戰勝後又展現出慷慨大方，最終他們透過結成軍事同盟的開明外交政策來鞏固其控制力，賦予許多被征服的民族羅馬公民的地位，讓他們忘卻戰敗的苦澀滋味。

右圖 羅馬人在西元前509年罷黜了最後一位伊特拉斯坎國王，並在拉丁姆的平原上與伊特拉斯坎人對抗。西元前387年，入侵的高盧民族洗劫羅馬，近乎摧毀了這座城市，但羅馬人重整旗鼓，並征服了他們的老對手薩莫奈人。在征服了南部的塔林敦後，羅馬人枕戈待旦，準備好與他們最大的敵手迦太基展開第一次布匿戰爭（西元前264-241年）。

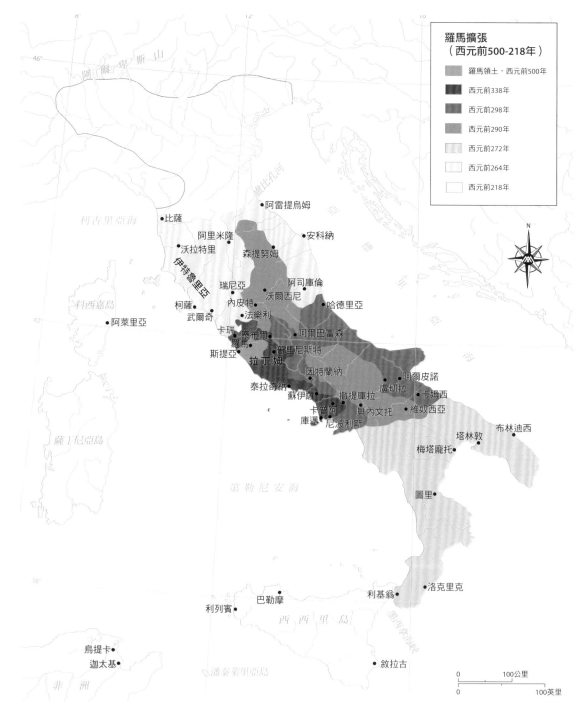

羅馬進入共和時期的頭幾年，社會內部充滿了緊張，又經歷飢荒，與義大利半島內的其他部族亦相互敵對。當時羅馬是拉丁聯盟的成員，這是個由拉丁姆地區各部落所組成的古老防禦聯盟。身為其中一員，羅馬在西元前 496 年保衛了拉丁姆，抵禦來自不同山地部落的侵犯，像是沃爾西人、薩賓人、埃魁人等。而在西元前396年，當拉丁聯盟的注意力轉向伊特魯里亞時，他們奪取了伊特拉斯坎人所統治的領土。不過拉丁姆的迅速擴張受到半島上其他民族的遷徙所阻撓，像是從義大利南部進入肥沃平原與西部海岸的薩莫奈人。

約莫在西元前390年，一場災難降臨羅馬，來自今日法國南部的高盧入侵者，像巨浪般順著半島席捲南下並洗劫了羅馬城。關於這個事件有許多傳說，最有名的是卡比托利歐的鵝，牠們在高盧人進攻時發出咯咯叫聲，讓羅馬守軍驚覺敵人入侵。儘管有鵝的守護，羅馬城在高盧人離去時只剩滿目瘡痍。然而到了西元前360年代，羅馬人已重新站穩腳步，準備好向四方宣告自己的宰制地位。

西元前346年，羅馬背叛了聯盟成員，有效率地除去拉丁鄰國的各個同盟，並在其土地上強行設置定居聚落。接著，羅馬將觸角延伸至富饒的那不勒斯灣，最終在西元前326年成功拿下尼波利斯。姑不論西元前321年因薩莫奈人的埋伏而遭受到的慘敗，羅馬還是迅速重整旗鼓，最終征服了在這個區域的主要對手們。西元前295年，羅馬在翁布里亞的森提努姆戰役取得決定性的勝利，鞏固了其北邊的控制權。在這場戰役中，許多被征服城鎮的公民都對羅馬投降，而羅馬也時常對其授予公民權，將之吸收進羅馬的國家體系中，有效地加強控制。羅馬人的成功，一部分要歸功於軍事上的改革，他們摒棄了重裝步兵陣形，將步兵以年齡拆成三個部分，配備有重投擲標槍和

劍，這樣的陣型在實戰中更為靈活彈性。羅馬士兵堅忍不拔，為了家族榮耀而戰，新公民和同盟不斷壯大其隊伍，而羅馬軍團也持續無情地向前推進。

義大利半島最南部的大希臘城市，以其財富和豪奢生活聞名，好戰的羅馬人瞧不起這些城市，認為它們不堪一擊。這些希臘城市因為受到蠻族攻擊，加上自己國內的擾攘而苦惱不已。當羅馬捲進這些紛爭時，與塔林敦直接起了爭執，塔林敦人禁止羅馬人沿著義大利東南海岸航行，而羅馬人卻直闖這片海域，令他們認為領土受到侵犯。同時塔林敦人也覺得羅馬人野蠻，是不遵守規定的麻煩製造者，羅馬人則是對塔林敦展開攻擊來回應這種侮辱，並且取得關鍵勝利。

塔林敦人於是向希臘本土西北部的伊庇努斯國王皮洛士求援，西元前280年春天，皮洛士率軍前往義大利南部與羅馬人展開對峙，當時他帶了一些戰象同行，由於羅馬人從來沒見過這種動物，所以皮洛士希望藉此讓羅馬人驚惶失措。皮洛士是位勇敢的軍人，也是公認的戰術專家，他召集義大利南部對羅馬感到不滿的希臘公民，在塔林敦的殖民地赫拉克利亞打了場勝仗，接著向北朝羅馬進發。西元前279年，皮洛士在阿普里亞的阿斯庫倫與羅馬展開會戰，雖然戰勝了敵人，但自己也損失慘重，以致於後世以「皮洛士的勝利」來形容慘勝的局面。西元前275年，皮洛士在貝內文托最後一次與羅馬交手，這一次羅馬人取得了勝利，迫使皮洛士撤兵回希臘。羅馬人把握住皮洛士撤退所造成的形勢，很快就鞏固了對義大利南部希臘城市的控制。西元前272年，羅馬人攻下塔林敦，隨後邁出重大的一步——橫越墨西拿海峽進入西西里島。羅馬干涉西西里的事務等於是對迦太基挑釁，於是地中海西部的兩大強權，就此註定要爆發衝突。

布匿戰爭

地中海的兩大超級強權——羅馬與迦太基，終於在西元前三世紀時強碰。西元前264年，羅馬入侵屬於迦太基勢力範圍的西西里島，這在迦太基看來是無法容忍的挑釁，於是戰事一觸即發。隨後引發的三次布匿戰爭（the Punic Wars），經歷驚天動地的攻防後，以迦太基的毀滅與羅馬建立地中海帝國告終。

下圖 西元前264年，迦太基介入西西里島上的紛爭，在墨西拿城與敘拉古的僭主爆發衝突時，站在墨西拿一方。羅馬人擔心迦太基此舉是為了拿下西西里島控制權，因此也介入了紛爭。最終，迦太基在埃加迪群島海戰（西元前241年）中吞敗，於是向羅馬求和。

根據傳說，迦太基這座城市是由腓尼基人（「布匿」一詞即是拉丁文中的「腓尼基」）在西元前813年於北非海岸所建，原本只是一個小型貿易據點，但早在羅馬崛起之前，就已發展成地中海地區最強大的城市，坐擁傳說般的財富和奢華，控制著遠及伊比利半島、西西里島及地中海東部的貿易帝國。

第一次布匿戰爭（西元前264-241年）始於一場西西里島上的代理人戰爭，當時羅馬協防墨西拿，而迦太基力挺敘拉古。當羅馬人說服敘拉古倒戈時，迫使迦太基人不得不派出一支龐大的艦隊來保護他們在西西里的殖民地，於是這場地方性的戰爭就此升級為羅馬與迦太基的直接衝突。爭奪西西里島控制權的戰火延燒

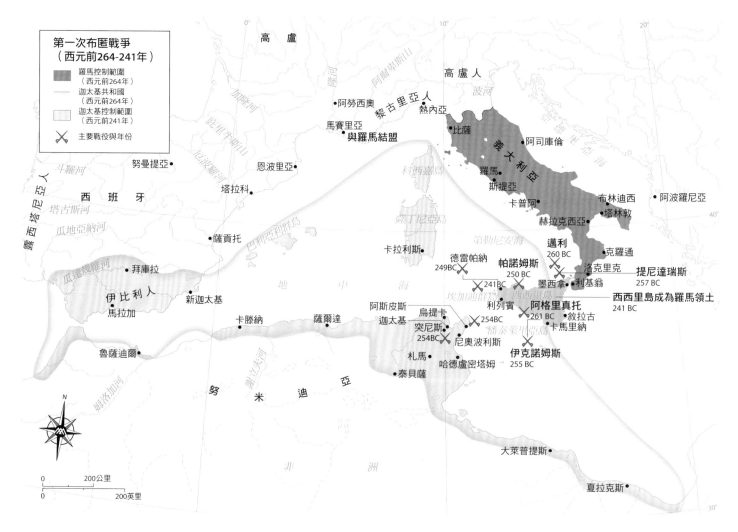

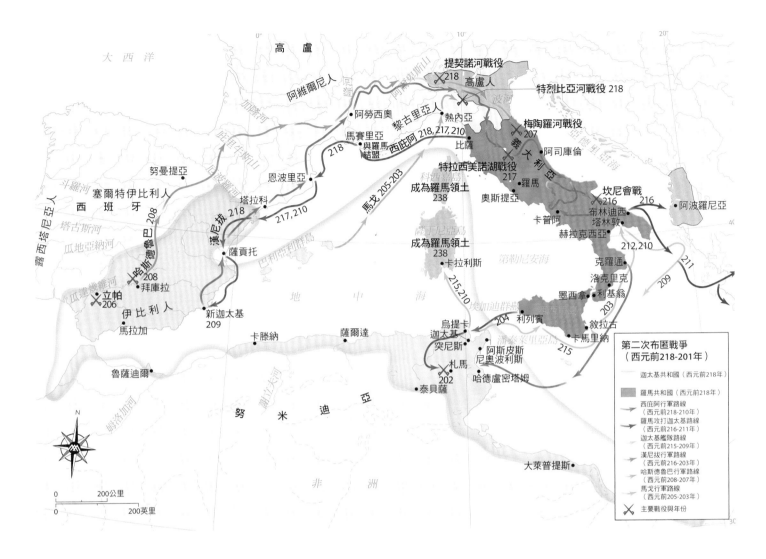

大西洋

高盧

提契諾河戰役 218

高盧人

特烈比亞河戰役 218

阿維爾尼人

梅陶羅河戰役 207

阿勞西奧

黎古里亞人

熱內亞

阿司庫倫

馬賽里亞

比薩

與羅馬
結盟 西庇阿 218, 217, 210

特拉西美諾湖戰役 217

坎尼會戰 216

努曼提亞

塞爾特伊比利人

恩波里亞

成為羅馬領土 238

羅馬

216

阿波羅尼亞

西班牙

塔拉科

217,210

奧斯提亞

布林迪西

塔林敦

露西塔尼亞人

漢尼班 218

卡普阿

赫拉克西亞

克羅通

212,210

哈斯德魯巴 208

薩貢托

成為羅馬領土 238

卡拉利斯

洛克里克

211

立帕 206

拜庫拉

墨西拿 利基翁 203

209

馬拉加

伊比利人

新迦太基 209

卡滕納

薩爾達

成為羅馬領土 238

敘拉古

卡馬里納

烏提卡

迦太基

突尼斯

阿斯皮斯
尼奧波利斯

利列賓

215,210

204

215

札馬 202

哈德盧密塔姆

泰貝薩

努 米 迪 亞

大萊普提斯

非 洲

N

0   200公里
0   200英里

| 第二次布匿戰爭 |
| (西元前218-201年) |
| 迦太基共和國(西元前218年) |
| 羅馬共和國(西元前218年) |
| 西庇阿行軍路線 (西元前218-210年) |
| 羅馬攻打迦太基路線 (西元前216-211年) |
| 迦太基艦隊路線 (西元前215-209年) |
| 漢尼拔行軍路線 (西元前216-203年) |
| 哈斯德魯巴行軍路線 (西元前208-207年) |
| 馬戈行軍路線 (西元前205-203年) |
| ✕ 主要戰役與年份 |

了20年,羅馬人很快就發現,若要驅逐迦太基人,就必須與迦太基的艦隊正面交鋒,而到目前為止,羅馬的軍事力量一直都是以陸軍作為基礎。據說羅馬人以一艘擱淺在義大利南部海岸的迦太基戰船為範本,在短短兩個月內,就打造出一支300艘戰艦的艦隊。這支新建立的羅馬海軍,在南義大利與希臘盟友的援助下,於西元前260年的邁拉(Mylae)海戰中,贏得了他們在海上的第一次勝利。

但在接下來幾年,羅馬遭受了許多災難性的重創,光是風暴就摧毀了羅馬艦隊至少三次,而羅馬人也一次又一次頑強地重建他們的船艦。另外加上一次輕率地入侵北非,讓他們吞了場大敗仗。不過最後,羅馬人還是於西元前241年,在西西里島北邊的埃加迪群島沿海打贏一場關鍵的海戰。儘管當時戰無不勝的迦太基將領哈米爾卡·巴卡(Hamilcar Barca,西元前276-228年),在西西里島上發動一場成功的游擊戰,也只能被迫屈服求和。迦太基人撤離西西里島,只有敘拉古沒受影響,而敘拉古以外的島上其他地方,都成了羅馬的第一個海外殖民地。由於被高額的戰爭賠款所累,迦太基人已無力守住科西嘉島和薩丁尼亞島的領土,這下子羅馬得以擁有三個富裕的地中海島嶼。

在東方被打敗的迦太基人,現在把目光轉向西方,看準伊比利半島的發展潛力,哈米爾卡和他的兩個兒子開始在那裡建立一個重要的權力基地。此舉敲響羅馬的警鐘,於

上圖 迦太基將軍漢尼拔攻擊了羅馬在西班牙的附庸薩貢托,從而引爆第二次布匿戰爭。他接著帶領軍隊越過阿爾卑斯山,所向披靡地在義大利半島上縱橫掃蕩。當羅馬入侵迦太基時,漢尼拔迅速奔回家鄉,但在札馬會戰(西元前202年)中戰敗。

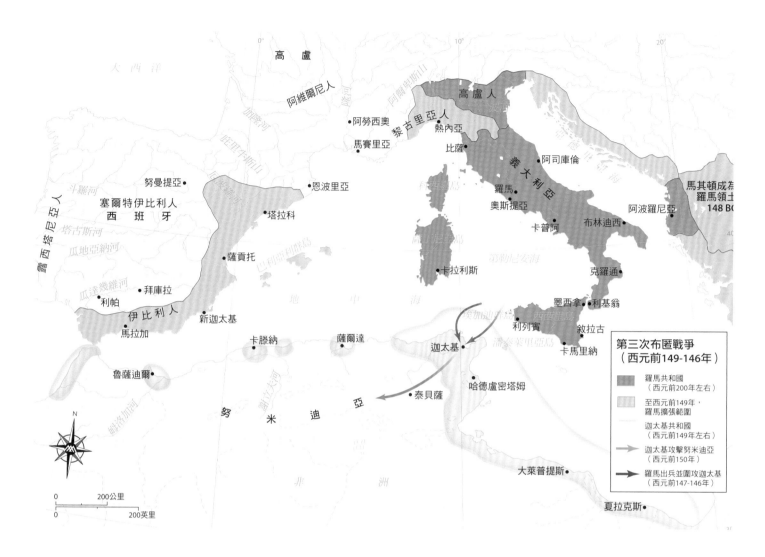

第三次布匿戰爭
（西元前149-146年）

■ 羅馬共和國
（西元前200年左右）

　 至西元前149年，
羅馬擴張範圍

　 迦太基共和國
（西元前149年左右）

→ 迦太基攻擊努米迪亞
（西元前150年）

→ 羅馬出兵並圍攻迦太基
（西元前147-146年）

上圖 迦太基戰敗後，被迫連續50年向羅馬支付戰後賠款。當迦太基對鄰近的努米迪亞發動報復攻擊時，羅馬人看到介入的好機會。在經歷一段艱難的開始後，羅馬人佔據了上風，對迦太基城展開圍攻，並最終於西元前146年將其摧毀殆盡。

是派遣使者前往西班牙的新迦太基城（New Carthage），設法從迦太基人那裡取得協議，要求他們擴張的範圍不會超過厄波羅河。與此同時，羅馬人也與位於地中海岸的獨立城市薩貢托（Saguntum）結為盟友。

西元前221年，哈米爾卡的長子漢尼拔（Hannibal，西元前247-183到181年左右）接管了迦太基在西班牙的部隊指揮權。由於薩貢托侵略迦太基領土的行動激怒了漢尼拔，他於是越過厄波羅河，在沒有得到迦太基當局的許可下，單方面佔領了薩貢托。這便是點燃第二次布匿戰爭（西元前218-201年）的導火線。

出乎所有人的意料，這場戰爭並未在西班牙開打，漢尼拔做了一個雄才大略的決定，率領他的軍隊越過阿爾卑斯山脈，直接往義大利進攻。他於西元前218年的春天開拔，帶著4萬大軍、12,000名騎兵和37頭戰象出征。他的行軍路線長達驚人的1,600公里，其中還包括讓大象乘著船筏橫渡隆河，以及帶領數量龐大的後勤補給人員穿越白雪皚皚的阿爾卑斯山隘。漢尼拔是天生的領袖，他與部隊一同前進，與士卒同甘共苦，一路激勵他們堅持下去。漢尼拔不僅成功抵達義大利，雖然軍隊人數銳減，戰象也只剩下少數存活，但他還是在提契諾河（西元前218年）、特烈比亞河（西元前218年）與特拉西美諾湖（西元前217年）等三場戰役中，接連痛擊他的羅馬對頭。最後在西元前216年義大利南部的坎尼（Cannae）會戰中，漢

布匿戰爭（西元前）

264 羅馬和迦太基在西西里島爆發一場衝突，導致第一次布匿戰爭爆發。

260 羅馬人俘虜了一艘迦太基的五槳座戰船（quinquereme），並以之作為模型，打造出羅馬的第一支艦隊。這支新艦隊在邁拉海戰中打敗迦太基人，贏得關鍵勝利。

241 羅馬海軍在西西里島西北端的特拉帕尼（Trapani）打了勝仗，第一次布匿戰爭結束，西西里島成為羅馬首個海外行省。

228 迦太基將領哈米爾卡‧巴卡在伊比利半島建立強大的迦太基新城後，戰死西班牙沙場。

227 薩丁尼亞島和科西嘉島遭羅馬吞併，成為羅馬第二個海外行省。

225左右 迦太基與羅馬簽署協議，劃定兩國在西班牙以厄波羅河為界。

221 漢尼拔在其姐夫哈斯德魯巴（Hasdrubal）亡故後，繼承迦太基在西班牙各部隊統帥的地位。

218 漢尼拔帶著他的戰象越過阿爾卑斯山脈，第二次布匿戰爭開打。

217 漢尼拔在特拉西美諾湖旁的一座狹窄平原上，奇襲並殲滅了一支羅馬軍隊。

216 漢尼拔在坎尼會戰中殲滅了羅馬軍隊，這是羅馬有史以來敗得最慘的一戰。他在戰後威脅著羅馬城，但因為缺乏補給和援軍，因而無法將其攻下。

213 迦太基的盟友敘拉古，遭到羅馬圍攻與洗劫。

210-07 羅馬將軍西庇阿為羅馬佔領了西班牙南部的新迦太基城。

204 西庇阿渡海登陸非洲，進犯迦太基。

202 漢尼拔在扎馬與羅馬軍隊交戰，遭受他人生中的首次重大挫敗。

201 第二次布匿戰爭結束後，迦太基交出了西班牙領土，成為羅馬的兩個新行省。

150 迦太基軍隊入侵努米迪亞，被羅馬人認為是破壞協議。

149 羅馬挑起與迦太基的爭端，第三次布匿戰爭爆發。

146 第三次布匿戰爭結束，羅馬徹底毀滅迦太基。

尼拔用他兩翼的騎兵包圍了一支龐大的羅馬軍團，從四面八方突擊猛攻，屠殺了47,000名羅馬步兵及2,700名騎兵。這場戰役有效地翦除了羅馬軍團戰力，殲滅掉戰場上所有菁英貴族階層的官員。

羅馬在義大利南部的許多盟友紛紛倒戈至迦太基陣營，但漢尼拔卻無法利用這場勝利擴大戰果，因為迦太基拒絕提供他所需要的增援與補給。在接下來的幾個月，羅馬採取拖延戰術，摧毀鄉間農田，並破壞迦太基的補給線。

羅馬在坎尼一戰慘敗後，一位偉大的領導人物現身舞台，他便是西庇阿（Publius Cornelius Scipio Africanus，西元前235-183年）。他重新集結驚慌失措、潰不成軍的羅馬部隊，提醒他們不要忘了對羅馬共和的忠誠，在西庇阿的指揮下，羅馬軍團看似有源源不絕的補充

上圖是十九世紀手工切割的木刻插畫，呈現西元前218年，迦太基將軍漢尼拔率領他的軍隊越過阿爾卑斯山去進攻羅馬。他帶領4萬大軍和37頭戰象，在十月下旬越過阿爾卑斯山脈，很有可能是從海拔2,285公尺的塞文科切（Savine Coche）山隘越過塞尼斯山（Mount Cenis）。當他走出山地抵達杜林（Turin）的平原上時，他的軍隊只剩下了一半。

兵力，再次站了起來。當漢尼拔企圖在義大利南部組織一支新勢力的聯軍時，西庇阿沒有選擇和他正面交戰，而是帶領重獲新生的羅馬軍團直搗西班牙，攻克新迦太基城，將迦太基人趕出了伊比利半島。

西庇阿趁勝追擊，把目標直指迦太基本土，迫使迦太基緊急召回漢尼拔與他的遠征軍來因應這個威脅。西元前202年，兩位軍事史上的巨人終於在迦太基沿岸的札馬（Zama）正面對決，而這次西庇阿扭轉局勢，包圍了迦太基部隊，用漂亮的一仗終結了第二次布匿戰爭。根據戰後和約，迦太基僅保留其北非領土，不但喪失了廣大的海外帝國，而且連艦隊都被迫交出。此外，迦太基也被要求繳交鉅額戰爭賠款，每年200塔蘭特（talents），分50年繳清。

迦太基堅持履行戰後賠款的義務，但他們也認為當這50年的債務清償完畢，就代表與羅馬的所有協定都宣告結束。西元前150年，迦太基入侵努米迪亞失敗後，羅馬旋即在西元前149年派出一名使節到迦太基，提出拆掉這座城市的要求，並將所有居民遷移到內陸。在迦太基人拒絕之後，第三次布匿戰爭（西元前149-146

年）隨之展開。實際上，這是一場對迦太基城長達3年的圍城戰。迦太基城倒下後，被徹底夷為平地。在將其宿敵連根拔起後，羅馬人從這些戰爭中脫穎而出，成為地中海上傲視群倫的絕對霸權。

下圖是愛德華·波因特（Edward Poynter）繪於1868年的作品，描繪西元前146年，羅馬人圍攻迦太基城的場景。圍城軍在攻破城牆後，終於征服了這座城市。

右圖　迦太基城遭到羅馬摧毀後，在接下來一個世紀內都沒有重新建城，直到凱撒掌權時期，才被重建成一座全然的羅馬城市。到了西元三世紀，它已成為羅馬帝國數一數二的大城，人口達到數十萬。在接下來的幾個世紀裡，這座城的統治者換過一個又一個，直到西元698年，被阿拉伯的倭馬亞王朝（Umayyad）洗劫一空。在今日的突尼西亞，仍能看到這座城市的遺址。

羅馬的地中海帝國

羅馬之所以能在西元前二世紀成為地中海的霸主，靠的是一連串軍事勝利的成果。羅馬的軍事體制極為成功，同時透過征服土地和軍事同盟，也為羅馬注入源源不絕的兵力資源。戰爭成為羅馬的外交政策手段，尚武精神則滲透進羅馬社會的民族性當中。

下圖在西元前146年，羅馬同時完成了毀滅迦太基與征服希臘這兩件壯舉，而在兩年前也已處置好馬其頓的叛亂。至於西班牙的征服則始於西元前219年，在第二次布匿戰爭的尾聲建立了兩個行省。而繁榮的港口城市馬賽里亞（Massilia）在當時則是羅馬人的附庸。

羅馬的東進始於在義大利東部沿海建立殖民地，也因此促成跨越亞德里亞海的商業貿易。當時伊利里亞人的部落因海盜行為而惡名昭彰，他們不斷擾亂海上貿易，所以在西元前229年，羅馬便派兵去攻打這群野蠻人。在

前後兩次戰役中，羅馬人徹底剷除了威脅，而周圍的希臘諸邦無疑都驚恐地觀望著。

當羅馬人得知馬其頓國王腓力五世曾提供漢尼拔協助時，在希臘的戰事看似已不可避免。那個時候希臘東北部大部份地區皆由馬其

頓把持，而眾獨立城邦則是組成許多防禦聯盟，尤以希臘西部的埃托利亞同盟及東部的亞該亞同盟最為強大。然而眾城邦們四分五裂，老是爭吵不休。西元前211/210年，羅馬人和埃托利亞人締結盟約，接著西元前200年，羅馬人以腓力五世正在攻擊他們的盟友為說辭，再次來到希臘的土地上。雅典人也和羅馬人結為盟友，而後者在西元前197年與馬其頓在色薩利的庫諾斯克法萊會戰中贏得一場關鍵勝利。隔年羅馬統帥弗拉米尼努斯在科林斯的地峽運動會上，保證了「希臘人的自由」。儘管埃托利亞

羅馬共和國
（西元前133年）

▨ 羅馬行省

人是最初與羅馬結盟的盟友，卻沒有得到任何特殊待遇，他們為此感到不滿。

現在，羅馬人決定繼續東進，把目標瞄準塞琉古王朝統治下的亞洲。當時埃托利亞人邀請塞琉古國王安條克三世率軍進入希臘，結果在西元前190/189年於溫泉關與羅馬軍遭遇，這一戰塞琉古軍大敗，迫使安條克三世不得不回到西亞，而羅馬人窮追不捨，在馬格尼西亞的一場關鍵會戰中再度將他擊潰。戰後，塞琉古支付給羅馬15,000塔蘭特的大筆賠款，並把勢力撤退到托魯斯山脈之外。同時，塞琉古王國在小亞細亞所佔領的領土，都歸還給羅德島和帕加馬等羅馬盟邦，然後羅馬人才從亞洲撤退。

羅馬元老院現在負責仲裁希臘城邦間的領土爭議，也開始從希臘人的不團結與軟弱中獲取利益。在整個希臘，民主體制被所謂的「朋友」，也就是羅馬人所接管，他們是富有的施恩者，代表著公共秩序和穩固統治。羅馬開始展現出世界警察的姿態。在西元前168到146年間，羅馬成功在愛琴海沿岸掃蕩馬其頓、塞琉古和達爾馬提亞等勢力。馬其頓的新國王柏修斯是位極有魅力的領袖人物，他為那些窮苦潦倒的希臘人提供庇護所。西元前168年，羅馬軍團抵達希臘，同年在彼得那贏下那場震懾遠近的勝仗，一共殲滅了馬其頓2萬大軍，並俘虜1萬多人，就連柏修斯本人也被生擒，綁回羅馬在凱旋儀式上接受羞辱。馬其頓的宮殿慘遭搜刮一空，而王國也被劃分成四個共和政體。伊庇努斯人因為曾助馬其頓一臂之力，所以戰後也遭到報復，許多人被販賣為奴。羅馬早已向世人證明，除了臣民的完全順服，他們不會容忍其他事物。西元前150年馬其頓爆發起義，促使羅馬干涉介入，於是兩年後馬其頓正式成為羅馬行省。西元前149年，在一場徒勞無功的反抗後，羅馬人解散了亞該亞聯盟，科林斯城也遭到摧毀。這下子，羅馬對地中海的掌控已然固若金湯。

羅馬文字

羅馬字母是世界上使用最廣泛的字母書寫系統，羅馬人不斷改良拉丁字母的形狀、結構與對稱性，為日後西方拉丁世界的所有書寫建立起範本。羅馬字體的美觀、優雅與線條清晰，在過去兩千年來一直受到人們的推崇。

下圖為羅馬卡比托利歐博物館收藏的《凱旋大事紀》（the Fasti Triumphales）斷簡殘篇，是由羅馬首席政務官們所列，為慶祝自羅穆盧斯建城以來至西元前19年的豐功偉業。該銘文雕刻於西元前18年，是羅馬刻文的經典詮釋。

羅馬字母的源頭來自腓尼基、希臘與伊特拉斯坎文字，在西元前600年之前逐漸演化而成。目前已知最早的拉丁銘文，是在一個西元前七世紀的斗篷別針上所發現；而年代稍晚一點的，則有羅馬廣場柱子上的銘文，以及羅馬奎日那雷山附近出土陶瓶上的「好運刻辭」（the Duenos inscription）。

羅馬字母表起初只有20個大寫字母，字

上圖為《圖里亞讚美詞》（the Laudatio Turiae）的碑文片段，這是一位丈夫為悼念他的妻子而刻下的墓誌銘，來自一塊西元前一世紀末的墓碑。

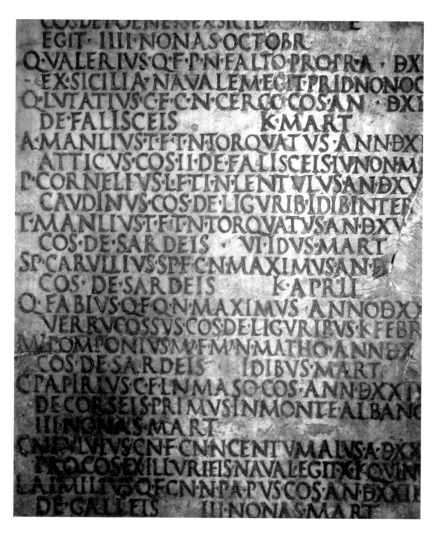

母G是在西元前三世紀加入字母表中；字母Y和X則是從希臘字母中借來，出現於西元一世紀；而字母J、U和W直至中世紀才成為拉丁字母的一員。在羅馬時代有兩種主要的拉丁書寫體——大寫與草寫，而最初的小寫字體可能源自西元前二世紀，從世俗性質的手寫過程中漸漸演變而來。

羅馬人的書寫工具可說是琳瑯滿目，日常書寫通常是用尖筆（stylus）刻在蠟板上；如果是重要文件，像是法律合約、文學創作等，則會使用蘆管筆或羽毛筆蘸墨水書寫在紙莎草紙或羊皮紙上；至於銘文則是雕刻在建築物或其他紀念碑的石材上。

圖拉真字體

圖拉真圓柱於西元113年在羅馬立起，以紀念這位皇帝征服希臘與馬其頓的豐功偉業，該紀念柱以螺旋狀的戰鬥場景淺浮雕而聞名，而其雕刻優美的銘文也是羅馬方塊大寫字母的最佳範例。1989年，美國電腦軟體公司Adobe的字型設計師卡蘿‧通布莉（Carol Twombly），以圖拉真圓柱的銘文為靈感，設計出一款新字體。她站在許多字體設計師前輩與印刷工匠的肩膀上，這些人都受到古典字體啟發，並深深為之著迷。這些前輩級設計師的成果包括：魯道夫‧魏斯（Rudolf Weiss）的Weiss字體（1926年）、弗德利克‧古迪（Frederic Goudy）的Goudy Trajan字體（1930年），還有華倫‧查佩爾（Warren Chappel）的Trajanus字體（1939年）等。通布莉採用羅馬碑文原始字體的全尺寸拓印，再加以修改部份元素，使其適合在紙上印刷，其襯線比原始字體更加明顯，而幹線與弧線的份量也做出了調整，像是字母N變得更窄，而S則變得更寬些。通布莉設計的圖拉真字體一推出便大受好評，廣泛運用在需要營造優雅或權威感的印刷品及場合上。此字體也成為獲獎美劇《白宮風雲》的代表特色，並被運用在無數好萊塢電影中，同時也常見於書籍封面、企業品牌與招牌標誌上。

人們認為，羅馬字母充滿特色的襯線（serif），就是由雕刻銘文的習慣中演變而來。因為像是I這種豎寫的字母要刻在石頭上的話，其末端實在很難敲鑿得整齊，比較容易的方法是先在頂部及底部敲出水平線，然後再切割這些筆畫，創造出字母之間的空間。另一種說法是，石刻工匠沿襲從前雕刻方塊文字的形式，在雕刻之前使用一種可以像筆一樣握著的工具（可能是硬筆刷），先在石頭上描出字母輪廓，然後才以槌子和鑿子刻畫線條。

這種銘文雕刻在羅馬帝國時期數量激增，往規模宏大的一面看，它們被用來發表大型的正式聲明，諸如對神明的奉獻、帝國法令、官方公告等；而往細緻小巧的一面看，則用來雕鑄硬幣上的統治者頭銜及姓名。最大型的羅馬銘文可以在喪葬紀念碑上找到，用來詳述亡者生平、替亡者歌功頌德，以及表達不捨與哀悼。

下圖為圖拉真圓柱基座上的銘文開頭，這座圓柱是在西元113年豎立於羅馬，其銘文開篇寫道：「元老院與羅馬人民謹此獻給神聖的涅爾瓦之子圖拉真皇帝。」研究圖拉真圓柱上的碑文，能幫助我們了解刻文字母是如何形成：首先用一種扁平的方頭筆刷打上草稿，每個字母只用上三到四筆，從字體的粗細變化便可看出工匠運用筆刷的角度，接著再依據這些線條描摹，將字母刻進石頭裡。

凱撒崛起

尤利烏斯‧凱撒或許是最著名的羅馬人，從他所處的動盪不安且衝突頻仍的時代中嶄露頭角。他有著冷酷無情的雄心壯志，並且足智多謀，但也因為他懷抱著民粹主義的理想，所以導致他和元老院產生摩擦。凱撒善用他的軍事天才，在高盧建立了令人生畏的權力基礎，以此做為本錢，出手為自己爭奪榮耀。

下圖是豎立在羅馬的帝國廣場大道（Via dei Fori Imperiali）上的凱撒雕像，1932年由義大利的獨裁者貝尼托‧墨索里尼為此像舉行揭幕典禮。凱撒作為羅馬強權與英雄過往的象徵，經常被墨索里尼的法西斯政府拿來用作政治宣傳。

西元前150到80年是羅馬內憂外患不斷的時期，國內爆發一連串社會動盪，包括由角鬥士斯巴達克斯在南義大利與西西里島所掀起的奴隸起義；國外則有對羅馬不滿的義大利盟友所發起的同盟者戰爭（西元前91-89年），最後以提供眾盟友羅馬公民權來收場。而當黑海沿岸的本都國王米特里達提斯併吞羅馬的亞洲行省時，一位名為蘇拉的貴族領袖率領羅馬軍團出征與之對抗，但是人民議會拒絕這項任命，作為回應，蘇拉集結部隊回軍佔領了羅馬。儘管在西元前85年，蘇拉對抗米特里達提斯取得勢如破竹的勝利，但他仍被自己的政敵執政官秦納視為非法。在聽聞秦納死訊後，蘇拉於西元前83年向羅馬進軍，並自行宣布成為獨裁者。接下來，他著手制定一系列根植於傳統主義的法律，用以重申元老院的權威，同時剝奪了以公民為主的各議會與護民官們的權力。

蘇拉死於西元前79年，接下來十年內，他所建立的許多改革都被廢除。西元前70年，兩位著名的同期執政官恢復了護民官的權力，他們是：富有的貴族將領克拉蘇（約西元前115-53年），他在鎮壓斯巴達克斯的起義中立下汗馬功勞；另一位是出身義大利地方富裕家庭的龐貝（西元前106-48年），他是一位傑出而又殘忍的軍事將領。平定亞洲的人是龐貝，他在4年內粉碎了米特里達提斯王，然後揮兵南下，一連奪取敘利亞、黎巴嫩和猶太，威震內外。龐貝在東方戰場傳奇般的捷報，伴隨規模空前的大量貢品與戰利品，於西元前69年湧進羅馬，宣告這位軍事巨人正迅速建立自己的權力基礎。

此時另一位偉大人物也漸露鋒芒，那便是尤利烏斯‧凱撒（西元前100-44年），他是位純正的貴族和天生的軍人，反對蘇拉的各項改革，緊守民粹主義路線。野心勃勃的凱撒毫無畏懼，他不惜借貸鉅額資金（主要是從克拉蘇那裡）四處打點，來確保其聲望並獲得任命。當他在西元前61年被賦予西班牙的指揮權時，便得以在殖民地榨取大筆財富來清償債務。西元前59年凱撒成為執政官，他與公民會議及護民官合作，支持民粹主義的議程，同時透過利益交換所取得的巧妙平衡，以確保另外兩位政壇大人物，也就是克拉蘇和龐貝的忠誠。這三個巨頭共同組成非官方的「前三雄」同盟，彼此承諾運用各自的權力和影響力來互相幫助。而謹慎保守的元老院成員小伽圖為了對抗這群改革者，也領導了一條堅定防線，從此小伽圖便一直是凱撒誓不兩立的死對頭。

龐貝娶了凱撒的獨生女茱莉亞，凱撒確認結盟已經穩固，遂在卸任執政官後，立刻出任山北高盧與以利里古等行省總督。凱撒在高盧取得巨大的成功，他一個接一個擊敗敵對部

羅馬共和國（西元前55年）
前三雄同盟

凱撒　克拉蘇　羅馬其他領土
龐貝　羅馬盟友

0　200公里
0　200英里

落，征服諸多新土地，並建立龐大的羅馬新行省。身為高盧總督，凱撒並沒有從元老院處得到開戰的批准，但作為一名機會主義者，他選擇不奏而戰。凱撒的部隊只效忠於他個人，而不是什麼抽象的共和國概念，更何況隨著他建功立業，還能為他們帶來財富與保障，要知道在羅馬其他地方，沒有土地的退伍軍人是前景黯淡的。在羅馬城內，輿論普遍讚揚凱撒的果敢和大膽，其名聲也水漲船高。但突然之間風雲變色，一位受到愛戴的護民官克洛狄烏斯遭人暗殺，從而引發暴動，就連元老院議事堂也付之一炬。一連串的混亂局面，讓元老們請求龐貝作為唯一執政官，以恢復羅馬城的秩序。

且讓我們先拉回高盧，儘管凱撒在兵力上處於絕對劣勢，但他還是將高盧首領維欽托利圍困在阿萊西亞要塞，並在西元前52年加以剿滅。凱撒的勝利歸功於他的出色戰術和勇敢果

決，這兩項特質的結合為他帶來堆積如山的財寶與讚譽。儘管在高盧打了勝仗，凱撒還是被傳統派的元老所攻擊，他們希望剝奪凱撒的指揮權。至於龐貝，他現在憑藉婚姻而成為貴族的一員，也得到傳統派元老認可，因此與凱撒間的關係越來越矛盾。西元前51年，龐貝終於表態，宣稱凱撒應該要交出指揮權。元老懇求龐貝動員武裝以保衛共和，抵擋凱撒過分高漲的自傲與權力。與此同時，凱撒則表現出自己是擁護和平之人，但元老院一再命令他放下武器，卻沒有對龐貝提出相同要求。而以護民官馬克·安東尼（西元前83-30年）為首的凱撒同黨，則被迫逃出羅馬。西元前49年1月10日，凱撒率軍渡過盧比孔河，這條小河是義大利和高盧的分界，這個行動在當時被視為禁忌，因為那代表著宣戰。現在共和國的命運，就掌握在龐貝與凱撒兩人手中。

上圖 西元前59至53年間，羅馬政局由凱撒、龐貝與克拉蘇三人所支配，這三人結合成一個非官方的政治同盟，後人稱之為「前三雄」。他們在凱撒於西元前59年當選執政官後，為了反對守舊的元老院勢力而暫時團結起來，但隨著龐貝與克拉蘇妒嫉凱撒在高盧的驚人成就，這樣的關係也在西元前56年開始動搖。

羅馬內戰

凱撒未經羅馬當局同意，擅自對高盧發動戰爭，這使得他在羅馬面臨刑事指控的威脅。他拒絕交出軍事指揮權，並發起一場內戰，消滅了他的老對手龐貝，從此獨攬政府大權。不過，當元老院的成員們刺殺了這位不可一世的獨裁者後，他的養子屋大維便開始善用了凱撒所留下的雄厚資產。

下圖是鑄造於西元前32年的第納里烏斯銀幣（denarius），其正面是一艘羅馬槳帆船，為單排8-12槳；反面是一隻象徵羅馬軍團的雄鷹，展翅在兩支軍旗之間。這枚硬幣由馬克·安東尼所發行，用以在與屋大維的爭鬥中支付軍隊薪餉，而這場大戰最終在西元前31年的亞克興戰役達到最高潮。

西元前49年1月10日凱撒越過盧比孔河後，隨即帶著他的第十三軍團揮兵南下，橫掃了義大利，那裡的許多城鎮都對他敞開大門，凱撒的軍隊幾乎沒有遇到抵抗，而他也承諾對他的敵人們寬大以待。羅馬方面，凱撒進軍的速度和效率令他們感到無比震驚，方寸大亂的元老之間開始互相指責、爆發爭吵。龐貝對自己實力的過分自信遭到了徹底羞辱而破碎一地，他於是提出戰術性撤退的建議，大部分的元老們遂爭先恐後地逃離了羅馬城。龐貝軍撤退至義大利南部的布林迪西（Brundisium）港口，在凱撒窮追不捨之下，龐貝只得緊急徵用船隻將軍隊撤離，方能僥倖逃脫。

凱撒軍於西元前49年進入羅馬，但他並沒有受到英雄般的歡迎。羅馬人被正在展開的內戰給嚇壞了，而當凱撒用暴力和威脅的手段奪取共和國的儲備黃金時，證實了人們最糟糕的恐懼。凱撒接著出征至西班牙，在那裡他和龐貝麾下的軍團鏖戰三個月之久。與此同時，龐貝正在希臘忙著徵召部隊。凱撒如今已下定決心要向龐貝開戰，所以在西元前49年到48年間的冬天，凱撒又回到布林迪西，從那兒率軍渡海，途中避開了龐貝的封鎖，在都拉基烏姆（Dyrrachium，今日阿爾巴尼亞沿岸的都拉斯）登陸。但是凱撒的補給線卻不堪負荷，於是龐貝打起了消耗戰，拒絕與凱撒交鋒，坐看他疲憊不堪、曠日持久的部隊逐漸陷入飢乏。當龐貝總算在都拉基烏姆與凱撒正面對決時，他取得了一次關鍵勝利，可惜他並沒有善用優勢，將凱撒一刀斃命，反而讓他率眾逃脫。

凱撒再一次讓人出乎意料，率領他精疲力竭的軍隊深入敵境，來到希臘內陸，後頭則是緊追不捨的龐貝。凱撒在一個名為法薩盧斯（Pharsalus）的小鎮紮營，不過龐貝並沒有立刻與他交戰，而是和漸感不耐的元老們爭論著他的首要任務是保住羅馬人民的性命。最終在西元前48年8月9日，龐貝回應了凱撒的叫陣，戰鬥終

右圖的三座半身像，從左至右分別是：凱撒、克拉蘇、龐貝，也就是西元前60-53年的前三雄。這三位軍事領袖結合成一個秘密同盟，承諾彼此善用各自的影響力互相幫助。在克拉蘇亡故後，龐貝倒向羅馬元老院中的保守派系，也就是「貴族派」（the Optimates）那一邊，因而成為凱撒誓不兩立的仇敵。西元前48年，龐貝在法薩盧斯戰役中為凱撒所擊敗，於是逃往埃及尋求庇護，卻不幸在當地遭到刺殺。

尤利烏斯・凱撒

西元前65年	凱撒在羅馬當選為市政官。
西元前60–53年	凱撒與龐貝、克拉蘇結盟，組成「前三雄」。
西元前58–51年	凱撒征服高盧。
西元前55–54年	凱撒兩次入侵不列顛。
西元前52年	在阿萊西亞遭受圍困及猛攻後，高盧首領維欽托利向凱撒投降。
約西元前49年	凱撒越過盧比孔河，與龐貝之間的內戰開打。
西元前49年	凱撒圍攻馬賽里亞。
西元前49年	凱撒佔領南義大利的布林迪西。
西元前48年	凱撒在法薩盧斯戰役中打敗龐貝，龐貝逃往埃及，卻遭托勒密十三世的近臣們殺害。
西元前48年	凱撒抵達埃及後，下令托勒密十三世和克麗奧佩脫拉七世解散他們的軍隊，結果導致戰事爆發。
西元前47年6月23日	克麗奧佩脫拉的兒子出生，取名凱撒里昂，據傳孩子的生父正是凱撒。
西元前46年	凱撒在羅馬為三場戰爭舉行凱旋慶祝儀式。
西元前44年3月15日	凱撒在元老院遇刺。

西元前44年	按照凱撒前一年所立的遺囑，其甥孫屋大維過繼為養子。
西元前43-36年	安東尼、屋大維、雷必達（Lepidus）三人結為後三雄同盟。
西元前43年	後三雄得到克麗奧佩脫拉的支持，對殺害凱撒的兇手布魯特斯（Brutus）及卡西烏斯（Cassius）發動戰爭。
西元前42年	屋大維和安東尼在希臘的腓立比戰役中，擊敗布魯特斯和卡西烏斯率領的羅馬共和軍。
西元前36年	屋大維卸除雷必達的所有權力，只讓他保留大祭司長一職。
西元前31年9月2日	亞克興戰役開打，屋大維擊敗安東尼和克麗奧佩脫拉七世的聯軍，克麗奧佩脫拉逃往亞歷山卓。
西元前30年8月	屋大維進攻埃及，安東尼兵敗自刎，克麗奧佩脫拉不願被屋大維擄回羅馬，也跟著自盡。
西元前29年	屋大維在羅馬為三場戰爭舉行凱旋慶祝儀式。
西元前27年	屋大維獲得至高無上的權力，接受元老院奉上的「奧古斯都」稱號。

上圖的羅馬浮雕描繪的是亞克興海戰的場景。這場戰役發生在西元前31年9月2日，也就是後三雄同盟瓦解後兩年，當時馬克・安東尼拋棄了他在羅馬的職責，前往埃及與他的愛人克麗奧佩脫拉結成陣線。屋大維機動性強的小船，在數量上超過安東尼大而笨重的槳帆船，成功阻止安東尼的艦隊逃出亞克興灣，殲滅了他潰不成軍的部眾。

右圖是由瓦魯斯（Caius Vibius Varus）發行的第納里烏斯銀幣，鑄造於西元前42年。其正面是馬克・安東尼頭像，反面是幸運女神福爾圖娜（Fortuna），由有著翅膀的勝利女神為祂戴上王冠，而祂的左手則握著一個豐饒之角。

於開始。凱撒的兵力只有22,000步兵，數量不及龐貝軍的一半，但他對戰略的掌握要比龐貝好得多。他的陣列在正面的三線之外，又埋伏了一支第四線的步兵，並命令他們在信號發起之前都要按兵不動，因此當這條第四線發動進攻時，便出其不意地奇襲了龐貝的騎兵。凱撒一路緊追龐貝的潰軍，直接襲取敵軍大營，龐貝僅以身免，倉皇逃奔埃及。龐貝原本希望埃及能支持他重整旗鼓，沒想到才剛抵達亞歷山卓，就被法老宮廷的一位宦官派人刺殺。

凱撒凱旋回到羅馬，並在西元前49至44年之間，他4度當選執政官，也擔任了4任獨裁官。手握這些大權，凱撒兌現了他恢復人民自由的承諾，同時進行土地改革，並支助退伍軍人。不過明眼人一看就知道，當凱撒在西元前44年2月接受終身獨裁官的頭銜時，他實際上已然成為皇帝了。於是在3月15日這天，元老院的成員們終於採取果斷行動，對凱撒行刺了23刀，並大聲宣布「自由總算是回復了」。

年輕的蓋烏斯・屋大維（西元前100-59年）是凱撒的養子，他聲稱自己有責任要為

養父遭到刺殺一事復仇，現在他正大膽地爭取權力。屋大維和凱撒的親信安東尼聯手發動了戰爭，最終在西元前42年的腓立比戰役（the Battle of Philippi）中，擊滅刺殺凱撒的兇手們。既然共同目標不存在了，那麼屋大維和安東尼的同盟又能維持多久呢？

西元前31年9月2日，屋大維與他的老戰友安東尼，在希臘西北部的亞克興（Actium）

左圖的細部特寫描繪的是一座神廟被氾濫的尼羅河水包圍的情景，來自羅馬近郊帕萊斯特里納（Palestrina）的一幅馬賽克作品，年代為西元前一或二世紀。隨著安東尼與克麗奧佩脫拉在亞克興戰敗後先後自殺，屋大維被獻上了法老尊號，而埃及也成了他的囊中之物。埃及是羅馬帝國的糧倉，被視為羅馬帝國「皇冠上的寶石」，為地中海地區最富有的羅馬行省。

爆發一場重大戰爭，而在安東尼這一方，還加入了他的愛人政治夥伴埃及豔后克麗奧佩脫拉助陣。政治風向正在轉變，如今的屋大維已是一位老練的軍事戰術家，此時占了上風。他的軍隊朝敵艦拋射許多燃燒的火球，接著將之包圍，用爪鉤癱瘓其行動，再登上船艦進行肉搏戰，從而取得勝利。克麗奧佩脫拉帶著她的艦隊逃離戰場，而安東尼剩下的船艦也都遭到了摧毀。西元前30年，屋大維登陸埃及，安東尼與克麗奧佩脫拉再次戰敗，雙雙自盡。

人們描述是屋大維粗獷、陽剛的羅馬男子氣概，打敗了東方的羸弱與放蕩，屋大維從衝突中脫穎而出，成為勝利者中的勝利者。現在羅馬共和的命運，已被牢牢抓在屋大維手中。

這是奧古斯都和平祭壇（the Ara Pacis Augustae）南側橫飾帶上的浮雕，奧古斯都的托加長袍拉起，部分披蓋在頭上，身旁的眾人包括聖王（rex sacrorum❶）、四名祭司、和一位扛著法西斯束棒的刀斧手（lictor）。這座祭壇是西元前13年7月4日，羅馬元老院委託建造的，以慶祝奧古斯都在西班牙和高盧作戰三年後，凱旋歸來。祭壇原本的位置在羅馬戰神廣場東北方的弗拉米尼亞大道（Via Flaminia）西側。

譯註❶：地位高於大祭司，只有貴族才能擔任。

第五章
羅馬帝國

奧古斯都和羅馬帝國崛起

西元前31年，凱撒收養的繼承者屋大維在亞克興戰役中打了場有名的勝仗，他接著征服埃及，逼得他的兩位宿敵——安東尼和克麗奧佩脫拉雙雙自殺。隨後，他帶著從三次漂亮勝仗中所獲得的驚人財富，凱旋回到羅馬。每位羅馬公民都獲得金錢賞賜，而他的聲名也就此遠播。然而，他的權力依舊缺乏合法性。西元前29年，屋大維重新包裝了自己，他讓元老院為他奉上「奧古斯都」這個新名號，意思是「神聖的」或「敬畏的」。雖然他並未明確宣稱自己是「神」，但他已把自己和眾神齊名。

奧古斯都採取的第一步，是為了化解羅馬元老們對專制獨裁根深柢固的懷疑，他公開表態，聲稱放棄所有權力與領土，要把這些全都還給羅馬人民。於是感激涕零的元老院正式授予奧古斯都擔任執政官的權力，但更重要的是，他們給予奧古斯都數個行省的統治權，包含高盧、敘利亞、埃及和賽普勒斯，因為這些省份都在羅馬帝國的邊境位置，羅馬的軍團大部分都駐紮在這些地方。在內戰之中早已證明，真正的權力來自一個人是否能夠指揮領土並調動軍隊，而這正是元老院所實實在在送給奧古斯都的。

奧古斯都年復一年擔任執政官，這也讓他斷斷續續與元老院發生衝突，不過他在羅馬人民的心目中，依舊維持無人能比的聲望。他善用民心的擁戴，以此尋求得到平民護民官的權力，如此一來，他就能在法案送交公民會議之前行使提案權和否決權。用這種方式，他便可以四處展現自己是羅馬公民權利的捍衛者。

現在，奧古斯都的權力與地位的合法性都已經穩固了，不言而喻的是，元老院裡的所有辯論都只是做做樣子而已，因為事到如今，奧古斯都的言語就是法律。除此之外，奧古斯都挑選出一個由執政官和元老所組成的顧問團，在帝國皇宮內開會，這讓越來越多手無實權的元老們十分不滿。奧古斯都需要靠著少數親信來幫助他管理日漸壯大的帝國事務，但只要他們犯下任何過失，或提出會動搖他權力根基的建言，就會被他以最無情的手段壓制。

隨著奧古斯都完成軍隊改革，他的權力也得到了最終的鞏固。在之前的內戰中人們已經清楚看到，軍隊只忠於他們的統帥，而不是共和國，只要統帥承諾賜予他們土地和戰利品，他們便會毫不猶豫地宰殺自己的羅馬同胞。所以奧古斯都現在將軍隊收歸國有，他在羅馬公民中召募職業軍人，薪水固定給付，晉升規則也明確規範。當時帝國邊界繼續由各軍團負責警備，與此同時，一支名為「禁衛軍」（Praetorian Guard）的菁英部隊則駐防在義大利和羅馬。這支人數有9,000名的禁衛軍，薪水是一般士兵的三倍，唯一的任務就是擔任皇帝的保鏢。這些軍事改革都需要稅收來負擔，因此奧古斯丁用心確保這些歲入都有順利流進帝國國庫，而不是野心勃勃的軍事將領口袋中。

新的羅馬職業軍隊維持了帝國內部的和平，奧古斯都也因為這樣的「羅馬和平」（Pax Romana）而越來越受到崇敬。在羅馬的東部諸行省，那些地方的人們向來有著君權神授的帝王崇拜信仰，於是他們把奧古斯都當作神一樣膜拜，並為他建了許多座神廟。

西元前18年，奧古斯都開始著手提升帝國人民的道德，他為此通過一系列法條，用來提倡婚姻和家庭價值觀，並嚴懲性犯罪和通姦。西元前17年的古運動會（The Games of the

Ages），是一次對羅馬的
虔誠、貞潔與道德獻上尊崇的
出色表演，奧古斯都在眾多盛大
的祭祀典禮與宗教儀式中扮演了核
心角色，向世人展現他是如何嚴格地
遵守自己所訂定的法令。因此當他的親生女兒
茱莉亞違反他新建立的道德規範時，他毫不留
情地加以譴責，並在西元前2年將自己的女兒
從羅馬流放。

　　當奧古斯都在西元14年過世時，他已用他
的冷酷、野心、天才和即興的創意建立了一個
全新的帝國，羅馬共和至此已蕩然無存。他一
逝世便立刻被神格化，而他的遺體被安置在戰
神廣場上的奧古斯都陵墓裡，上面豎立一尊30
公尺高的巨大青銅雕像，標誌著這位「羅馬帝
國第一位皇帝」。

右圖是西元一世紀的「第一門的奧古斯都」（Augustus of Prima Porta）大理石像，這尊雕像高2.4公尺，為一尊製於西元前20年的青銅雕像的複製品，是奧古斯都自我宣傳的一個良好範例。奧古斯都全身戎裝，展現出年輕、陽剛的形象，給人力量強大的感覺。他的右腿處可以看到一個邱比特形象的小孩騎在一隻海豚上，海豚象徵奧古斯都的那場著名海戰，也就是他在西元前31年打敗安東尼和克麗奧佩脫拉的亞克興戰役；而邱比特的形象或許暗指奧古斯都是眾神的後代，因為邱比特是愛神維納斯之子，而屋大維的養父凱撒曾宣稱自己是愛神的後裔。奧古斯都身上精雕細琢的胸甲，上面的裝飾刻畫的是一位安息人把一支鷹標（羅馬軍旗）歸還給一位羅馬人，這個場景的典故來自西元前20年奧古斯都的外交勝利，當時他透過談判取回了這支失落已久的鷹標。場景周圍則環繞著被羅馬征服地區的諸神與女性象徵，表示這些神明將會仁慈地眷顧奧古斯都的羅馬帝國，以及他所帶來的羅馬和平。

大理石之城

奧古斯都希望宣稱自己是羅馬歷史的巔峰、與羅馬帝國天命的體現。他藉由把羅馬改造成一座宏偉的「大理石之城」，來創造出足以與他的新帝國相匹配的首善之都。

大理石在過去因為必須從希臘運送至羅馬，因此一直是要價極為高昂的建材，不過自從在托斯坎尼的卡拉拉（Carrara）開採到義大利大理石後，奧古斯都就可以就地取材，建造出宏偉的公共建築，將羅馬打造成更加氣派壯觀的首都，儘管大部分平民百姓依舊得擠在擁擠街區的狹窄巷道中，住在磚砌的廉價公寓裡。奧古斯都為這座城市增添的著名工程包括羅馬萬神殿、阿波羅神廟、和平祭壇、阿格里帕浴場（the Baths of Agrippa）、馬切羅斯劇場（Theatre of Marcellus），以及羅馬城的首座石砌圓形劇場。同時他也改良了羅馬城的供水及下水道系統。

奧古斯都在建設城市上最偉大的成就莫過於奧古斯都廣場，他在那裡充分展現他操弄歷史以達成政治目的的才智。廣場兩側各有一道列柱廊，其中一側排列歷史人物的雕像，像是羅穆盧斯、瑞莫斯及共和時代的眾英雄等；而在另一側，奧古斯都則用來崇敬他的列祖列宗，以證明他們貨真價實的貴族血統。廣場一端是戰神復仇者神廟（the temple of Mars Ultor），供奉的是維納斯、馬爾斯與凱撒，元老院在此舉行會議，並宣布開戰或恢復和平。克拉蘇在西元前53年的慘敗中被安息帝國奪走的羅馬鷹標，奧古斯都將之取回後便供奉在神廟中，以此作為對奧古斯都和平條約的致敬。而在廣場正中央，則矗立著一尊全身戎裝的奧古斯都雕像。

奧古斯都廣場是一部氣勢恢宏的政治宣傳物，不只用來歌頌羅馬建城以來的千古英雄，更明明確確地把奧古斯都的形象放在這群偉人譜系的焦點中心。

下圖是位在奧古斯都廣場的戰神復仇者神廟遺址。這座廣場是在奧古斯都的指示下建造的，用以容納「比現存所有戰神廟都還要龐大」的戰神復仇者神廟。神廟落成於西元前2年，是為了紀念奧古斯都在西元前42年的腓立比戰役中，討滅了暗殺凱撒的諸兇手。羅馬將軍們的就職典禮會在戰神神廟中舉行，元老院也會在此開會為戰事進行辯論，而打了勝仗的將軍們則會在神廟祭壇上奉獻他們的戰利品。

奧古斯都

西元前63年9月23日	原名蓋烏斯·屋大維·圖里努斯（Gaius Octavius Thurinus）的奧古斯都誕生於羅馬。
西元前44年3月	凱撒遇刺。依照他前一年所立的遺囑，屋大維過繼為其養子。
西元前43-36年	馬克·安東尼、屋大維、雷必達三人，結為羅馬的後三雄同盟。
西元前42年	屋大維和馬克·安東尼聯手在希臘的腓立比戰役中，擊敗布魯特斯及卡西烏斯所領導的共和主義者。
西元前31年9月2日	亞克興戰役，屋大維擊潰馬克·安東尼和克麗奧佩脫拉七世。
西元前29年	屋大維在羅馬為三次勝仗舉行凱旋儀式。
西元前29年	奧古斯都在羅馬的古羅馬廣場上，也就是凱撒舉行火葬儀式的地點，建立了一座「神聖的凱撒神廟」（Temple of Divius Iulius）。
西元前27年	奧古斯都創建禁衛軍。
西元前23年左右	奧古斯都接管了護民官大部分的權力。
西元前20年	在一次外交協商後，奧古斯都從安息帝國那裡取回了卡萊戰役（西元前53年）中被奪走的羅馬鷹標。
西元前19年	羅馬元老院賦予奧古斯都至高無上的權力。

西元前19年	奧古斯都凱旋門（Arch of Augustus）於羅馬完工，以此慶祝羅馬得到安息人的臣服。
西元前10年左右	奧古斯都在羅馬的古羅馬廣場上，重建卡斯托爾和波呂克斯神廟（Temple of Castor and Pollux）。
西元前10年左右	奧古斯都大祭司長雕像完成。
西元前9年	奧古斯都於羅馬建造一座巨大的和平祭壇。
西元前2年	奧古斯都設立禁衛軍總長官（praefectus praetorio）一職，負責統帥禁衛軍，並任命兩位禁衛軍的將領擔任。
西元前2年左右	奧古斯都獲元老院授予「國家之父」（Pater Patriae）的頭銜。
西元前2年	奧古斯都為羅馬的戰神復仇者神廟舉行落成典禮，以紀念他在西元前42年的腓立比戰役大捷。
西元6年	奧古斯都建立軍事金庫（aerarium militare），其庫銀來自稅收，目的是為了用作職業軍隊的資金。
西元13年左右	奧古斯都在羅馬建立都會大隊（the cohorts urbanae，類似警備部隊）來維持公共秩序。
西元14年8月19日	奧古斯都在諾拉（Nola）壽終正寢。

上圖是一枚鑄造於西元前18年的羅馬第納里烏斯銀幣，正面為一個頭像，周圍寫著「凱撒·奧古斯都」；反面是顆有八道光芒的慧星，鑄有「神聖的尤利烏斯」字樣。西元前19年，元老院授予奧古斯都「執政官總統帥」（general consular imperium）頭銜，允許他在公共場合和元老院裡穿戴執政官的衣飾。

麵包和競技

羅馬是個尚武的社會，人們喜歡欣賞軍事場面、技藝精湛的騎術、格鬥搏擊與在台上的武打表演，而無懼於死亡的大膽與勇敢，最令他們感到欽佩。出於上述原因，角鬥競技和馬術比賽一直是歷久不衰的熱門場景。作家尤維納利斯（Juvenal，西元55-127年）曾觀察到人們只掛念著兩件事，那就是麵包和競技場。

角鬥士的身分都是些奴隸、死刑犯、戰俘、債務人，但也有些是志願者，他們在巨大的圓形露天競技場裡，在一群渴望看到血流成河、大聲叫囂的群眾面前戰鬥，至死方休。角鬥士們彼此對打，也有時候是死刑犯和野生動物間的廝殺，他們生活在社會邊緣，與世人隔離，接受著嚴酷、艱苦的訓練。少數存活下來的角鬥士有機會成為名人，但絕大多數角鬥士都是英年早逝。進入角鬥士的訓練學校可以獲得食物和住處，還有體能訓練，以及至少擁有一戰成名、抱走獎金的機會。自西元一世紀中葉起，女性角鬥士的出現帶來一種異國情調式的新吸引力，她們當然是獵奇的新鮮貨，但也經常遭受猥藝粗俗的招呼與嘲弄。

角鬥比賽直到西元前三世紀才算真正問世，一般認為是源自義大利南部的坎帕尼亞。至西元前105年，國家出資的角鬥競技被納入各大宗教節慶的官方運動會項目中。然而到了共和時代晚期，角鬥比賽成為一種自我行銷的手段，就連非官方的普通公民也爭相豢養角鬥士並贊助比賽，因為一場熱血沸騰的角鬥表演或許能為他們贏得選票。奧古斯都確保這些比賽都是在官方的主辦下進行，最盛大的賽事可看作是對帝王的崇拜，由皇帝出資比賽費用，用以鞏固他的公眾形象。

早在比賽之前，人們就充滿期待，因為在賽前就有大量廣告宣傳。觀眾席上堆滿了食物和飲料，天氣炎熱時還會灑水降溫，並張起涼篷遮陽。每當角鬥士被告知要把個人物品與私事處理妥當，代表即將輪到他們上場，這多少令他們心頭感到一驚。而在出賽的前一晚，他們往往也能獲得宴席款待。

角鬥比賽當天，多達50,000名觀眾成群湧入競技場。接著一支隊伍魚貫入場，他們是政務官、刀斧手（政務官的侍衛）、記錄員與喇叭手，最後入場的也是最重要的主角，就是角鬥士本人。比賽流程通常是從人獸搏鬥或群獸亂鬥開始，上場的鬥獸包括獅子、熊、大象、長頸鹿、老虎和犀牛。飢餓的野獸之間彼此撲打，但有時牠們也會轉而攻擊角鬥士。緊接在後的是「中午時分的比賽」（ludi meridiani），這是一種涉及死

角鬥士類型

最早期的角鬥士以羅馬的敵人來命名，像是薩莫奈、色雷斯、高盧等，後來當這些民族也成為羅民公民後，再用這樣的名字便顯得不太恰當，於是薩莫奈就成了追擊角鬥士（secutor），而高盧則成了莫米羅角鬥士（murmillo）。

追擊角鬥士（薩莫奈）：命名自偉大的薩莫奈戰士，角鬥比賽可能就是源自他們。追擊角鬥士全副重裝，配有短劍或長矛，以及一面大型方盾（scutum），並且在右臂與右腿上都有護甲保護。

色雷斯角鬥士：他們配有一把彎形短劍（sica），還有一面小圓盾（parma）。

莫米羅角鬥士（高盧）：他們戴著一頂有魚鰭形狀冠飾的頭盔，手持雙刃短劍（gladius），並和薩莫奈角鬥士一樣配備有大型方盾，不過全身上下只有右臂和小腿上纏有布甲。

網鬥士：他們既沒頭盔也沒護甲，只有一片護肩。網鬥士的格鬥方式，是試圖用一個加重過的手拋網來困住對手，然後再用三叉戟刺穿對方。

刑犯的處決秀，登場者將扮演神話或傳說中註定毀滅的角色，重現故事裡的死亡情節；或是上演帶有喜劇性質的「餘興對打」（comedy fights）。正式的角鬥競技以熱身賽開場，而當天的重頭大戲則是排定賽程的各場決鬥。

角鬥士各自擅長不同的格鬥風格，而觀眾最愛的便是觀賞實力伯仲但風格迥異的對戰組合。角鬥士都應遵守格鬥規則，並對主裁判的干預表示服從。只要其中一位角鬥士壓制住對手，或者殺死對方，就算從比賽中勝出。一位傑出的鬥士，即便他是個奴隸或死刑犯，也有可能因為勇敢的表現而獲得解放或恢復自由。至於不願意戰鬥的角鬥士，他的經理人和其手下奴隸會用鞭擊抽打的方式來「說服」他上場。角鬥士可以透過豎起一根指頭來表示認輸，此刻他的命運就會被掌握在群眾手上——一位雖敗猶榮的角鬥士有可能得到寬恕而免於一死。最終的判決由首席政務官決定，角鬥士的生死全看他所比出的大拇指。

壯烈身亡的角鬥士會獲得人們讚賞，意味著他們能得到妥善的葬禮儀式，相關費用通常由主辦的協會支出，並提供其妻兒一筆撫恤金或補償金。許多角鬥士無法在他們的初次比賽中活著離場，只有極少數的人可以倖存超過十場，能夠安享天年的機率更是微乎其微。

戰車比賽在一種稱為「圓形競技場」（circuses）的特殊賽道上進行，提供不那麼血腥的娛樂節目。參賽者駕著二馬或四馬戰車，憑著高超的技術與無畏的膽識，奔馳4.8至8公里的距離。其他馬術項目則類似今日的純種馬競賽。

歷代皇帝都領會到，提供群眾免費的娛樂項目，是一種控制人民潛在不滿情緒的有效手段。角鬥競技與賽馬比賽的瘋狂與刺激，將人們束縛在一起，讓他們的嗜血慾望被限制在競技場的安全範圍內。

下圖是羅馬競技場，西元72年左右由皇帝維斯帕先（Vespasian）委託建造，以作為贈送給羅馬人民的禮物，並於西元80年時，由他的兒子提圖斯（Titus）正式啟用。這座巨大的石砌圓形競技場建在羅馬市中心附近的土地上，也就是尼祿皇帝（Nero）在西元64年的大火後為自己興建的金宮（Domus Aurea）地點。羅馬競技場占地約190 x 155公尺，是羅馬世界最大的圓形競技場，可容納超過50,000名觀眾。這棟獨立建築物為3層樓高，約有80個拱形出入口，由半圓形的柱子支撐。

下圖是波格賽別墅（the Villa Borghese）的角鬥士馬賽克作品，年代約在西元320年左右。畫面中的一名網鬥士，使用加重的手拋網、三叉戟和匕首戰鬥，正在攻擊他跌倒在地的對手——一名重裝的追擊角鬥士。

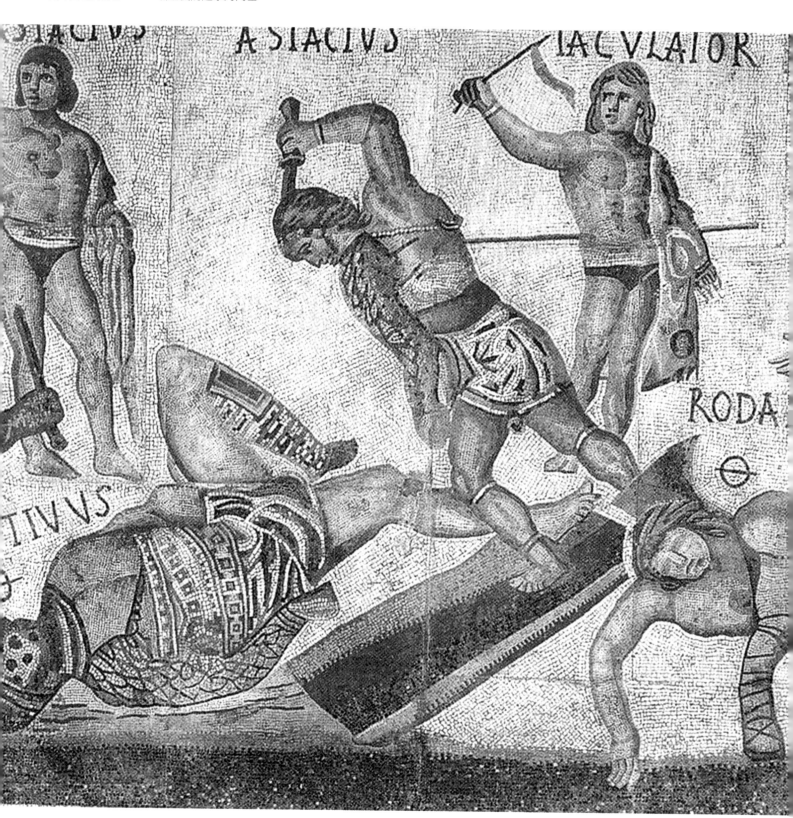

最上圖是利比亞大萊普提斯出土的利茲坦馬賽克（Zliten mosaic）局部圖，年代為西元二世紀。畫面的左邊，一位色雷斯武裝風格的色雷斯角鬥士，手持一面小盾牌還有一把彎短劍，正在與另一位頭戴頂飾頭盔、身著護臂腿甲、手拿短劍矩盾的莫米羅角鬥士對打。畫面中央是一名重裝角鬥士（hoplomachus），他穿著護脛、臂甲與頭盔，左手持一面小圓盾及短劍，右手則握著一根長矛。畫面右邊，另一位莫米羅角鬥士正在對裁判比出認輸的手勢。

上圖是一幅羅馬馬賽克作品細部圖，年代在西元320年左右，描繪年輕男子與花豹之間的搏鬥。這些被迫與野生動物生死相搏的人被稱為鬥獸士（bestiarii），有些鬥獸士是罪犯，他們被處以這種拖延漫長而又令人心膽俱裂的死刑。另一種類型的鬥獸者稱作獵獸士（venatores），他們是專業的野生動物捕獵手，有時也會做一些雜耍表演，像是把一條胳膊放進獅子的嘴巴裡。嚴格來說，他們並不算是角鬥士。

羅馬行省的生活日常

「羅馬和平」為帝國各行省創造了得以繁榮發展的條件：農業開墾與商業貿易為地方累積豐厚財富，也為皇帝帶來大筆稅收。在北部與西部，羅馬為當地引進全新的生活方式，從此影響深遠。而在東部，羅馬則獲得了擁有悠久文明歷史的富饒領土。

行省首長為總督，通常是由元老擔任，按照皇帝的指示行事，並在財政官和行政官的協助下進行治理，這些官員在行省政府中都扮演了重要角色。總督最重要的任務就是維持他所治理的行省和平，為此他花上大量時間仲裁地方糾紛，通常透過每年一次的巡迴審判來處理這些訴訟案件。行省內的各城市則保留他們自己的法庭來受理民事案件。除此之外，羅馬各總督還負責定期進行人口普查，這是奧古斯都祭出的創新舉措。人口普查會列出每位人民以及他所持有的財產，以此作為收稅依據，而稅款則是每年徵收。羅馬行省的公民不但要為土地納稅，也要為個人納稅，稅吏們非常勤奮地履行職責，許多省份都認為稅賦對他們來說是個沉重負擔。在羅馬直接統治之後不久，高盧、不列顛、北非和猶太就紛紛爆發反對徵稅的暴動，可視為前述的證明。

各行省鼓勵人民信仰羅馬宗教與崇拜羅馬皇帝，而各地方的本土神明，只要不挑戰到羅馬道德底線（例如活人獻祭），都能和羅馬眾神相互混雜在一起祭拜。非羅馬人的多神信仰者可以很容易了解羅馬宗教的基本戒律，這些戒律多半是為了確保能得到昌旺安康，而開放式的羅馬宗教也隨時準備好接納新的神祇。

起初行省人民若是擔任地方行政官員或加入羅馬輔助軍團，就能被授予羅馬公民權，以作為服務的獎勵。而當行省轄下城鎮獲得完全自治的地位時，這些自治城鎮的市民將自動獲得羅馬公民身分以及投票權。當局期望「自治城鎮」的公民都能信奉羅馬宗教，並像個「拉丁人」的臣民一樣服膺羅馬法律，因為無論是家庭事務、持有奴隸的制度，還是家父長的權力，都是由羅馬法來規範。次級的自治城鎮包含重要的部落中心，其市民有繳稅和服兵役的義務，但無法享有投票權。然而到了西元212年，皇帝卡那卡拉頒布敕令，所有羅馬帝國內的自由居民，都被授予了羅馬公民權。

西部行省

從法蘭西和西班牙這些富裕且歷史悠久的西南部行省，到新近才征服的高盧、不列顛、日耳曼等地區，羅馬的統治為這片廣大區域帶來和平與商貿的好處。羅馬文化在這些領土上留下深刻而持久的印記，無論羅馬人在何處定居，都會在當地建立新城市，而這些城市都有著棋盤式的街道規劃、圓形露天劇場、神廟以

下圖是英國西薩塞克斯郡（West Sussex）菲什伯恩羅馬宮（the Roman palace at Fishbourne）的邱比特海豚馬賽克作品。這座宮殿是不列顛最大的羅馬住宅建築，始建年代最早可追溯至西元75年，而其精緻繽紛的馬賽克作品可能是在西元160年前後才鋪設。一般認為，該宮殿為一位親羅馬的地方首領所建，他在羅馬征服不列顛的頭幾年間，統治了本地若干領土。

左圖　西元84年，羅馬人在亞伯丁附近的格勞庇烏山（Mons Graupius）打敗了皮克特人（the Picts），迎來羅馬征服不列顛的最大版圖。從那時以後，羅馬在不列顛的勢力範圍就以哈德良長城（西元121-122年）及安東尼長城（西元142-144年）為界。到了西元二世紀，不列顛已是羅馬重要的行省，有著密集完善的公路網，以及頻繁熱烈的跨海峽貿易。

羅馬時期的大不列顛（西元200年）

—— 確實存在的道路	▽▽ 輸水道
--- 推測的道路	◎ 「殖民地」：獎勵退役士兵的城鎮
▨ 軍團兵營	○ 地方行政首府
■ 堡壘	● 城牆較薄弱之城市
▪ 小堡壘	△ 水療浴場
✕ 信號站	▪ 其他主要定居地（遺跡全為石造建築）

喀里多尼亞

布達島

伊匹迪姆灣
羅布迪姆灣

霍利亞卡拉西斯

安東尼長城

特里蒙提翁
阿拉烏納
卡斯特拉　布雷墨尼翁　哈比坦孔
伊克斯伯樂托姆　　　豪塞斯特茲
布拉托比吉姆　哈德良長城　文都瓦拉　康德庫姆
盧古瓦黎厄姆　　　　哈德良橋　阿馬貝亞
比布拉　　　　　　　文多莫拉　塞格杜努姆
奧萊納庫姆　阿拉烏納　　　　　康坎吉姆
加布羅森同　得文提奧　福勒達　隆戈維奇
通諾席勒姆　魯厄姆彭里斯　布拉沃尼孔
加拉瓦　維特拉　拉瓦特雷　維諾維亞
　　　　梅格隆納　梅吉斯
阿拉烏納　維羅西冬　卡塔拉克托尼翁
布洛爾　　　　　　　得文提奧
伊斯里姆
部寧甘特姆
埃博拉肯　德爾戈維西亞
奧利卡納
不萊梅特納姆　拉根提翁
坎玻杜農
卡姆婁督奴
曼姆西厄姆　梅蘭德拉城堡
坎都伊厄姆　納維奧　瑟澤洛肯
德瓦　肯黛特　巴克斯頓　林杜姆
伊同提厄姆　　　　　　奎寇嘉蘭納
梅蒂奧拉努　蓬屯　考森奈　布拉諾杜農
烏薩科納　德文提　瑪齊東嫩納　加里安諾農
維洛科尼烏姆　潘克里治　門斂梅特姆　杜羅布里外　凱斯特聖艾德蒙
科諾比奧姆　勒托刻同　巴塔科斯　譚諾姆
拉福部寧塔　曼德夫維斯登　維諾納
梅迪奧曼夫姆　　　　　　　杜羅維顧同
布拉沃尼翁　薩利奈　班納文塔　都羅里旁斯
馬格尼斯　　拉克托多戎　　科羅布雷托維翁
布萊米亞　　　　　　　　　　　卡穆洛杜農
阿拉巴姆　　　　阿匹坎尼姆　　奧托納
摩里杜農　西庫提歐　　格列夫　切爾姆斯福姆
尼丹　伊斯卡　Gobbannium　聖奧爾本斯　倫敦古城
　　Venta Silvrum　賽倫塞斯特　蘇庫隆尼亞卡　奇切斯特
阿波納斯　韋盧西奧　杜羅科耳諾維翁　Vagniaca　杜羅伯尼亞
阿奎蘇利斯　肯提歐　卡萊瓦　杜隆布里瓦斯
林丁尼斯　　阿特雷巴圖姆
　　　萬塔比爾格魯姆　安德雷塔
伊斯卡得伍農尼爾姆　　諾比歐梅格夫斯　熱索利阿庫姆
多爾切斯特　　雷格嫩席姆

日耳曼海
諾曼塔姆灣
瑟里灣
阿河
樹塔里斯凱斯特瓦姆
塔納圖島
泰晤士河
維克提斯島
英吉利海峽
高盧

N

0　25公里
0　25英里

及許多市立的浴場。精心設計的輸水道為這些城市帶來新鮮的飲用水,而規劃良好的道路和橋樑讓城市之間的交通更加便利。許多古羅馬時代建立的城鎮,包括倫敦、巴黎和波昂,至今依舊是重要的都市。

新征服地區的臣民以極大的熱忱接納許多羅馬人的奢華享樂,早在西元65年左右,人們就已懂得享受巴斯(Bath)地區的溫泉,在整個羅馬帝國境內,地方上的新上流階級很快就開始模仿他們羅馬領主的種種奢華與炫耀。羅馬鄉村別墅的田園風情,在奧古斯都還在世的時候就已在羅馬高盧地區廣為流行,一個世紀之後,這股風氣更是傳到了不列顛。就算是在蠻荒、偏遠的窮鄉僻壤,富人依舊能夠享受優雅的花園、馬賽克地板、火坑供暖設備所帶來的舒適宜人,還能參加宴會和狩獵等消遣娛樂。

東部行省

羅馬在西元前二世紀和西元前一世紀陸續控制了小亞細亞、埃及與黎凡特等地,獲取地中海世界幾個最富裕的領土,同時伴隨一些已然發展成熟並且高度都市化的文化。這些地區的通用語言並非拉丁語,而是希臘語,並且已經和無數當地語言、宗教和信仰崇拜揉雜在一起。羅馬和平讓貿易與農業蓬勃發展,建於西元頭幾個世紀的大量鋪張建築與雄偉紀念物,充分印證了羅馬各東部行省的繁榮。儘管羅馬的占領讓這些地區改旗易幟,但對他們早已蓬勃發展的文化生活卻幾乎毫無影響。

到了西元二世紀,各地皆已融入羅馬帝國的核心,地方行省與羅馬本土之間的區分逐漸消弭,越來越多皇帝、元老、公民、士兵都是羅馬行省的背景出身。

上圖 羅馬的不列顛尼亞行省受到哈德良長城保護,這道城牆大約起建於西元122年,從北海一路橫貫至愛爾蘭海海岸。長城以北是包含皮克特人等分布在北方的古不列顛民族。石牆綿延117.5公里,沿著城牆建有許多塔樓、被稱為milecastles的小堡壘,以及較大的堡壘。

上圖 為帕邁拉的一座拱門遺跡。帕邁拉是座忠於塞琉古王朝的繁榮聚落,西元前64年,羅馬征服塞琉古並設置敘利亞行省,帕邁拉有那麼一段時間維持住獨立狀態,但終究在西元14年為羅馬佔領。在哈德良於西元129年巡視後,他賜予這座城市自由城的地位,包括劇場、列柱廊與納布神廟等建設皆由此展開。

左圖是杜拉歐羅普斯（Dura-Europos）猶太教堂內的一幅壁畫，年代為西元三世紀，畫的是撒母耳膏立大衛的故事。這座位於敘利亞的猶太教堂，是世上現存最古老的其中一座。杜拉歐羅普斯是幼發拉底河畔一座有軍隊駐防的小型貿易城市，處於東羅馬帝國和安息帝國以及後來的波斯薩珊王朝之間的邊境上。這座城市在歷史上幾經易幟，不過自西元165年起便一直是羅馬領土，直到西元256-257年被波斯人摧毀，從此湮滅荒蕪。

上圖是馬薩達（Masada）古堡壘的遺址，位於以色列猶大沙漠邊緣的岩石高原頂部。西元前37至31年間，羅馬藩屬猶太王國的大希律王，在山上建了兩座宮殿，並修築馬薩達要塞。據羅馬-猶太歷史學家約瑟夫斯（Josephus）記載，在第一次羅馬猶太戰爭結束前的西元73至74年，馬薩達曾遭羅馬軍隊圍攻，而這場圍城戰最後以藏匿於此的960名猶太教狂熱份子集體自殺而告終。

上圖是黎巴嫩巴勒貝克（Baalbek）古城東側入口的巨大城門（propylaea）遺跡，建於西元三世紀初。巴勒貝克起源自一座腓尼基城市，在希臘化時期名為赫利奧波利斯（Heliopolis）。西元前64年，龐貝吞併了腓尼基地區，而後在西元15年成為羅馬殖民地。這座城市在羅馬時期仍然是一個宗教中心，赫利奧波利斯的朱庇特所吸引成千上萬名遊客前來朝聖。巴勒貝克有著不朽的建築群，是其中一個代表羅馬帝國建築的巔峰之作。

特里爾城

特里爾位於摩澤爾河河谷，以極具說服力的歷史遺跡充分展現了羅馬行省的能力，投射出羅馬政權的力量，並為羅馬的價值觀與羅馬在歐洲西北邊境地區的生活方式，作出堅定而自信的宣言。

右圖是羅馬城市奧古斯塔‧特利維羅魯姆（特里爾），位於今日的德國，在西元一世紀中葉成為一個重要的區域樞紐。城內有個大廣場，顯示其作為區域貿易中心的重要性，此外還有一座規模可觀的競技場、浴場、神廟，以及一座圓形露天劇場。同時也有兩個糧倉，以供給城市內的龐大人口。而橫跨摩澤爾河上的橋樑，也對這座城市至關重要。

下圖是位在今日德國特里爾的尼格拉城門（意即「黑門」），建於西元170年之後，以灰色的砂岩建成。原本的建築計畫包含兩座4層樓高的塔樓，但是從未完工。特里爾這座略呈長方形的城市，四個邊的城牆皆開有一道城門，而尼格拉城門便是其中一座，守衛著城市北側的入口。

特里爾城市規畫，西元一世紀左右
- 教堂、神廟
- 浴場
- 公共建築
- 劇場

推估當時城牆位置
尼格拉城門
糧倉
西元四世紀的雙殿教堂
巴西利卡
競技場
廣場
凱撒浴場
芭芭拉浴場
圓形露天劇場
聖所
神廟
推估當時城牆位置

0　　400公尺
0　　400碼

特里爾城（Trier，舊稱特列夫Treves）本是一個特列維里人的古老聚落，而這支塞爾特-日耳曼的部族在西元前一世紀時為凱撒所征服。城市附近有許多宗教場所遺跡可以證實他們的存在，包括一座戰神勒努斯的神廟，這是位羅馬化的塞爾特神明。西元前30年時，羅馬將軍阿格里帕修築了一條從里昂到科隆的道路，讓原本地處邊疆的特里爾開始迅速發展起來。在奧古斯都於西元前16至13年出巡高盧後，他為新建立的城市命名「奧古斯塔‧特利維羅魯姆」，並按照羅馬典型的棋盤式道路格局來規劃。約莫這個時期，羅馬人在薩爾河與摩澤爾河的匯流處附近建造了一座橋樑，而後在西元二世紀時又大幅重建，其羅馬時代的石頭橋墩直至今日依然矗立著。

特里爾座落在摩澤爾河畔，前往萊茵河的交通非常便利，在那裡有數個軍事營地，於是小鎮很快就繁榮起來。到了西元二世紀，當這裡成為比利時高盧、上日耳曼和下日耳曼的財政官駐在地時，便更加聲名鵲起。作為一個主要的行政中心，這座城市據估計有多達5萬名

居民，城中有座占地275x135公尺的大型廣場，平日作為市場之用，而從其規模來看，這裡在當時也是一個重要的商業中心。城內還有座用來舉辦角鬥士比賽的圓形劇場，以及賽馬用的競技場。芭芭拉溫泉浴場是阿爾卑斯山以北最大的羅馬浴場設施，其水源由大約同一時期建成的輸水道系統供應。這座城市位於一片肥沃土地的中心地帶，周圍散布著許多豪華別墅和莊園。此外摩澤爾河谷從很早就開始栽種葡萄，布料貿易也非常興盛。

　　然而四通八達的地理位置，也讓這座城市飽受萊茵河對岸的日耳曼部落攻擊，於是在西元二世紀晚期，城市加建了諸多防禦工事，包括一道6.4公里的城牆，城牆中間的城門也建得如同堡壘一般。巨大的尼格拉城門在建造時完全沒有使用灰泥砌合，僅以鐵栓將砂岩石塊固定，構成這座城市令人屏息的威嚴象徵。西元三世紀時羅馬帝國陷入危機，從西元260年至274年間，帝國西部在波斯圖穆斯領導下分離出高盧帝國，其政府運作實際上就是個獨立國家，而特里爾很有可能曾經作為高盧帝國的首都，或至少是僅次於科隆的第二大城。

　　西元三世紀末，特里爾成為羅馬帝國高盧大區的首府，並且是皇帝在帝國西部的主要駐在地。在西元四世紀，特里爾的城市居民介於6萬到8萬人之間，共6位皇帝在此統治著西羅馬帝國。在君士坦丁大帝統治之下，特里爾變成阿爾卑斯山以北的基督教傳教中心，而君士坦丁也從西元326年，在此開始興建一座磚造的大教堂。奧拉·帕拉蒂娜教堂是一座兼具行政和司法功能的建築，也是君士坦丁統治時期所建造皇宮建築群的其中一部分，同時他也修築了皇家浴場，這是個目標宏偉的願景，但歷經30年所費不貲的工程後，始終沒有真正完工。此外，特里爾也是一個重要的鑄幣廠所在地，其法院則成了一個學術中心。

西元四世紀初，大區首府被遷移至亞爾（Arles），這多少反映出特里爾的重要性已不如以往。到了西元459年，這座城市被日耳曼部族中的法蘭克人佔領。特里爾的羅馬時代就此結束，但羅馬人早已為這座城市奠定好基礎，讓它得以以法蘭克人重鎮的身份再度崛起。就如同特里爾一樣，許多歐洲最重要的城市，其歷史都可追溯至羅馬時代所打下的根基。

左圖的馬賽克作品描繪的是一位特里爾的魚販，製於西元四世紀。許多私人住宅都有五顏六色的馬賽克裝飾，刻畫著日常生活中的場景，也有神話中的人物，以及古典文學的巨擘，像是荷馬、赫西奧德（Hesiod）、維吉爾（Virgil）等人。

下圖是西元四世紀特里爾的古代皇家浴場遺跡。凱撒浴場（Kaiserthermen）為皇帝計畫送給特里爾市民的禮物，然而工程在西元三世紀陷入延宕，到了西元四世紀才又重新動工。就在此時，曾有計畫將這棟建物轉作兵營，或許是供皇家騎兵衛隊使用。

水資源管理

今日我們仍能親眼看到一些羅馬時代遺留下來的偉大遺跡，其中就包括了宏偉的拱柱高架引水道。這些引水道越過山谷、橫跨河流，當初是羅馬雄心萬丈的建設大略之一，其目的是將淡水引至人們的居住地，以供浴場、公廁、噴泉還有私人住宅之用。

羅馬水資源管理系統，源自古希臘發展的收集和分配乾淨用水的方法，不過之前沒有任何一個系統能與羅馬水利工程的精細程度相媲美。一些村鎮和城市，像是龐貝城，在城內即擁有自己的水源，如地下蓄水層和天然湧泉，住在這些城市的羅馬人只需要簡單建造蓄水池即可；但在其他城市，就必須利用管道引水。至於羅馬城本身，一方面由於人口激增，另一方面也因為人們熱衷於裝飾性的噴泉與華美的浴場設施，所以對水的需求量極大。

這些雄奇壯觀的拱橋，有些至今仍屹立不搖，不過這只是羅馬引水道的一小部分，因為大部分的水都是透過地下管道輸送。羅馬工程師簡單運用重力原理，打造出一道平緩向下的斜坡，把水從源頭引至目的地。而在越過山谷或溝壑時，就必須建造拱橋結構的輸水道，以維持其向下動能，但也因為工程實在太過浩大，所以不到最後關頭不會採行此法，必要時則會設計出迂迴的彎道以達成目的。光是為羅馬一城建造的引水道，全長就有507公里，其中433公里是藏在地下。

建造地下隧道需要大量勞力，一旦輸水道的路線規劃完成，接著再開挖一系列豎井，然後就可以開始進行隧道工程了，而這些豎井也能用來取出碎石和運送建築材料。建築用的石塊可能是就地開採，利用起重設備搬運到地下，用來排列出管道的牆面。假如當地無法取得石材，也可以使用磚塊或混凝土。隧道內會抹上一層稱為opus signinum的灰泥，這種灰泥混合了碾碎的磚瓦和陶瓶，起到了防水塗層的作用。至於地面上的拱橋形輸水道，則是用石頭、混凝土、磚塊、灰泥與磚瓦建造，工人們藉由木材搭建的鷹架加以施作。地上的引水道通常會有兩層（偶爾為三層）狹窄的拱柱式結構，會這樣設計是因為這是最理想的承重模式。而導水管則沿著輸水道的頂層流動，並且通常覆有加蓋。這整個結構都由許多巨大的柱子加以支撐。一旦輸水道建造完成，就必須靠著一組專門人員來維護，他們得確保水質乾淨、時常清理渠道，並清除阻塞管道的物質。沿著引水道的路線上，還設有加蓋的沉澱池，用來幫助減少漂浮在水中的碎屑。

羅馬城的第一條引水道名為阿匹雅水道，開通於西元前312年。到了西元三世紀，這座城市已有11條輸水道，平均每天可供應每人900公升用水，水源主要引自台伯河東邊的阿涅內河谷及其湧泉。水在進城前會先流到公共配水池，從這裡，供水的路線被再度細分，並透過由鉛管構成的網絡輸送至持有許可的用戶。修建引水道與維護供水系統的金額高得嚇人，這筆費用由公家及私人單位共同出資，其中也有

下圖是馬克西姆下水道的排水口，這是世界上最古老的下水道系統之一，建於西元前六世紀，主要作用是排乾羅馬城的沼澤地與排放汙水。起初可能只是一條露天排水溝，一路途經羅馬廣場後流入台伯河，之後才逐漸建成下水道系統。這條主要下水道最後連接出許多分支，為許多公廁、浴池和其他公共建築排放汙水。

0 1000公尺
0 1000碼

波波洛門
維爾戈水道
平扎納門
禁衛軍兵營
諾門塔納門
奧古斯都陵墓
哈德良陵墓
羅 馬
萊莉亞水道
瑪西亞水道
帖普拉水道
哈德良橋
凱旋橋
圖密善競技場
萬神殿
卡比托利歐山上的朱庇特神廟（西元前六世紀左右興建，西元前一世紀左右重建）
提布提納門
朱莉奧水道
安尼奧水道
處女山大水道
歷山大水道
帖普拉水道
萊莉亞水道
瑪西亞水道
朱莉奧水道
安尼奧水道
朱利雅水道
西斯都橋
塞第米亞納門
奧勒留橋
法布里奇奧橋
古羅馬廣場上的建築
圖拉真浴場
馬焦雷門
切斯提奧橋
埃米利烏斯橋
羅馬競技場
奧勒留門
蘇布里基烏斯橋
卡斯特倫西安圓形劇場
新安尼奧水道古羅努狄水道
普羅布斯橋
羅馬帝國宮殿
亞西納里亞城門
阿露西埃蒂納水道
塔伊阿納水道
奧勒良城牆
馬克西穆斯競技場
梅特羅尼亞門卡拉卡拉浴場
波爾圖恩瑟門
N
奧斯蒂亞門
拉丁納門
阿底提拿門
阿匹雅門

羅馬引水道
（西元三世紀）
—— 引水道
╌╌╌ 塞維安城牆
■■■ 奧勒良皇帝在位期間開始興築的奧勒良城牆 270 CE

左圖 羅馬城共有11條引水道，這些水道建於西元前312年至西元226年之間，提供至少1,127,000立方公尺的水給這座城市，水源主要來自阿涅內河及亞平寧山脈。

下圖是建於西元一世紀的加爾水道橋（Pont du Gard），引水超過50公里至羅馬的殖民地內瑪蘇斯（Nemausus，即今日法國的尼姆）。整條輸水道的高低落差只有12.6公尺，其工程的精確性可謂壯舉。輸水道的主要工程持續了10到15年，包含數百公尺長的隧道、3座水池及20座橋樑，其中加爾水道橋便是最壯觀的代表。

大量資金是來自於帝國金庫。

　　源源不絕的乾淨用水被輸送進城市，但骯髒廢水也需要處理，羅馬人老早就解決了這個問題，他們在西元前六世紀便已建好馬克西姆下水道，讓汙水流入台伯河。經年累月，羅馬人在城內建起複雜的下水道系統，大部分汙水會再排入馬克西姆下水道。到了西元二世紀，許多富裕家庭都有直接與下水道相通的管線，而窮苦人家則得拿著便壺倒進下水道或大街上，不然就是要上公廁去解放。而在整個羅馬帝國境內，那些沒有公共下水道的小型村鎮，會雇用專門收集屎尿的人員，所收集起來的人類排泄物，最後會被當作肥料使用。

羅馬別墅

在寧靜祥和的鄉間建造一棟房子，遠離喧囂擾攘的城市生活，這樣的想法一直驅策著許多富有的羅馬人，他們尋求一個可以與家人共享天倫之樂、可以靜下心來沉思的世外桃源，那裡空氣清新、風景優美、食物新鮮，正好能洗滌他們的疲憊。這種牧歌式的田園理想，在往後的兩千年中一直延續下來，現代那些在鄉間有棟「週末度假小屋」的屋主，他們所遵循的正是古羅馬的傳統。

別墅由一系列鄉村建築演變而來，這些建物或許最初是農莊，而後轉變成許多不同的樣貌。這些別墅的主要共通點，在於它們都實現了遠離城市塵囂紛擾、擁抱鄉村祥和靜謐的理想。羅馬別墅可分為兩種型態：城郊別墅（villa urbana）指的是距離都市不遠、容易抵達的鄉間房屋；而鄉野別墅（villa rustica）則是永久性的鄉村莊園，連接一片能自給自足的農地，並且擁有農業設備，譬如壓榨葡萄或橄欖的器具。

這兩種理想型態——田園詩歌般的恬靜之地，以及農活的實作中心，通常會結合在同一棟別墅之中。更優雅的鄉村隱居理想，表現在一座開放式的中庭上，庭院四周則圍繞著許多供娛樂、用餐、睡覺之用的房間。農場裡日復一日的農務俗事會遠離主人的視線範圍之外，由一眾奴隸和負責監督的僕人（vilicus）操持。有的時候，農場莊園（latifundia）並非作為享受度假的別墅，而是實際從事農業生產的地方，在這樣的情況下，別墅用作務實的農舍

下圖是位於肯特（Kent）的盧林史東羅馬別墅（Lullingstone Roman villa），早在西元一世紀末就已興建，但到了西元四世紀中葉才算是達到其奢華的巔峰。這棟別墅最初是帶有兩翼側廳的房屋，正門面向東方，有條走廊或開放式的遊廊通往南北兩翼的側廳，這些側廳分別為居住空間與儲藏室。別墅在西元二世紀時擴建，增加了一間浴室和幾個房間，其中一間原本作為非基督教信仰的聖祠，後來改建為基督教的禮拜堂。

和經營中心，並不會拿來收藏任何奢侈品。

　　一般來說，鄉村別墅由三個部分所組成：pars urbana是主人一家居住的區域，包含許多裝飾著壁畫和馬賽克作品的套房，通常還有室內的下水道管線，以及被稱為hypocaust的地下火坑中央供暖系統；pars rustica是在周邊農場工作的奴隸們，以及操持家事的僕人們所居住的地方，而畜養農場動物的圈舍可能也位在這裡；最後是villa fructuaria，包含許多非常重要的儲藏庫房，農產品在被運送和分配之前，都是在這裡存放。

　　城郊別墅讓富貴人家和特權階級能夠有一

至兩晚的喘息空檔，逃離步調瘋狂的城市生活。有些別墅是相對樸素的靜養處所，但有些則是極度奢華的享樂天堂，譬如哈德良皇帝在蒂沃利（Tivoli）的別墅，就令人嘆為觀止。這些別墅要不是建在羅馬周圍涼爽靜謐的山丘上，就是蓋在海邊（這種別墅稱作villa maritima），別墅建築師會充分利用天然美景的環境優勢，順著地形輪廓，建出多樓層的建築，讓一望無際的海灣與懸崖景色皆盡收眼底。

　　一般而言，羅馬別墅的主人家宅部分會面向中庭，中庭沒有屋頂，或是只有一部分有屋頂遮蓋，是家人們活動的中心。而雨水

上圖是盧林史東別墅中一幅西元四世紀的溼壁畫之現代重建圖，當中包含了基督宗教的凱樂符號（the Chi Rho），為不列顛的基督教信仰提供最早的存在證據。

則穿過屋頂上的空隙，被收集在中央的水池中。tablinum是別墅中接待客人的區域，通常以列柱、門廊或是簾幕與中庭隔開。在別墅內部，巧奪天工的壁畫運用明亮的色彩和透視圖法，偶爾也會利用視覺陷阱，營造出空間尺寸的錯覺效果。馬賽克地板的圖案，從簡單的幾何圖形到高度裝飾性的設計都有，包含神話場景、野獸猛禽或花草動物等內容。

每棟富有人家的別墅，其中庭都有列柱廊圍繞，稱為peristyle，列柱中庭與中庭周圍的各房間相得益彰，可以為房間提供充足的採光，因為當時用於窗戶的玻璃非常罕見，所以在牆上開的窗孔也很狹小。中庭往往會用噴泉與植物來妝點，羅馬人把希臘人觀賞性花園的概念發揚光大，創造出正式的花園佈局，利用修剪仔細的樹木、流水造景，以及擺放雕塑，來讓花園美輪美奐。

在羅馬帝國時期，新征服領地中享有較多特權的臣民，會將擁有一棟經典別墅視為展開羅馬式新生活的象徵，菁英人士熱衷於住在

上圖的維納斯頭像馬賽克作品，位於英國西薩塞克斯的比格諾羅馬別墅（Bignor Roman villa）中的維納斯廳，年代為西元三世紀末或四世紀初。這棟庭院別墅保留了一些羅馬統治不列顛時期，最完整而又精細繁複的馬賽克拼貼地板。

這些別墅裡，用來展現自己在社會上多有地位。英格蘭南部奇切斯特（Chichester）附近的菲什伯恩羅馬宮，就是一棟經典的羅馬別墅，很有可能為羅馬的藩屬國王科吉杜布努斯（Cogidubnus）所有，如果這是真的，那麼這棟別墅就是英國鄉村豪宅的前身，意即地方權貴的權力所在地。

　　羅馬別墅的類型範圍之廣，從簡樸的郊區小屋，到實際從事生產的農舍與奢華的鄉間宮殿，然而無論是哪一種，都為羅馬人與他們征服的臣民，提供享受鄉村生活樂趣和好處的機會。

上圖是位於蒂沃利的哈德良別墅，西元117至138年間由哈德良皇帝下令建造，以作為他想要暫時逃離羅馬繁瑣俗務的鄉間住所。別墅建築群建構了一座精緻的理想城市，包括住宅建築、娛樂設施、廣闊的花園和倒映池，全都和諧地相融在一起，化作一處靜謐、適合沈思的綠洲，遠離國都的喧鬧塵囂。專門為了皇帝與他的宮廷而興建的建築，包括水上劇場、皇宮、冬宮、拉丁與希臘圖書館等，還有黃金廣場，這是座環繞著兩條狹長柱廊的巨大列柱中庭。

羅馬道路

羅馬人以古代修建的故道為基礎，同時也開通了大量新道路，盡可能以直線距離穿越遼闊領土內的所有地形，為帝國量身打造出最合適的運輸網絡。羅馬工程師鋪設了超過40萬公里的道路，輔以橋樑和隧道，大大增進了軍隊、行旅與貨品的移動速度。

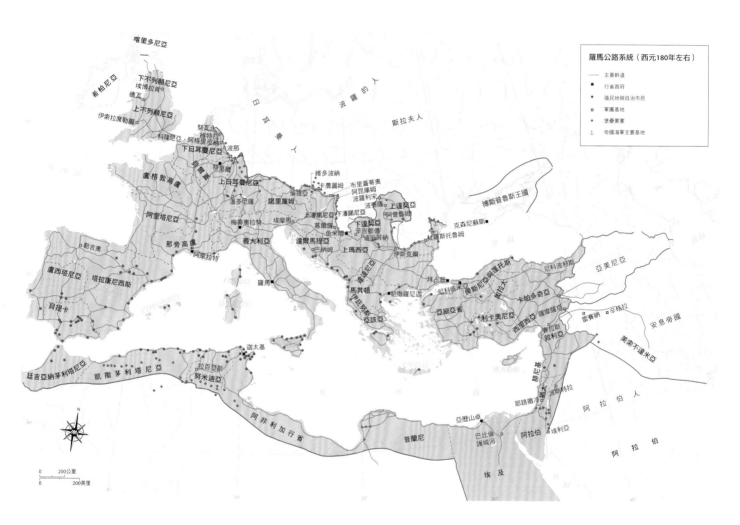

上圖 羅馬帝國鼎盛時期有總長大約400,000公里的道路，其中超過80,500公里是由石頭鋪設而成。

羅馬所建的第一條主要公路是阿庇亞大道，動工於西元前312年，全長196公里，從羅馬一路迤邐至卡普阿。這條大道修建時幾乎沒有對地理上的障礙做出妥協，因而成為日後道路建設的典範。在羅馬發展的鼎盛時期，共有29條軍用大道自羅馬城中輻射而出，而羅馬帝國的113個行省之間，則由多達372條大道彼此連結。羅馬道路分為公共道路、私人道路和鄉村道路三種，公共道路是主要幹道，維護費

用來自公家經費；私人道路是次級道路，可能是石板路，也可能只是單純鋪上礫石，由民間出資修路，路主可以選擇要不要開放讓大眾通行；鄉間道路顧名思義就是往來鄉下村莊間的小路，由官方與私人合資鋪設。

在興築主要道路前，當局會先對地形進行廣泛的勘測，並用盡各種方法，盡可能地清除路線上的自然屏障，像是排乾沼澤、河流改道、清理土地、砍伐森林等。主要道路的標準

規格為4.2公尺寬，足以讓兩輪的車輛通行。至於其鋪設道路的方法，首先會挖一條溝，在溝道兩側的邊石之間鋪上粗礫石、碎磚與黏土以作為路基。接著鋪上一層混合了石灰基混凝土的較細緻的礫石，然後再鋪上加工過的石塊或厚片石板當作路面，也有可能是用鵝卵石，又或是玄武岩或石灰岩的鋪路石；更簡單一點的，是在最上面再加一層礫石而已。道路設計成略微向邊緣彎曲，如此一來，雨水就不會積在路面上，有時還會再增設排水管或排水溝渠。人行道也順著路旁延伸，並設置人車分界的邊石，以防止車輛誤入人行道。

橋樑和隧道是對付棘手地形的必要手段，羅馬的橋樑非常堅固，使用巨大的石墩，上頭以石塊或混凝土接合磚塊來搭建。舉例來說，在義大利翁布里亞的納爾尼，就有一條長達180公尺的橋樑，橋身橫跨4座巨大的半圓形拱肋。隧道是穿越山脈的重要途徑，羅馬人也把

隧道建造得十分精確，庫邁的隧道位於那不勒斯附近，建於西元前一世紀，這條隧道長達1公里，工程著實驚人。建造隧道通常是兩端同時開鑿，每隔一段固定距離就會鑽一道檢查用的豎井，而豎井也可用來挖掘碎石。

羅馬道路上每間隔一段固定距離，就會設置里程碑。現代英文中的「mile」，源自拉丁語的「一千步」，約略是1,476公尺。每塊里程碑都會刻上它所在道路的相應里程數，同時還會加註該點與羅馬廣場間的距離。非軍事人員的旅客可以投宿官營的中繼休息站，而一些位在道路附近的私人住家也樂於款待旅人，成為供應食物、飲料還有過夜留宿服務的私營旅社。

羅馬的道路堅固耐用、維護良好、路線範圍遍及最邊遠的角落，是羅馬帝國擴張與鞏固領土不可或缺的要角，加速了軍事部隊、政府官員與商賈貨物的交通流動。這些道路，有效扮演著帝國動脈的角色。

上圖是利比亞大萊普提斯（Leptis Magna）的一條羅馬道路。萊普提斯的兩條主要道路於西元二世紀鋪設，在巨大的四面拱門——塞維魯凱旋門（Arch of Septimius Severus）的下方相交。萊普提斯地處一個重要的十字路口，其東西向的道路分別通往亞歷山卓和迦太基；而南北向的城市主幹道（Cardo Maximus）則連接萊普提斯城與南邊塞化農場的緩衝區，兩者間的距離約為72公里。

上圖是第十八號羅馬大道（Via Romana XVIII）上的第29號里程碑。這條大道連結伊比利半島上的兩個城市：布拉加奧古斯塔（Bracara Augusta）與阿斯托爾加奧古斯塔（Asturica Augusta）。

上圖是位於今日法國聖蒂貝里（Saint-Thibéry）的羅馬橋遺跡，這座古橋橫跨南法的埃羅河（River Hérault），共有9個橋拱，橋拱之間的跨距為10-12公尺，而橋樑原本的總長有150公尺，橋寬4公尺。它曾是多米提亞大道（the Via Domitia）的一部分，這條大道是羅馬在高盧地區的第一條道路，修建於奧古斯都在位時期。

羅馬的玻璃工藝

西元一世紀以降,隨著吹製玻璃的技術問世,羅馬人成為了古代世界的玻璃工藝大師。他們不僅是大量生產玻璃容器的專業人士,讓玻璃製品充斥於羅馬人的生活當中,他們也嘗試各種更精緻的加工技術,像是在玻璃當中嵌入金箔,或是做出浮雕般的裝飾,創作出精美的藝術品。

製作玻璃的過程中,必須依靠熱能來熔化蘇打(碳酸鈉)、二氧化矽和石灰(氧化鈣),這些技術的出現比羅馬人還要早上1,500年。玻璃工藝傳入羅馬是在共和國時期,當時的玻璃工匠可能是從義大利南部的希臘殖民者那兒學到了這門技術。玻璃通常是不透明的,那是因為在燒製過程中,玻璃內部產生出大量氣泡的緣故。這種玻璃經由鑄造而成,主要是使用一種希臘化時代的工法,稱作「垂流」(sagging),也就是把熔融狀態的玻璃放置在一個凸面模具上,使其自重成形。這些容器的特色是呈現豐富的深沉色澤,像是翡翠綠、孔雀藍和深鈷藍等。

吹製玻璃是一門新技術,出現於西元一世紀的上半葉,它是在玻璃還很熱的時候,利用一根長長的空心鐵管將玻璃吹製成形。這種技術是在敘利亞-巴勒斯坦地區發展起來的,一般認為是經由工匠與奴隸傳進羅馬。吹製技術徹底解放了玻璃工匠們無與倫比的創造力,讓他們從此擺脫玻璃鑄造法在技術上的種種限制,也讓玻璃製品在用途上有了更多可能性。各種各樣極其複雜的形體,諸如模樣精巧的水果和動物,都可以用玻璃來製作。大約也就是在這個時期,色澤濃郁的玻璃容器已經過時淘汰,無色彩的玻璃開始成為玻璃市場中的高價主流。既然現在可以把玻璃吹入雕刻好的模具

右圖是來自高盧的羅馬玻璃製品,製作於西元二世紀。從西元70年左右起,無色玻璃是製作精美容器的主流材料,譬如這些作工精緻的有柄水壺和水罐。普林尼(Pliny)在他的《博物志》(Natural History,西元一世紀)裡寫道:「最珍貴的玻璃是無色、透明的,盡可能地近似水晶。」

波特蘭花瓶

波特蘭花瓶（Portland Vase）大約製作於西元15至25年左右，是羅馬浮雕玻璃（cameo glass）製品中最著名的範例，此種技法在羅馬的玻璃工藝史上僅有曇花一現。花瓶高約25公分，瓶身呈非常深的藍色，從握把以下的整個下半部，覆蓋著一層精雕細琢的白色玻璃。此外層雕刻得非常精細，尤其白色的浮雕在深色背景上更是形象分明，畫面中六個人物懶洋洋地躺在岩石上或倚靠著柱子，此外還有一位智天使（cherubim）和一條巨蛇，全都處於同一個場景，由樹木串連起整幅構圖。人們認為，此種技術是先吹製出一個細長的藍色玻璃泡泡，趁還處於灼熱狀態時，浸入一桶熔化的白色玻璃中，接著再將兩種顏色的玻璃吹製在一起，最後再把圖像雕刻在外層的白色玻璃上。這個令人嘆為觀止的藝術品，有著十分曲折的故事，它起初是在義大利被人發現，輾轉由波特蘭公爵夫人買下，而後她又出借給大英博物館。1854年，一位喝醉酒的愛爾蘭大學生砸碎了玻璃展示櫃，連同波特蘭花瓶也成了一地碎片，經過一番煞費苦心的重新接合，卻又在1948年發現有37塊碎片並沒有在維多利亞時代的修復中拼回去，於是只好再次進行修復。隨著波特蘭花瓶的狀態開始惡化，1988年又展開進一步的修復工程計畫。

下圖是波特蘭花瓶的背面，約在西元15年至25年間製作於義大利。這支雙耳瓶的瓶身為半透明的深鈷藍色，上頭覆有不透明的白色浮雕玻璃裝飾。這些人物的實際意義不明，但人們相信上頭刻畫的是希臘神話中的一幅場景——愛吉納國王佩琉斯（Peleus）與海洋女神忒提斯（Thetis）的婚禮。

中，這意味著量產特定設計的成品成為可能，於是玻璃製品不再是富豪的專利，同時也得以越來越廣泛地使用。

玻璃滲透進羅馬人日常生活中的各個角落，羅馬仕女用精緻的玻璃瓶來裝盛化妝品、香水和油膏；小販和貿易商用玻璃瓶罐存放與運送食物及飲料。便宜一點的玻璃為淡藍色、淡綠色與淡黃色，有著雕刻握把與裝飾的雙耳水杯也開始廣泛流行。而更精緻的裝飾包括使用金箔，也就是將金箔夾在兩層玻璃之間，用來呈現精美的圖案設計。還有一種特製的小塊玻璃磚，稱為tesserae，通常為黃、藍、綠色，專門使用於馬賽克拼貼作品。

上圖是來自義大利的稜紋馬賽克玻璃碗，製作於西元前一世紀末到西元一世紀初。這個玻璃碗的製作過程十分辛苦，首先要製作出數條色彩斑斕的馬賽克玻璃長條，然後拉伸，再切割成許多更小的碎片，接著把碎片湊在一起，形成一個扁平的圓形，然後加熱，直到這些碎片熔合為一。最後將這個圓盤放在模具上自重垂流，或是流進一個模具裡成形。

儒略—克勞狄王朝

奧古斯都是位卓有成效的皇帝，但他的四位繼任者卻領導了羅馬史上最紛亂的部分時期。他們個性偏執、愛忌妒、自視非凡、殘忍，而在他們的統治時期，有些起初看似大有可為，從軍事征服、行政改革，到各項公共建設計劃，展現出蓬勃朝氣，但最後卻往往急轉直下，陷入混亂和殘暴之中。他們的奢侈揮霍、縱情放蕩也滲透進羅馬人的生活風氣，腐化了羅馬的傳統理想。

克勞狄家族（Claudians）是羅馬最古老的其中一個氏族，而儒略家族（Julians）則自稱是埃涅阿斯（Aeneas）的後代，根據羅馬詩人維吉爾的說法，他是羅穆盧斯和瑞莫斯的神話祖先。當奧古斯都娶了他的第三任妻子莉維亞·杜路西拉（Livia Drusilla）時，這兩個顯赫的世系就此結合在一起。

上圖是奧古斯都皇帝的大理石半身像，收藏於羅馬的卡比托利歐博物館。

奧古斯都（西元前27年-西元14年在位）

在內戰中戰勝馬克·安東尼和克麗奧佩脫拉的聯軍後，奧古斯都成為羅馬城的「第一公民」（the first citizen of Rome）。當時城內一片混亂，元老院賦予他幾乎所有的權力，於是奧古斯都展開一場雄心勃勃的改革計畫。歷經多年武裝衝突和社會動盪後，奧古斯都認為羅馬城已陷入道德腐敗、分崩離析的狀態，所以他想要回到羅馬共和時期的理想樣貌，恢復舊有的宗教傳統、重新舉辦百年大祭（Secular Games）以及培養人民對羅馬歷史的崇敬感。他改革了軍隊和官僚體制，推動新的稅務制度，並展開公共工程計畫的鴻圖，將羅馬城建設得更輝煌。透過上述舉措，奧古斯都一手打造了「羅馬和平」，一段在整部帝國歷史上相對太平的盛世。

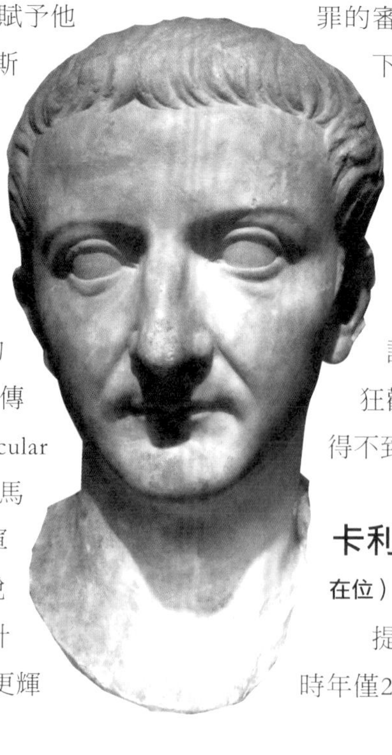

右圖為提比略的半身像，收藏於科隆的羅馬-日耳曼博物館。

提比略（Tiberius，西元14-37年在位）

奧古斯都的繼子提比略，在50多歲的時候心不甘情不願地繼承了皇位。他在那之前，早已證明自己是個有能力的軍事統帥，並以此獲得聲望，但是他紀律嚴苛、一板一眼，與親民沾不上邊。提比略的個性剛愎自用，從不以慷慨著稱，也很少在公共場合露臉，他著手推動一些公共工程項目，最後卻沒能在任內完成。隨著他與日俱增的猜疑，越來越多人受到叛國罪的審判。由於活在控制狂母親的陰影下，再加上兒子去世後悲痛欲絕，提比略拋下羅馬大片江山，在西元26年跑到卡布里島（Capri）上退隱，將帝國日常政務丟給他的親信，也就是禁衛軍長官塞雅努斯（Sejanus）去處理。有傳聞說，他在卡布里島的時光都在縱慾狂歡中度過，等到他去世時，已完全得不到羅馬人民的愛戴。

卡利古拉（Gaius "Caligula"，西元37-41年在位）

提比略的姪孫蓋烏斯（Gaius）繼位時年僅24歲，沒有任何軍事上的經驗，不

過他的父親是日耳曼尼庫斯（Germanicus），提比略備受人民愛戴的侄兒。卡利古拉在位的頭幾年頗有一番氣象，他完成了許多提比略時代延宕的建築工程，並增加了體育競賽和節慶活動的數量，甚至還為禁衛軍頒發一筆積欠多時的獎金。可是到了後來，卡利古拉越來越自我中心、偏執與惡毒。他的古怪行徑頻頻令人感到費解、光怪陸離，像是他試圖任命自己的愛馬英奇塔圖斯（Incitatus）擔任執政官，還命令一支已準備好要入侵不列顛的部隊，前往高盧海邊撿貝殼，撿完後再回到羅馬。他甚至流放了自己的妹妹小阿格里皮娜（Agrippina the Younger），並有謠傳他還和自己的姐姐朱莉亞·德古西拉（Julia Drusilla）發生肉體關係，並在德古西拉死後將她奉為女神，強迫臣民崇拜。他也在帕拉丁諾山丘上為自己造了一座聖祠，要人們把他當成神明膜拜。在羅馬人民飽受4年折磨與恐嚇後，卡利古拉被一位禁衛軍的軍官謀殺身亡。

克勞狄烏斯（Cladius，西元41-54年在位）

克勞狄烏斯在提比略的侄兒當中，是最不受重視的那一個，因此當他繼位時，前景並不被眾人看好。

他肢體不協調、說話結結巴巴，有派理論認為他患有腦性麻痺。不過，克勞狄烏斯卻顛覆了那些認為他智能不足的批評，他在西元43年率軍攻打了不列顛，吞併呂西亞、茅利塔尼亞與諾里庫姆，在奧斯提亞建造新港口，還建立了一套公務員制度。然而他同時也很驕傲自滿、喜愛賣弄才學，熱衷於用揮霍無度的方式來收買民心。如同他的前面幾任皇帝一樣，他也展現出偏執、放縱的特質。他遭受連續兩任妻子的操控與背叛，相傳他是被卡利古拉的妹妹阿格里皮娜投毒而亡，如此一來，她的兒子尼祿就能夠確保繼位。

尼祿（Nero，西元54-68年在位）

尼祿在快滿17歲的時候繼位，連一丁點軍事經驗也沒有，卻生性殘忍而又愛慕虛榮。他在位的前五年裡，由於受到幕僚們的制約，推行了不少善政，他恢復了許多元老院的權力、輕徭薄稅、並舉辦一系列場面豪華的角鬥比賽、音樂會、戰車比賽及表演，而他在許多這些活動裡都會親自粉墨登場。但是這些公共表演漸漸墮落為縱情聲色的狂歡派對，舞台上的盛會經常結合了虐待與性愛的戲碼。除此之外，他還謀殺自己的母親，並把懷孕中的妻子波培婭（Poppaea）活活踢死。而他最有名的，是羅馬城在西元64年被一場大火燒掉大片市區後，尼祿想出了一個狂妄的計畫——在大火清出的土地上興建一座金宮。在經歷兩次地方上的重大叛亂事件後，終於在西元68年的一場政變中，尼祿自殺身亡，死前呼喊著：「像我這樣的藝術家，竟要死去了！」

左圖是卡利古拉的肖像，收藏於羅馬國家博物館。

上圖是尼祿的大理石肖像，來自帕拉丁諾山丘上的奧古斯都地區。

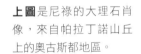
左圖是克勞狄烏斯皇帝的半身像，收藏於那不勒斯國立考古博物館。

征服與鞏固

羅馬帝國早期的領土擴張見證了政治重心逐步向西轉移，義大利半島從羅馬的對外征服中獲得巨大財富，造就前所未有的繁榮。羅馬在西方的統治權鞏固之後，圖拉真皇帝把目光鎖定在東方，羅馬帝國終於達到其最大版圖。

奧古斯都所繼承的，是一個在共和體制下所建立的大帝國，打從西元前三世紀征服西西里島，將之納為羅馬第一個行省開始，這個帝國就已經打了超過兩個半世紀的江山。奧古斯都在亞克興取得勝利後，他便乘勝征服了埃及，使其納入這位皇帝的帝國領土。此外，他也攻下巴爾幹半島北部，將羅馬國境推到了偉大的自然屏障——多瑙河。而在帝國東方，則是由幼發拉底河劃分著羅馬與安息帝國的疆界。另外還有一條河流也對羅馬帝國的擴張起到關鍵作用，當年凱撒入侵高盧，讓萊茵河成為他新行省的邊界，但在高盧和義大利之間的阿爾卑斯山地區，還有一塊未被征服的土地，如今奧古斯都也順利拿下這塊缺失的拼圖。然而西元9年時，一場在巴爾幹半島的叛亂迫使羅馬軍隊撤兵，過沒多久，羅馬在條頓堡森林（Teutoburg Forest，位於今日德國境內）又遭逢一場堪稱災難的軍事潰敗，三個軍團全軍覆沒，羅馬帝國就此損失了10%的兵力，以至於進一步的征服計畫全都停擺。

從那時起，所謂軍事勝利已不再只是擴張，而是在面對暴動、叛亂和起義時，能夠防

左圖是西元117年哈德良皇帝即位時，從他的前任君主圖拉真那裡接手的羅馬帝國版圖，當時圖拉真已將達契亞王國和安息帝國的亞美尼亞置於帝國掌控之下，此時帝國疆域西抵不列顛尼亞，東至美索不達米亞，正值其巔峰。

羅馬帝國版圖
（西元117年左右）

▨ 凱撒時期的羅馬行省
▨ 奧古斯都時期的羅馬帝國行省
☐ 圖拉真時期的羅馬帝國行省
☐ 附庸城邦
● 凱撒掌政之前的殖民地和自治市
◉ 凱撒時期的殖民地和自治市
○ 奧古斯都時期的殖民地和自治市
▫ 軍團基地
◆ 堡壘要塞
⚓ 帝國海軍主要基地
■ 行省首府

（地圖標示）尼科波利斯　亞美尼亞　安息帝國　由多奇亞　西亞　薩摩薩塔　雷賽納　辛格拉　賽拉斯　敘利亞　美索不達米亞　腓尼基　猶太　波斯特拉　撒冷　阿拉伯　埃利亞　裏海　紅海

羅馬擴張

西元前27年	羅馬元老院為屋大維奉上奧古斯都的頭銜。
西元前19年	奧古斯都結束了在西班牙進行的坎塔布連戰爭（Cantabrian Wars）。
西元前12年	羅馬軍隊越過萊茵河，進入日耳曼尼亞。
西元前9年	羅馬併吞潘諾尼亞（Pannonia），劃入以利里古行省（Illyricum）。
西元4年	奧古斯都正式收養他的繼子提比略為養子。
西元9年	條頓堡森林之戰，三個羅馬軍團遭到埋伏而全軍覆沒。
西元14年	奧古斯都逝世，提比略即位，日耳曼尼亞駐軍譁變，被迅速敉平。
西元17年	提比略併吞作為附屬國的卡帕多奇亞王國（Cappadocia）。

西元26年　提比略退隱卡布里島，將帝國交給禁衛軍長官塞雅努斯掌理。

西元37年　提比略離世。

西元38年　卡利古拉即位。

西元41年　成功鎮壓茅利塔尼亞爆發的叛亂。同年，卡利古拉遇刺，克勞狄烏斯即位。希律王朝（Herodian dynasty）在猶太地區重新回復君主制。

西元43年　羅馬征服不列顛。克勞狄烏斯併吞呂西亞，收歸為羅馬帝國行省。

西元54年　克勞狄烏斯去世，尼祿即位。

西元58年　為了亞美尼亞的國王人選問題，羅馬與安息帝國之間的戰爭（西元58-63年）爆發。

西元64年　羅馬城發生大火，造成無數生命、財產上的損失。

西元66年　猶太人起義反抗羅馬統治，第一次猶太-羅馬戰爭爆發。

西元68年　羅馬發生兵變，尼祿自殺身亡。西班牙塔拉康尼西斯（Hispania Tarraconensis）總督加爾巴（Galba）成為羅馬統治者。

西元69年　禁衛軍暗殺加爾巴，備受推崇的奧托（Otho）成為羅馬城的主人，但他在萊茵河下游遭維特里烏斯（Vitellius）擊敗，自殺身亡。羅馬在埃及和猶太的軍隊統帥維斯帕先，被擁立為羅馬皇帝，並回軍擊敗維特里烏斯。

西元70年　維斯帕先之子提圖斯攻陷耶路撒冷城，並摧毀了第二聖殿。

西元73-74年　羅馬圍攻猶太的馬薩達。

西元79年　維斯帕先駕崩，提圖斯即位。同年，維蘇威火山爆發，摧毀龐貝、赫庫蘭尼姆（Herculaneum）與斯塔比亞（Stabiae）等城市。

西元81年　提圖斯離世，由其弟圖密善即位。

西元86年　達契亞國王侵略羅馬的瑪西亞行省（Moesia），圖密善遂發動達契亞戰爭。兩年後達成協議，達契亞國王接受成為羅馬附庸。

西元89年　上日耳曼尼亞發動叛亂，反抗圖密善的統治。

西元96年　圖密善遭到近臣暗殺，涅爾瓦（Nerva）被元老院擁立即位。

西元97年　禁衛軍策動反叛，逼迫涅爾瓦立圖拉真為皇位繼承人。

西元98年　涅爾瓦壽終正寢，圖拉真即位。

西元101年　圖拉真的第一次達契亞戰爭開打，羅馬入侵達契亞。

西元102年　達契亞國王對羅馬宣誓效忠，以此結束戰爭。

西元105年　在達契亞襲擊羅馬的瑪西亞行省後，圖拉真隨即入侵達契亞，致使第二次達契亞戰爭爆發。

西元106年　隨著納巴泰國王駕崩，其王國遭到羅馬帝國吞併，成為阿拉伯佩特拉行省。而羅馬與達契亞之間的一連串戰爭，也在本年以達契亞國王的兵敗自殺而宣告結束。

西元113年　圖拉真出兵遠征安息帝國，羅馬-安息戰爭開打。

西元114年　圖拉真廢黜亞美尼亞國王，將亞美尼亞劃歸帝國行省。

西元116年　圖拉真佔領安息帝國首都泰西封（Ctesiphon），從征服的安息領土上，再設立美索不達米亞和亞述兩個新行省。

西元117年　圖拉真駕崩，哈德良即位。

左圖是位於約旦傑拉什（Jerash）的哈德良拱門。這座高11公尺的三拱大門，是為了紀念哈德良皇帝，以及他在西元129-130年的冬天到此巡視而建立的。這座拱門建在與城牆有一段距離的地方，這是因為當初原本預期城市規模會進一步擴張，沒想到事與願違，致使這座拱門如今孤伶伶的單獨立在這裡。

禦和鞏固羅馬帝國的固有疆域。不過話說回來，奧古斯都之後的儒略-克勞狄王朝繼任者們多少還是有一些擴張作為，在某些情況下，附庸國可以很順利地被吞併到帝國內，像是西元44年的茅利塔尼亞和西元46年的色雷斯。克勞狄烏斯在西元43年的侵略不列顛行動，一方面是為了防止不列顛成為反叛部族的避風港，另一方面也是為了爭取身為皇帝的權力和威望。

西元68年尼祿逝世，為儒略-克勞狄王朝的統治畫下句點。西元69年，帝國陷入了慘烈爭鬥，一年之中換了四位皇帝，史稱「四帝之年」。弗拉維王朝（Flavian）的皇帝們從混亂中脫穎而出，由維斯帕先（Vespasian）率先登場，他是一位能幹的領袖人物，在平定猶太人大起義的戰役中，從猶地亞戰場上被徵召回到羅馬。他的皇帝寶座由他的兒子提圖斯（Titus）繼承，提圖斯以完成他父親的未竟之業，在西元70年包圍並佔領了耶路撒冷而聞名於世。提圖斯的繼承者是其胞弟圖密善（Domitian），但他在征服喀里多尼亞（蘇格蘭）和在達契亞（外西凡尼亞）的戰役都以失敗收場。

圖密善遇刺後，羅馬帝國一連出了五位賢能的皇帝，將局勢穩定下來，其中圖拉真（Trajan，西元97-117年在位）是位十分成功的軍人皇帝，在他的領導下，羅馬帝國獲得了空前絕後的遼闊疆域。他先是併吞了納巴泰王國（Nabataean kingdom），將其劃為阿拉伯佩特拉行省（Arabia Petraea），接著又征服達契亞（Dacia），並對安息帝國發動戰爭，從而佔領了亞美尼亞及美索不達米亞。

下圖是在英國泰晤士河出土的哈德良皇帝（西元117-138年在位）青銅頭像。哈德良來自西班牙南部，在位期間忙著四處鞏固和加強羅馬的統治，以致於大部分時間人都不在羅馬。他在不列顛立下的永久紀念物即為哈德良長城，以震撼人心的氣勢，時時提醒人們羅馬帝國的強大。

羅馬軍隊

羅馬帝國的建立，完全依賴的是羅馬軍隊的戰鬥技巧、嚴明紀律與專業精神，他們不僅在征服新領土這點上極有效率，同時也致力於防衛羅馬帝國的邊疆，並在人民起義與地方叛亂時加以鎮壓。

羅馬的戰鬥部隊最初是仿照希臘模式，由徵召的公民組成民兵，再加上由羅馬社會上層的騎士階級（equites）所組成騎兵。起初羅馬軍團以名為「manipular」的連隊為單位（拉丁文為「一小撮」的意思），每個連隊約有130至160人，由於單位較小，因此能運用更靈活的戰術來擊破敵軍方陣。到了帝國時代，羅馬軍隊的骨幹是軍團，這是由約莫5,000名士兵組成的步兵單位。軍團的基本單位是百人隊（centuries），每個百人隊有80人，由下級軍官或百夫長（centurions）指揮；每6個百人隊構成一個大隊（cohort），每10個大隊組成一支軍團。

帝國不斷成長茁壯，使羅馬在海外建立了許多行省，這代表著各軍團必須在帝國邊境設置永久性的軍事基地，因此導致人力短缺。

於是奧古斯都皇帝重新編組了羅馬軍隊，將軍團數量減少到28個，並提高最低服役年限至25年，此外還建立了一個軍用金庫。透過上述改革，他建立了一支職業的常備軍，從此只有在緊急情況下才需要對公民徵兵。

正規軍團之外還有輔助部隊（auxiliaries），他們是從帝國各地的非羅馬民族人口中招募而來，與羅馬軍團一起並肩作戰。輔助部隊以500至1,000人組成一個大隊單位，聽從一位羅馬軍官指揮，這些士兵的薪資待遇比羅馬士兵低，服役年限也更長，但是在退伍之後，就能得到羅馬公民的身分。在帝國時代，輔助部隊也填補了羅馬的騎兵需求，這可能是因為羅馬的騎士階級人數有限的緣故，而且若是有各民族本土的優秀騎兵充任，就可以省下許多招募、訓練和裝備騎兵軍官的相關支出。

羅馬士兵的主要武器為一把短劍和投擲標槍，並由一面包覆著帆布或皮革的長方形木製盾牌所保護，士兵身上也穿有盔甲，並且頭戴一頂有護頸和護頰的鐵頭盔。一名羅馬士兵被要求能夠帶著重達27公斤左右的鎧甲與裝備，以每天32公里的速度行進。羅馬士兵訓練有素、紀律嚴整，因此能夠在激烈的戰鬥中保持陣形。

典型的羅馬陣形是三行縱深，最缺乏經驗的士兵排在最前頭，老兵則排在最後面。當指揮官下達「cuneum formate」指令時，軍團就會把陣列排成楔形，向敵軍衝鋒，打破對方的防線。士兵們也會把盾牌交疊展開，高舉過頭，也擋住身體前面，形成一道無懈可擊的屏障，稱為「龜甲陣」（testudo），這是在攻城戰中，為接近敵人城牆所使用的陣形。騎兵在戰鬥時通常部署在步兵的側翼，在早期戰爭中是用以保護步兵的側面，並在進攻時為步兵做掩護；後來也會對敵軍步兵的側翼和後方進行襲擊騷擾。騎兵也會用來追擊掃蕩敵軍的撤退部隊。

羅馬士兵是攻城戰的翹楚，能運用許多專

羅馬軍銜

軍事裁判官 Praetor	軍團或集團軍的軍事指揮官，同時也是政府當局的要員。
軍團司令官 Legatus legionis	軍團總指揮官，通常是由元老擔任。
軍事護民官 Tribune	軍團的第二指揮官，地位較低的護民官們則擔任初級軍官。
宿營長 Prefect	軍團的第三指揮官，又分為很多不同類型，例如一位騎士階級出身的長官，便負責率領一支騎兵隊。
首席百夫長 Primus pilus	由最資深的百夫長擔任，為第一大隊的指揮官（前軍大隊）。
百夫長 Centurion	百人隊的指揮官，其聲望取決於他所率領隊伍的作戰表現。
十夫長 Decurio	騎兵隊的指揮官。
阿奎拉旗手 Aquilifer	軍團的掌旗手，是個非常有聲望的職位。
盤旗手 Signifer	在每個百人隊中負責管理財務和旗幟裝飾的工作。
百夫長副手 Optio	相當於中士，百人隊的第二指揮官。
十人小隊長 Decanus	相當於下士，領導同住一個營帳的8人小隊。
士兵 Munifex	受過訓練且地位最低的一般行伍。

上一頁圖片 西元一世紀的浮雕殘片，上頭描繪著羅馬禁衛軍。在帝國時期，禁衛軍是一支菁英部隊，其職責是保護皇帝和羅馬城。曾有過一些不同時期，禁衛軍的勢力足以挑戰到皇權，這使得有機會問鼎皇位的人選不得不想方設法籠絡禁衛軍，以保持住自己的權位。

業的攻城兵器。野驢砲（onagri）和扭力弩砲（ballistae）基本上都是投石兵器，能造成對手慘重傷亡，小一點的蠍砲（scorpion）則是用來發射弩箭。衝車（攻城槌）和井闌（攻城塔）在攻城戰時會大規模部署，而工兵們也很擅長挖掘地道來破壞防禦城牆。

在帝國時代早期，軍團士兵一年的薪資為900賽斯特斯（sesterce），並簽下為期20年的服役契約，且在服役期間他們不得結婚。士兵的薪資在西元一世紀晚期獲得提升，最終羅馬當局允許士兵可以在服役期間結婚，並和他的家人住在一起。這樣的舉措可能是為了要提升士兵對軍隊的忠誠度，又或者僅僅是一個手段，以確保有足夠多的男性願意應募入伍。而在他們退伍時，則會得到一筆豐厚的獎金。

大多數士兵實際在戰場上的時間很少，多數時間都是用在軍事任務上，像是訓練、巡邏和維護裝備等。他們也在各行省充當總督們的警力，並擔負起為帝國興建基礎建設的重責大任，在鋪橋造路、修築城牆，甚至在建立一座新城市時，他們都功不可沒。西元三世紀以前，軍隊沿著帝國綿長邊境上的薄弱防線稀疏

上圖是羅馬圖拉真圓柱上的場景，這根高達30公尺的紀念柱完工於西元113年，是為了慶祝圖拉真皇帝在達契亞戰爭中旗開得勝，而豎立在奎日那雷山附近的圖拉真廣場上。其螺旋狀的飾帶上，刻有多達155幅場景共2,662名人物，提供無與倫比的視角，讓人得以見識羅馬大軍的雄威與其對手達契亞人的陣列。飾帶上描繪有公民士兵、輔助軍團的步兵、全副武裝的軍官、摩爾騎兵隊，以及阿奎拉鷹標軍旗。而著名的龜甲陣，也就是在攻城戰中，軍隊在一堵盾牆的充分保護下前進，也在浮雕中被生動地呈現出來。

分散，在緊急狀況發生時也沒有預備隊可以動用，並且在編制上由騎兵主導。到了西元三世紀時，羅馬建立了一支機動性的騎兵部隊，並終於把軍隊區分成固定駐紮的邊防軍，與由步騎兵混合編組、更具機動性的野戰軍。

軍旗

　　每個軍團都有一面軍旗作為識別，軍旗可能是細長的三角旗，也可能是方形旗或橫幅旗，繫在一根桿子上，由一位阿奎拉旗手（aquilifer）或軍旗手來掌旗。軍團軍旗上

最著名的標誌是立於桿頭的鷹標「阿奎拉」（Aquila），除了老鷹之外，有時也能見到駿馬、米諾陶洛斯（Minotaur，希臘神話中的牛頭怪）、野狼或野豬的旗標。軍團士兵以他們的軍旗為榮，而軍旗在戰爭中也是非常重要而顯眼的號召點，經常用來下達戰術、改變陣形或方向的指令。西元16年，羅馬將軍日耳曼尼庫斯率軍進入日耳曼，奪回西元9年在條頓堡森林戰役中喪失的軍旗，他所做的在意義上就是要一雪羅馬人先前丟失軍旗的可怕恥辱，並以此凝聚軍心，重新回復軍團的忠誠感和使命感。

左圖為在日耳曼城牆（German limes，邊境防禦工事）發現的騎兵閱兵頭盔，打造於西元二世紀後半葉。帝國騎兵團（西元前30年至西元476年）是由羅馬轄下擁有悠久騎兵傳統的各行省中，集結非羅馬公民的職業士兵所組成的正規部隊。他們屬於羅馬正規軍隊的一員，裝備精良而且訓練有素。

左圖是一面來自杜拉歐羅巴斯（Dura-Europos，在今日的敘利亞）的羅馬盾牌，年代為西元三世紀中期。這面盾牌是目前已知僅存的羅馬長方形半圓柱盾，稱為「scutum」，打從大約西元前四世紀時，羅馬軍團就開始使用這種盾牌。盾面的彩繪裝飾反映出羅馬的勝利象徵——老鷹、桂冠、有翅膀的勝利女神與獅子。

羅馬堡壘

在羅馬一些易攻難守的邊境地帶，和容易發生起義叛亂的地區，部署具有威嚇力的軍事力量實在有其必要。因此羅馬人同時建立了許多堅固的永久性堡壘與暫時性的軍事營地，後者只是用來屯駐軍隊、存放裝備，而非抵禦持續的軍事攻擊。

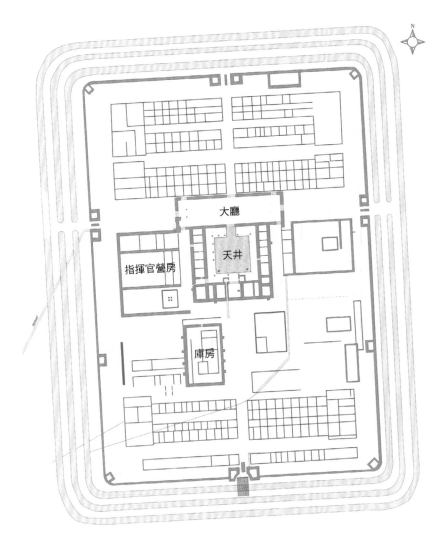

羅馬人在行省內部建造了更多永久性堡壘，作為控制征服地人民與嚇阻叛亂的手段，而在行省邊境，則用來防止野蠻人入侵。部份行省，像是不列顛，極需要永久性的軍事設施來維持控制，因此在那裡至今已發現超過400座羅馬堡壘遺跡。即便是最大型的堡壘也無法自給自足，於是鄰近地區會迅速發展出聚落，以供應士兵生活所需。這些堡壘和其相應而生的聚落，往往就是中世紀諸多城鎮的源頭。

永久性堡壘的建造佈局在奧古斯都在位時期變得更加固定，標準的堡壘規格呈長方形，四個角落建成圓角狀，可進駐一支軍團或一個較小的軍隊單位。興建堡壘首先在預定地的四

上圖是重建於德國萊瑙-布赫的羅馬守望塔，該守望塔原本位於日耳曼城牆等邊境防禦工事上。羅馬人建造許多這種獨立建物，以作為其防禦體系的一環。

上圖是一個典型的羅馬堡壘平面圖，根據今日德國巴伐利亞邦泰倫霍芬（Theilenhofen）附近的古羅馬艾岑尼亞科姆堡（Iciniacum）繪製而成。庫房（horreum）是用來儲備物資的倉庫，指揮官營房（praetorium）是高級將領的住所。

在拉丁字中，「castrum」被用來描述任何強化軍事營地的建物或土地，範圍從永久性的軍團要塞到臨時搭建的駐紮地，都被包括在其定義之內。戰役期間，軍隊被要求建造自己的營地，這項任務由軍隊中的專業工程師們包辦，他們徵用士兵作為勞動力，從既有的標準規格中選出方案，並仔細觀察地勢，在短短幾個小時之內就能蓋好一座臨時軍營。

平面圖標示：大廳、天井、指揮官營房、庫房

周挖一道壕溝，再用挖出來的土堆成一座有坡度的土壘，然後在土壘上興建城牆。城牆在早期只是用木樁圍成的柵欄，後來才開始用石塊或磚頭砌築，城牆上至少開有三個主要的城門，並且每隔一段固定距離就會設置守望塔。挖掘出的壕溝則作為護城河，用以阻擋入侵者。至於城門開口可用一扇木門關閉，木門可能有再鍍上一層金屬，關上時會在堡壘內側用一條橫木門鎖上。

　　堡壘內部的最外圈空無一物，因為這是敵人攻城時，投擲武器通常掉落的地方，維持空曠可將傷害降到最低。每座軍營都有一條南北走向、非常寬闊的主要街道，堡壘的心臟是司令部（principia），位在主要大道（via principalis）和禁衛大道（via praetorian）交會處，這兩條街道以直角相交。司令部建築群前方有個開放式的庭院，庭院後方為一間大廳、聖祠與辦公室，珍貴的軍團軍標旌旗就存放在這裡，而堡壘的現金財物則收藏在一處安全的地下金庫中。指揮官在司令部外的高台（tribunal）上對他的部眾發令喊話，軍事法庭也是在此召開。指揮官的營房（praetorium）位在司令部隔壁或後方，其他重要建築包括高級軍官的營房、作坊、裝備庫房、醫院和蓄水池。一些最大型的堡壘還擁有如同小型城鎮的設施，包含商店、市集廣場和羅馬浴池。

　　以中央廣場為圓心，往外擴展出去的是軍團士兵與騎兵的營房，在永久的堡壘中，這些營房是用木材或石塊搭建，內有壁爐供士兵們取暖。而在暫時性的營地，士兵則是睡在帳篷

右圖為英國諾森伯蘭郡的豪塞斯特茲要塞遺址，這座要塞是哈德良長城的一部份，建於西元122至132年，要塞外的南邊有個頗具規模的市民聚落（vicus）。這座堡壘在不列顛來說相當特別，因為其水源並沒有輸水供給，而是完全仰賴雨水蓄積。它也保存了最完整的羅馬不列顛時期的石砌公廁。堡壘營房曾住過800名士兵，而統帥的房舍、穀倉與醫院，如今依然可見其遺跡。

上圖是德國韋爾茨海姆一座古羅馬堡壘重建後的東門。永久性堡壘開有三個主城門，每隔一段距離就設有守望塔。城門有兩個拱形入口，可用沉重的木門關閉，並在內側以橫木門上。城門也有自己的守望塔，並由從城牆延伸出的城壕保護。

裡。水對於營地生活不可或缺，因此建造營地的地點必須取決於水源的取得，像是溪流、泉水和水井等。士兵們使用公共廁所，也就是一排設置在流水溝渠上方的座位，而營地指揮官與高級軍官則享有自己的專屬廁所。伙房則配置在靠近四周牆壁的位置，來盡量減少發生火災的風險。在營地的最外圍，最靠近城門處的是糧倉、倉庫、作坊的所在地，在更大一點的營地，還會設有浴池。

羅馬帝國中的女性

羅馬是一個父系社會，女性從屬於在家族中擁有絕對權力的家父長。女性的一生被牢牢地綁在家庭生活之中，但是有些受過教育的上流階級女性，卻能夠達到和男性平起平坐的地位，對社會做出寶貴的貢獻。

下圖是一名閱讀中的年輕女子的小型青銅雕像，出土自羅馬，年代為西元一世紀晚期。大多數中上層階級的女孩子都有接受過讀、寫教育，在哈德良長城的文德蘭達羅馬要塞（fort of Vindolanda）中，有找到一些當時由女性所書寫的信件文物。不過，人們懷疑接受太多教育的女性會讓自己嫁不出去，因此在菁英階層中，也只有極其少數的家庭會鼓勵他們的女兒去追求學問。

羅馬社會以家庭為核心，而婦女在這樣的環境中所扮演的角色，被理所當然地視為妻子與母親。她們過著以家庭為基礎的生活方式，把時間奉獻給操持家務、養育子女、以及編織、紡紗等手工藝上，儘管受過教育的上流階級女子能夠探索她們對文學和哲學的興趣。許多女性會到初等學校接受教育，學習閱讀與書寫，菁英家庭會確保女兒接受良好教養，如此就能增加她們在婚姻市場中的吸引力。另一方面，下層階級的女性能夠自由地在公共場合中活動，因為她們必須為了生活而去工作，通常是當女傭、店主、奶媽（上流階級的女性從不給小孩餵奶），或從事手工藝維生。

就法律上來說，女子必須從屬於一名男性親屬，通常是她的父親，作為她的代表人，這條法律的目的是要讓一切財務事宜都掌控在男性手中，並確保所有的繼承財產都能留在家庭內。但在實際上，部份婦女對自己的私人財務是有些許掌控權的，而每個家庭對此問題都發展出各自的處理方法。事實是丈夫對妻子其實並沒有法律上的管轄權，而這點給了女性某種程度的獨立。

羅馬法律規定，女孩子在12歲時就能結婚，以便好好利用她們生兒育女的黃金年齡，並確保她們能履行自己的主要職責：繁衍後代。家父長通常會為自己的女兒安排婚姻，至於離婚則很容易，因為不需要任何法律程序，只要男女其中一方提出離婚聲明便算成立，不過離婚時，子女的監護權總是歸男方所有。由於父親在女兒結婚後依舊保有對她的法律監護權，是以在女兒離婚後，父親能夠收回她的財產，保持家產完好無缺。而在羅馬時代，再婚的情形非常普遍。

羅馬歷史上充滿許多強大而又鐵石心腸的女子，她們能夠透過操縱自己的丈夫來影響公共事務，並且形塑她們自身的命運。人們視羅馬皇帝的妻子為「第一夫人」，她們的頭像會鑄造在錢幣上和做成雕像以茲紀念，這些女性

左圖為一位正在哺育嬰兒的母親，而孩子的父親正在一旁觀看，這是一名小男孩石棺上的浮雕，年代在西元150年左右。羅馬富貴人家的婦女通常不會親自哺餵母乳，而是把小孩交給奶媽哺育。然而，如此作法存在許多爭議，許多羅馬醫生認為媽媽自己的母奶對嬰兒才是最好的，因為這樣可以避免奶媽把自己的道德缺陷傳染給嬰兒。

往往被投射成和諧、愛家的形象，就算和真實情況相去甚遠——西元前2年，奧古斯都不得不遵守他自己訂下的關於「禁止通姦」的嚴格法律，流放了他那對丈夫不忠的女兒茱莉亞。女性掌管皇家事務讓她們進入了權力和政府的核心，這在共和時期是完全不曾有過的情況。

雖然有些皇帝的妻子們的確充滿野心、冷酷無情、殺人不眨眼，但許多惡意誹謗的故事可能僅僅反映著對這些女性所擁有的史無前例的權力感到不適而已。

羅馬男性在性關係方面時常表現出虛偽，他們高舉著羅馬婦女的貞潔思想，嚴格限制

下圖是羅馬統治埃及時期，法尤姆（Faiyum）的一幅木乃伊肖像畫，畫中的女子留著一頭小環的長捲髮。在西元一世紀晚期，羅馬女性的髮型樣式變得越來越複雜，其中包括了這種小圈的長捲髮和盤成巢狀的辮子頭。

自己妻女的自由，但同時自己卻去尋花問柳。羅馬的妓女很好辨識，因為她們都穿著托加長袍，大多數妓女是奴隸或是從奴隸狀態中被解放的自由婦女，雖然賣淫是合法的，但還是受到嚴格管制，而妓女也被剝奪了許多公民權利。不少妓院環境極其骯髒，但有些妓女闖出名堂，成了富有的交際花，口袋裡有一票菁英階級的金主名單。在羅馬人的觀念裡，他們也常假定演員和舞者會提供付費的性服務。

化妝品

羅馬人崇尚自然的外貌，認為那是純潔的象徵，而許多羅馬男子會嘲笑濃妝豔抹的女生。但在另一方面，古羅馬人又期望女性看起來漂亮，部分原因在於她們的外表反映其丈夫的地位，也因此化妝品產業非常興盛。皮膚乳霜中的一些成分，像是碾碎的玫瑰花瓣及蜂蜜，這些當然是無可爭議的，但其他一些成分就沒那麼芳香了，譬如醋、膽汁、動物尿液與硫磺，也會被當成原料使用。羅馬人淡化斑點的典型配方是使用雞肉脂肪和洋蔥，而磨碎的牡蠣殼則作為去角質的磨砂膏。蒼白的面容在當時受到追捧，所以女性會使用白堊粉和鉛白塗抹在臉上，而胭脂則是以玫瑰和罌粟花瓣、紅赭石、甚至鱷魚糞便製成。羅馬人喜歡大眼睛和長睫毛，化妝墨（深黑眼影粉）是眼妝的主要成分，使用一根以玻璃、骨頭或木頭製成的圓棒來上妝。至於彩色眼影的原料，則是來自孔雀石和藍銅礦。毫不意外的是，既然許多化妝品都惡臭難聞，所以香水蔚為流行，而古羅馬的香水是把花朵和草藥浸泡在油裡製作而成。

上圖為一支西元一世紀的羅馬香水瓶，以及西元三至四世紀的雙管眼影容器。

右圖為一具石棺上的浮雕，描繪一場古羅馬的結婚典禮。當時婚姻有兩種形式：夫權之下（cum manu），指的是妻子在法律上從屬於丈夫的管控；另一種是不在夫權下（sine manu），意即妻子在婚後仍舊在法律上從屬於她父親。後者的婚姻形式在共和時代晚期開始普遍實行，這也代表女性獲得了相對的獨立性。

左圖是奧古斯都皇帝之妻莉維亞‧杜路希拉的雕像，製於西元前31年左右。許多女性是隱藏在皇位背後的力量，她們操控著自己的丈夫和政治情勢，同時又塑造出一副備受尊敬和奉獻的「第一家庭」形象。有流言指出，莉維亞在與奧古斯都結褵52年後毒殺了丈夫，手法是把毒藥塗抹在他們家周圍奧古斯都喜歡吃的那些綠色無花果上。不過這則故事也被指為是其政敵所惡意捏造的謠言，無法獲得證實。

左圖這幅法尤姆木乃伊肖像畫來自羅馬統治時期的埃及，年代約莫在西元160年，畫中清楚顯現該名女子畫有眼妝，包括以燒過的軟木來燙睫毛，而眼睫毛和眉毛則是使用銻和煤灰的混合物來染黑。

羅馬浴場

羅馬浴場是個能舒緩身體、促進心智的好地方,許多複合式浴場也結合了演講廳和圖書館等設施。泡澡對羅馬人來説是一項社交活動,因為價格便宜,所以平民老百姓也可以和有錢有勢的大人物們一同在浴池裡並肩泡澡,從而創造出一個不分階級的環境。於是一個每日的例行事項,昇華成得以恢復活力、社會交際與令人興奮的儀式。

羅馬人從希臘人那裡承襲了泡澡習慣,而複合式的浴場設施開始在羅馬城市出現是在西元前二世紀的時候,並且很快就傳遍整個羅馬。羅馬背離希臘較為樸素的洗澡形式,衍生出許多精心講究的想法,包括全身浸泡、水溫範圍、游泳池、乾式與濕式汗蒸房等。浴場裡也有名為palaestra的空間,那是個有柱廊圍繞的開放式庭院,可以在這裡休息或運動,

或許是跑步、舉重、摔角、拳擊,又或許是球類運動。在更多功能的浴場裡,也能夠使用圖書館、演講廳與花園。浴場對所有人都來者不拒,而且收費絕對低廉,每人最少只要2枚第納里烏斯,這是當時面額最小的青銅幣。

一座典型複合式浴場包括各式設施:更衣室、運動房和乾式汗蒸房laconium,熱水浴廳caldarium是個加熱的空間,裡面有個高度及腰的小型冷水盆,讓浴者可以往自己身上潑水;溫水浴廳tepidarium裡有個水溫適中的浴池;而冷水浴廳frigidarium的空間未經加熱,當中是冷水浴池,這個房間通常很寬敞而且宏偉壯觀,有著挑高屋頂,是整座複合浴場的中心。

為調節浴池內不同的水溫範圍,需要精密的加熱系統。地下供暖系統的加熱熱源來自燃燒木材的火爐,讓暖空氣在地板底下翻騰流通,並透過多個空心圓柱體或磚塊把熱氣推到6公尺高的地方。空心的矩形管道也可設置在

上一頁圖與上圖為龐貝城的斯塔比安浴場，雖然今日所見遺跡大多來自西元前一世紀，但其歷史最早可追溯至西元前四世紀。浴場總面積達3,500平方公尺，分成男湯和女湯兩個相鄰部分，另外還有一個帶有柱廊的庭院，即供人運動的palaestra。來洗浴的人們先在更衣室裡褪去衣服，接著享受溫水浴池和熱水浴池，最後在以花園場景壁畫做裝飾、並有穹頂天花板的冷水浴池中完成整套流程。以palaestra為界，男生浴場在西側，女生在東側，兩邊共用一套加熱設備，包括火爐與三個大型的圓柱形鍋爐。palaestra西側有個水深1.5公尺的大型游泳池，泳池設施內的更衣室也是運動員們在去庭院運動前，換下衣服並為自己抹油按摩的地方。然後他們會把身上的油刮掉，接著沖水清洗，最後才跳進泳池裡。

牆壁內，讓火爐製造出的熱空氣得以循環流通。西元一世紀以降，玻璃製造技術已經得以應用在窗戶上，這有助於更精確地控制溫度。專為浴場建造的輸水道，將大量的水引至複合式浴場設施，並儲存在大型貯水池與水槽中。安裝在加熱裝置上的大型鍋爐用來把水加熱，再透過多條鉛管將熱水送至各個水池。

　　浴場常是人們約會見面的地點，發揮了有用的社交功能，人們利用洗浴來放鬆、閒聊或打探消息，他們通常在下午兩點前來光顧，也就是工作結束之後。他們會先脫個精光或披上專用浴衣，或許還會先去運動讓自己出汗，然後移步到溫水浴廳，接著再去熱水浴廳，或者順序顛倒過來。這麼做是要藉由流汗來排出體內的髒汗，再由奴隸幫客人在皮膚上塗抹橄欖油，最後用一種名為strigil的彎曲金屬器具來刮去汗垢。有時來浴池的人也會去乾式汗蒸房，這個設施類似今日的桑拿浴。冷水浴廳作為一種讓身體降溫的方式，也相當受到歡迎；泡完澡後，客人可以接著使用游泳池，或是請專業按摩師來幫他們放鬆肌肉。

　　羅馬權貴出資贊助浴場設施，並爭著要在經費鋪張與奢華創新上勝過對方，甚至推出在某些特定日子免費入場的噱頭。有些浴場明顯比其他間要豪華許多，不同的浴場也會在潮流當中來來去去，有時紅極一時，有時又過氣退流行，也有一些浴場會因為有妓女在裡面拉客而變得聲名狼藉。還有一些浴池允許男女全裸混湯，但因為這樣的情況並非一定如此，所以也有可能只是個人選擇的問題。

羅馬人的童年生活

出於嬰兒的高死亡率，許多羅馬家長想必都認為他們孩子的早年生活充滿了危險。儘管如此，父母對子女的教養態度依舊嚴格，這是整個社會風氣使然，從孩子還是依賴著家裡的嬰兒，一直到他們長大成人，都有著一系列早已預定好的階段要去經歷。

下圖是從古代阿庇亞大道上出土的一具兒童石棺，年代為西元三世紀中期，上頭刻畫正在玩著核桃的羅馬女孩們。

在所有羅馬幼兒中，有28%的小孩未滿周歲就夭折了。孩子出生後的9天內是公認的危險期，只要撐過9天這個門檻，人們就會為孩子舉行「淨化日」的慶祝儀式。儀式中會替新生兒取名字，為他/她沐浴清潔，並送予一個稱為crepundia的護身符當作禮物，這個禮物是把一些帶有意義的小飾品串在一起，包括能發出聲響的玩具、微形的工具和器物等。在這個良辰吉日，人們會用酒、香和蛋糕來慶祝，如果新生兒是男孩的話，人們會幫他戴上一個bulla項鍊，這是由兩塊凹面的黃金扣在一起，中間放有一個護身符，來保護小孩不受邪惡力量侵害。對於經濟較不寬裕的人家，男孩的bulla項鍊是以錫或皮革製成。至於小女孩，則是配戴一個新月形的護身符，名為lunula，直至新婚的前一晚才會取下。

羅馬的父母不會縱容孩子們的脆弱，他們認為要把孩子養育成人，有時要透過嚴厲的管教方式，像是讓孩子洗冷水澡還有體罰。由於父親在家中的權力是絕對的，因此這種嚴格的紀律管教絲毫不容孩子反抗。孩子從小就被灌輸一種觀念，那就是對權威的絕對尊崇，無論是對眾神的崇拜還是對家父長的尊敬，都是如此。富裕人家的子女會交付給奶媽照顧，並由稱為pedagogues的家庭教師負責教導，許多孩子和他們的奶媽建立長久的情感關係，所以奶媽也成為孩子尋求建議的對象和知己，甚至有些女孩嫁為人婦時還會帶著自己的奶媽去到新的家庭。

孩子們玩著用黏土或蠟製作的娃娃，也曾在出土文物中發現過迷你的小馬車，另外也有留下許多關於孩童們打陀螺、踩高蹺、玩球與滾鐵圈的描述。至於擲骰子、距骨和小石頭的棋盤遊戲，在當時可謂是老少咸宜。在上流社會的家庭中，母親會教導自己的小孩讀與寫的基本能力，直到他們年滿7歲。孩子7歲之後，男孩們就交給老師去教導，而女孩們則繼續留在母親身邊，向媽媽學習諸如紡紗、編織、縫紉和操持家務等女性的技能。

課餘時間，男孩們幾乎都跟他們的父親待在一起。如果是平民階級，他們就會學習父親的工作內容，農夫的兒子則會下田幫忙農活。

左圖是西西里島卡薩爾古羅馬別墅中的馬賽克作品，年代為西元四世紀，描繪孩子們參與狩獵活動，而這個畫面展現男孩子們正在用長矛刺向一隻野兔。狩獵在羅馬菁英間是很受歡迎的活動，男孩們通常會跟著他們的父親一起去打獵，以從中學習戰鬥技能。

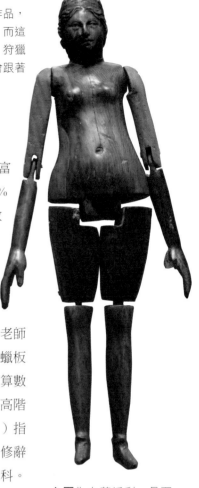

而在上流階級家庭裡，當父親在招待客人的時候，兒子會站在一旁，學著記住客人們的名字，旁聽他們的對話。男孩透過這個方式學會實際的政治知識，而當他年紀夠大了，就會被送到元老院去聽偉大演說家們的辯論。為了追求羅馬人強健陽剛的理念，男孩會被訓練如何使用武器，並接受軍事操練，同時也被鼓勵多多參與像是游泳、騎馬、摔角和拳擊等能展現男子氣概的運動。女孩子到了12歲就算成年，並直接步入婚姻階段。然而對男生來說，代表他正式成為大人的成年禮儀式，會在他14歲到17歲之間的某一天舉辦，在那一天，男孩子會丟掉他的bulla項鍊和孩提時代穿的束腰，獻祭之後，自行穿上白色的男子束腰外衣以及成年男性穿著的長袍。接著他會被帶到羅馬廣場，在那裡登記自己的名字，從此成為一位完完全全的羅馬公民。

學校教育

　　孩子能否接受教育取決於父母的財富狀況，而羅馬公民的識字率大約只有20%左右。鑑於共和早期對教育的觀念既鬆散又不正式，於是當他們在西元前146年征服希臘時，也一併接收了希臘人的教育體系，當時有許多希臘奴隸被帶到羅馬去擔任教師。一般來說，男孩子直到7歲才會去上學，在學校裡，他們跟著一位老師（litterarius）學習，課表包含閱讀、使用蠟板和尖筆寫字，以及用算盤來做一些基礎的算數等。而在男孩滿12或13歲時，會被送去更高階的學校就讀，在那裡的教師（grammaticus）指導下，學習藝術、詩歌、希臘文，最後是修辭學和哲學，儘管很少有人能讀到後面這兩科。其教學方式為死背硬記的填鴨式教育，並且經常體罰學生。至於地點方面，只要是能租借到的地方就能變成學校，所以教室可能是在商店後面、浴場的柱廊、又或是其他公共場所。學校一週7天都要上課，幸好有頻繁的宗教假日，讓大家都能喘一口氣。

上圖為在蒂沃利一具石棺中發現的象牙製娃娃，年代為西元二世紀晚期。娃娃的手臂和雙腿都做出可以活動的關節，它們甚至還有自己的衣服和裝飾配件，非常像是現代的芭比娃娃。

左圖為在特里爾附近的諾伊馬根（Neumagen）所發現的一幅浮雕，年代為西元180至185年，上頭刻畫著一位老師和三名學生。羅馬的教育為死背硬記，由於沒有教科書，所以上課方式僅為教師口授。課堂紀律相當嚴格，學生只要稍一分心，就有可能會挨打。

羅馬人的飲食

在古羅馬，食物是地位的象徵，而與朋友餐敘則是每個羅馬人行事曆上的主要社交活動。只有上流階級的人家有廚房，所以大多數羅馬人都是從攤販那裡購買食物。能運用各式各樣的食材，由廚藝精湛的奴隸在自家廚房烹飪，招待客人在雅緻的宴飲廳中，讓他們斜靠在躺椅上用餐，這些加總起來，無疑就是財富與地位的象徵。

羅馬人的主食是麵包，由斯佩耳特小麥、其他麥類或穀物製成。整個羅馬城裡到處都是烘焙師傅，他們製作各式各樣的麵包，從扁平的圓形麵包，到浸泡蜂蜜和酒的麵包，還有使用黏土烤模做出的堅果和蜂蜜麵包。羅馬人通常一日三餐：早餐ientaculum、中午前就吃的午餐prandium、還有在接近傍晚時吃的晚餐cena。窮人吃撒上鹽巴的麵包當早餐，而富人早餐則吃麵包、小麥煎餅、棗子和蜂蜜。午餐是簡單的一餐，會吃麵包、沙拉、橄欖和起司。吃完午餐便是午休時間，此時全城街道上都空無一人。最主要的用餐活動是晚餐，假如有宴客的話，用餐時間可長達4小時。對窮人來說，晚餐可能吃的是某種大麥粥，粥裡混合著蔬菜和豆類，像是豌豆、蠶豆和小扁豆等。這和富有的羅馬市民晚餐形成鮮明對比，富人們最簡單的晚餐至少可分成三個部分：開胃菜、主菜和甜點。開胃菜包括牡蠣和貝類、醃漬蔬菜、萵苣、雞蛋和各式爽口醬料。肉類價格昂貴，只有上流人士才能經常享用，主要是家禽和野味，像是大野兔和野豬，再輔以鳥肉，像是鵝和鴨，他們甚至也吃鴿子及鵲鳥等小型鳥類。

此外，更富裕的羅馬人喜歡吃各種不同蔬菜，包含蘆筍、蕪菁、紅蘿蔔、洋蔥、韭菜和黃瓜等。甜點為水果，包括蘋果、無花果、李子、棗子、櫻桃、葡萄和桃子。在甜點中加進一整根長角豆莢非常受到歡迎，因為那能為餐點增添類似巧克力的風味。

食物的烹調方式有水煮、燒烤、燉煮、又或是以鐵叉架在爐火中烘烤，而保存食材的方式則有煙燻、醃漬或鹽漬等。羅馬人明顯喜歡重口味，因為他們的晚餐食材都會以種類廣泛的辛香料與調味料來提味，包括薄荷、芫荽、蜂蜜、醋、芹菜、歐芹、刺山柑和松仁等。蔚為風行的魚醬garum是一種普遍使用的調味料，其原料為魚腸，和鹽一起發酵後會生成一種液體，待水分蒸發後，留下來的濃稠糊狀物便是魚醬了。魚醬出口至整個羅馬世界，被認為是眾多羅馬菜餚中必不可少的調味品。

羅馬人主要的餐具就是他們的手，他們用左手拿盤子，用右手抓取食物，有時也會輔以湯匙和刀子，當時並沒有叉子。上流階級斜倚在低矮的長躺椅上吃飯，這種躺椅朝餐桌方向向上傾斜，每張躺椅由靠墊分成三等分，意即可容納三名用餐者。其宴飲廳設計成三張躺椅從三面圍繞著一張餐桌，剩下一面則空在那裡，由此得名triclinium。用餐賓客會向他的左側斜倚，用靠在躺椅上的左手肘支撐身體。中間的躺椅被認為是最尊貴的座次，會安排給宴會中最有聲望的賓客。婦女也會參加這類晚宴，並一起靠在躺椅上用餐，而孩子則會被要

下圖是來自蒂沃利窖藏品中的銀製餐具，年代為西元前一世紀中期。這組窖藏品有30樣精美的餐具器皿，包含酒杯組、一個水罐、一把酒勺及數支湯匙。在杯子還有酒勺上刻有名字，透露了餐具主人的身份——盧修斯的女兒薩提亞（Sattia, daughter of Lucius）。這些物品可能是因為羅馬共和末期爆發的內戰，而被埋藏起來的。

上圖是迦太基的馬賽克作品，年代為西元四世紀，描繪一場宴會場景，圖中有樂師演奏音樂、僕人供應餐點，而賓客則斜靠在躺椅上。宴會上演奏的樂器通常包括笛子、里拉琴和水風琴，更鋪張一點的還會有雜耍、舞姬與默劇演員的娛樂表演。這些節目都經過精心設計，目的就是要在賓客面前展現主人的財力和地位。

求坐在小凳子上。

羅馬晚宴有著大量葡萄酒相伴，羅馬人總是把葡萄酒兌水稀釋後飲用，而且經常加入香料調味，又或是用蜂蜜來增加酒的甜度。酒和水會倒進一個大碗裡混合，接著再用勺子舀進高腳酒杯中。人們常常舉杯祝酒，並要求一乾到底，這一定消耗了非常大量的葡萄酒——羅馬人暴飲暴食過量，嘔吐完再繼續吃喝，這種情形對他們來說司空見慣。在更雅致的一些晚宴中，還會有樂師來演奏助興。

上圖是龐貝城奧盧斯·尤布里修斯·斯卡烏盧斯別墅的一幅馬賽克作品，描繪一個魚醬瓶，上頭寫著「來自魚醬進口商斯卡烏盧斯的工作坊」。魚醬是一種發酵過的魚類醬汁，在羅馬是一種大受歡迎的日常調味料，主要來自地中海西部地區，是西班牙和盧西塔尼亞（今日的葡萄牙）的主要出口商品，在義大利備受重視。

羅馬食譜：蔬菜燉鴕鳥肉佐魚醬

此份食譜出自羅馬美食家阿皮基烏斯（Apicius）的經典名著《烹飪的藝術》，據信是在西元一世紀時蒐集羅馬各地食譜匯編而成。

水煮鴕鳥肉的材料：黑胡椒、薄荷、烤孜然、芹菜籽、大棗或耶利哥椰棗（Jericho dates）、蜂蜜、醋、風乾葡萄酒（passum）、魚醬、橄欖油少許。把這些材料一同放入鍋中煮沸，加入澱粉讓它們勾芡在一起，再把醬汁澆在餐盤中的鴕鳥肉片上，最後撒上胡椒。假如你想要把鴕鳥肉和醬汁一起熬煮，可以加入小麥粉。

也許比起燉煮鴕鳥肉，你更傾向用火烤或油煎的烹調方式。無論你選擇何種料理手法，這個醬汁和鴕鳥肉都是絕配。500克左右的鴕鳥肉片，不論是用煎的還是用煮的，你都需要：

麵粉2茶匙

橄欖油2湯匙

風乾葡萄酒（餐後甜酒）300毫升

烤孜然籽1湯匙

芹菜籽1茶匙

去核蜜棗3顆

魚醬3湯匙（你也可以用50克的鯷魚罐頭代替）

黑胡椒粒1茶匙

切好的新鮮薄荷末2湯匙

蜂蜜1茶匙

濃醋3湯匙

先用麵粉和一湯匙的橄欖油做成麵糊，再加入風乾葡萄酒，持續攪拌至醬汁變得均勻滑順。接著按照以下順序將這些食材搗碎到一起：孜然、芹菜籽、棗子、魚醬或鯷魚肉、黑胡椒粒、薄荷末，再倒入剩餘的橄欖油、蜂蜜和醋。把這些搗碎好的材料倒進方才加了風乾葡萄酒的濃稠醬汁中，然後放進鴕鳥肉片攪拌，讓它們和醬汁一同熬煮加熱。

龐貝城：塵封在時光之中

西元79年8月24日，維蘇威火山爆發，將那不勒斯灣的三座羅馬城鎮——龐貝城、赫庫蘭尼姆城、斯塔比亞城完完全全地摧毀，無一倖免。洪水般的火山物質吞沒了這些城鎮，帶走成千上萬條居民的性命，但在另一方面也將城鎮樣貌原封不動地保存下來，讓數千年後的人們得以驚嘆於這些城鎮、居民以及他們日常生活的詳實細節。

下圖是龐貝古城遺跡，這座城市自從西元79年維蘇威火山爆發後，便被埋在一層厚厚的火山灰之下。龐貝城被人遺忘了很長一段時間，直到1748年，一群探險家重新發現了這個地方，他們從火山灰下方挖掘出這座保存完好的時空膠囊，並持續揭露著關於西元一世紀羅馬行省城市生活樣貌的大量資訊。

龐貝城是一個相對繁榮的義大利城鎮，可能也是羅馬帝國許多其他小型城鎮的典型代表。龐貝城的財源來自其港口和農業腹地，而在共和時代晚期，城內住宅區的範圍不斷擴展，同時也開始林立著重要的公共建築，像是斯塔比安浴場、大會堂（basilica，行政、財務與司法中心）以及朱庇特神廟等，在在顯示了龐貝城的欣欣向榮。

龐貝城是個中型城鎮，居民人口大約有15,000至20,000人，維蘇威火山就位於龐貝城北邊約10公里處，支配了整個城鎮的視覺景觀。

龐貝城位在薩爾諾河口（River Sarno）處的海岸邊上，得天獨厚的地理位置，造就龐貝城成為一座貿易與交通樞紐的重鎮（維蘇威火山的爆發讓海岸線有所變化，使得今日的龐貝城距離海岸將近2公里遠）。早在西元63年，龐貝城就已經歷過一場大地震，這可能是預示著維蘇威火山最終噴發的一連串地震中的其中一次，而當維蘇威火山徹底把龐貝城從地圖上抹去時，這座城市事實上正處於重建階段，從遺跡中可看到大量公共建築和私有建物的重建工程。

地震活動在這個地區司空見慣，所以很有

左圖是龐貝城特倫提烏斯·尼奧家（the house of Terentius Neo）的壁畫，大約繪於西元20至30年間，被公認是龐貝城保留下來最精美的畫作之一。畫中描繪一位名為特倫提烏斯·尼奧的麵包師傅，他身穿羅馬公民的托加長袍，手裡握著一個羊皮紙卷。他的妻子手上拿著一支尖筆和蠟板，代表她既識字也受過教育。這對夫妻「現代感」十足的肖像畫，展現出自己身為自由資產階級一員的形象。

可能大部分居民都對噴發前的小型地震見怪不怪，沒有將其當作災難來臨前的徵兆。不過就在8月24日的正午過後沒多久，伴隨著震耳欲聾的爆炸聲響，大量火山物質猛烈向上噴發，並形成了蕈菇狀的雲，上升超過13公里，直入大氣層，太陽被火山灰所遮蔽住，天空迅速黑成一片。小普林尼（Pliny the Younger，西元61-113年左右）作為這場世紀災難的目擊者，在那不勒斯灣對岸的米塞努姆（Misenum）親眼見證了火山爆發的過程，並對這致命的三天留下無可比擬的詳實紀錄，他形容這場面就像「一棵如雨傘般張開的松樹」。火山碎屑隨後被帶往東南方，直接籠罩住龐貝城和附近的別墅度假勝地斯塔比亞。最先落下的沉降物形式是火山礫，這種小型浮石旋即在龐貝城的房屋和花園裡堆積至3公尺高。碎

「你可以聽見女人們的尖叫、嬰兒們的哭聲、與男人們的吶喊；有些人呼喚著爹娘，有些人叫喊著妻兒，試圖從慌亂的聲音中認出對方。人們為了自己的命運而哀傷，也為了親人的遭遇而悲慟；有些人在對死亡的恐懼下，祈禱著快快解脫。許多人懇求神明的救助，但更多人猜想神明們已全都離去，今後宇宙將陷入一片無盡的黑暗之中。」

～小普林尼

上圖是龐貝城貞潔情人之家（the Casa dei Casti Amanti）的一幅壁畫，描繪宴會中的場景。這間房子是一棟包含數家小商店的大型因蘇拉公寓的一部分，因為壁畫描繪兩對情侶在宴會中斜靠在躺椅上而得名。與龐貝城情色露骨的多數壁畫相比起來，這幅端莊得體的畫面可說是大相逕庭。

屑如傾盆大雨般，造成許多屋頂崩塌，讓困在裡面的人全都窒息死亡。火山爆發的第一天，許多居民還來得及逃亡，他們趕忙乘著船隻逃離海岸。

在這個階段，由於盛行風向的關係，龐貝城附近的赫庫蘭尼姆尚未受到落塵波及，然而午夜過後沒多久，一場毀滅性的火山泥石流如洪水般淹沒了這個城鎮。隔天清晨6點半，一股兇猛的火山碎屑流，混雜著火山灰、熔岩與有毒氣體，順著維蘇威火山的斜坡滾滾而下，瞬間吞噬了龐貝城。這股塵暴的溫度比沸水還要滾燙五倍，很快就讓所有沒有逃難的居民窒息而死。大多數人都是第一時間立即死亡，因為

超高溫的熱氣迅速灼燒了他們的肺部，並且造成肌肉收縮，以致於其遺體都呈現胎兒般的蜷曲姿勢。火山爆發伴隨著多起地震，摧毀了許多建築物。到了第三天，火山終於停止噴發，至此，城鎮已被掩埋在4公尺高的碎屑之下。

當1815年龐貝城的圓形劇場首次被挖掘出土時，考古人員發現了一系列生動傑出、色彩鮮豔的壁畫裝飾，描繪著野生動物和角鬥士，可惜在它們重見天日的短短幾個月內，這些壁畫就被冰霜給凍毀了，不幸中的大幸是，考古人員在之前就已把壁畫內容精確地描摹了下來。整座城市到處都有發現其他壁畫的碎片，其中最特別的位在茉莉亞・菲力克斯的家（the house of Julia

Felix），因為那裡的壁畫為龐貝城留下了鉅細靡遺的日常生活點滴，其所描繪的場景包括一名乞丐、一位男孩正遭受鞭打體罰、一名男子正在幫另一名男子清理鞋子、商人們正在兜售他們的貨品。龐貝城著名的色情壁畫並不一定代表那裡就是妓院所在，事實上，色情壁畫在龐貝城是隨處可見的裝飾。廣場上的大量塗鴉為我們帶回了龐貝市民失落已久的聲音，雖然很多是粗鄙下流、八卦蜚語、惡意咒罵，像是「西奧斯，我希望你的痔瘡讓你不爽，像你從未感受過的火燒屁股那

上圖是西元79年龐貝城在維蘇威火山爆發時的受害者們，他們被埋在火山灰與浮石裡，塵封在時間長河之中將近1,500年。1860年，考古學家朱塞佩·菲奧勒利（Giuseppe Fiorelli）發現在火山灰層中偶爾會出現一些空隙，這些空隙是因為火山灰覆蓋在人們的遺體上，隨著遺體腐爛而形成。於是他將高級石膏注入這些空隙中，填補了原本由人體軟組織所留下的空間，創造出這些完美的石膏模型。

左圖為農牧神之家（the House of the Faun）中的一幅馬賽克作品，農牧神之家是龐貝城最奢華的其中一座貴族豪宅，而這件作品位於宅邸內臥躺宴飲廳的地板上，內容描繪的是海洋生物。這幅畫面為馬賽克藝術展示了一個極為傑出的範例，大量海洋生物以目不暇給的姿態緊密成群，歌頌著海洋世界的豐饒與繽紛。

下圖是龐貝城的一幅羅馬壁畫，繪於西元一世紀，畫面中的一位男子戴著戲劇面具，還有一位戴著花環的女人正在彈奏里拉琴。龐貝城的大劇場可以容納5,000名觀眾，自西元前二世紀開始，總共使用了300多年。龐貝城另外也擁有一座室內的小型劇場（Teatro Piccolo），用於音樂表演，或許有極佳的聲學效果。

麼痛」、「露西亞靠她的身體在賺錢」等。

龐貝城最有名、最有說服力的遺跡，是一些男人、女人、孩童還有動物遺體的石膏模型。當考古團隊在十九世紀中期開始挖掘出人類遺骸時，他們注意到遺骸骨骼與被壓實的火山灰燼之間呈現中空狀態，於是他們小心翼翼地將熟石膏注入這些空隙中，讓這群龐貝城最後居民臨死之前扭曲痛苦的姿勢、衣著和恐懼的神情，栩栩如生地再現於後世。

逝者的樣子

古羅馬的喪葬紀念物以極其有力的方式，論證了羅馬人對死後世界的信仰，同時也反映出逝者的社會地位，其銘文清楚傳達了家屬對死者的愛、失落和悲傷的感受。這些為了紀念逝者而委託製作的羅馬喪葬藝術品，為今人留下了大量關於羅馬藝術的實體證明。

上圖是西元190年左右的羅馬石棺，上頭的浮雕刻著酒神戴奧尼修斯穿越印度大地的凱旋隊伍，以此象徵逝者戰勝了死亡。雕工繁複的遊行隊伍包括了獅子、老虎、大象，甚至還有一隻長頸鹿。棺蓋上描繪戴奧尼修斯的誕生，以及寧芙精靈們對祂的熱烈歡迎。這座精細超凡的石棺，充分展現了羅馬最優秀的浮雕工匠們的才華，委託打造它的肯定是一位極為富有的市民。

羅馬人認為亡者的靈魂叫作麻內（Manes），而麻內需要靠人們供奉食物和飲料等祭品來補充營養，有些墳墓甚至還有通往地面的管道，讓家屬得以將供品送往地下世界。關於人死後究竟何去何從，人們的看法並不一致，有人認為亡靈會被帶往地府冥界，也有人相信逝者會飛升天堂。

有錢人的墓上會豎立墓碑，根據法律，墳墓的地點必須在城市邊界之外，沿著主要幹道排列。以羅馬本身而言，墓地的範圍順著阿庇亞大道而不斷延伸。至於猶太人和基督教徒，死後則是被埋葬在由岩石所開鑿成的地下墓穴中。

傳統的葬禮儀式有明確規定：先將遺體洗淨、施膏，然後安放好等待下葬。人們會把一枚硬幣放在往生者口中，這是要用來打點冥河船夫卡戎（Charon）的費用，祂會載著死者的靈魂渡過斯堤克斯河（River Styx），從生者之地抵達亡者國度。葬禮當天，人們會列隊遊行，一路陪伴亡者前往墓地，往生者的遺體會放在移靈專用的躺椅或簡單的棺架上運送，接著在墓地埋葬或火化。前往墓地的遊行是向人們公開展現自己哀戚的機會，家屬也會雇用職業的哭喪者與樂隊加入，請他們代哭及奏樂哀悼。有的時候遊行隊伍也會搞得像嘉年華的氣

這塊紀念碑謹獻給馬庫斯·凱西里烏斯。感謝你，我親愛的朋友，在我長眠之地駐足，祝你幸運、身體健康、無憂無慮地睡得香甜。

～西元前140年左右，阿庇亞大道上的一塊葬禮碑文

氛一樣，請來職業演員裝扮成往生者的祖先們，或甚至裝扮成往生者本人。葬禮最後以致祭悼詞和儀式的宴席畫下句點。

火葬是羅馬共和時期葬禮的主要儀式，但是到了西元二世紀，土葬變得更為普及。隨著土葬成為喪葬主流，富豪人家們所選用的石棺也越做越精緻，上頭總是精雕細琢著神話中的人物。

古羅馬人十分重視紀念祖先和過世的親人，在每年2月13日至21日的敬先節（Parentalia）期間，人們會特地把時間空出來，用以追思緬懷他們所愛的已逝親人。喪葬的紀念物可說是形形色色，以格局宏偉的一方說起，皇帝與統治者們是以陵墓來紀念，通常是與他們的身分相襯的大型建物，例如奧古斯都的陵墓建於西元前28年，意即當他還健在的時候，就已經開始為自己的死亡做準備了。喪葬用的祭壇起初是做來存放骨灰的，但後來變成緬懷逝者之用。祭壇上的墓誌銘寫有往生者的姓名，有時還會寫上他們的享年與職業，以及幾句致敬的悼辭。墓誌銘上通常也會提及建造祭壇者的名字，強調他們和逝者之間的關係，以及他們心裡有多哀痛，尤其在小孩子的祭壇上更是如此。

墓碑在整個帝國都很普遍，上面的墓誌銘被用來突顯死者的財富、榮耀和地位。墓碑上通常會刻著死者的名字、肖像、一段「獻給亡

下圖為一座裝飾有亞洲花環的石棺，年代為西元150至180年左右，很有可能雕刻於弗里吉亞，而後再運往羅馬。花環由邱比特們和位於兩側角落有翅膀的女神們所扶著，圍繞著一位頭戴王冠的神明（左）和一名年輕女孩（右）的半身像，她可能就是這口石棺的主人。石棺左右兩側的正中央分別刻有悲劇和喜劇的面具，至於兩個頂端則是以蛇髮女妖梅杜莎作為裝飾。花環浮雕讓人聯想到裝飾墳墓和祭壇時，經常用來纏繞的真實花朵與樹葉。

靈」的刻文（Diis Manibus），有時也會寫上給
逝者的墓誌銘，或是簡述他們的生平。為國捐
軀的士兵會被授予一塊簡單的墓碑，這是一面
長方形的石板，刻有士兵的姓名、軍階、所屬
單位，還有他死亡時的年齡以及在軍中服役的
年份。在某些情況下，當一位士兵戰死沙場，
但找不到他的遺骸時，他的家人會為他立碑以
作為紀念，但絕大多數在戰場上陣亡的士兵，

上圖是一座羅馬葬禮紀念碑上描繪梳理頭髮的場景，
年代為西元200年左右。雖然許多羅馬石棺是從神話場
景或宗教信仰中取材，但描述日常生活的場景也很常
見，尤其在女性的石棺上更是如此，通常會對該名羅
馬女子的社會角色與個人閱歷加以重現。

都會被埋葬在無名的墓地中。

下圖是西班牙薩拉戈薩行省（Zaragoza）的法瓦拉古羅馬陵墓（the Roman mausoleum of Fabara），又名盧修斯‧埃米利烏斯‧盧普斯（Lucius Aemilius Lupus）陵墓，建於西元二世紀。這座矩形建物的砂岩石塊是用金屬零件加以固定，完全不施砂漿砌合。它完美地對準基本方位而建，其正立面朝向東方。正立面的圓柱為托斯卡納式樣，柱頂上原本刻有銘文，可是如今已不復存在。陵墓的主人目前暫時認定為盧修斯‧埃米利烏斯‧盧普斯，他肯定是一個重要人物，若非當地顯貴，就是貴族氏家的成員。

羅馬貿易

羅馬發達而錯綜複雜的貿易網絡，雖然大致說來是以地中海為中心，但也經由絲路而延伸至遠東地區。能夠維持這樣的商貿體系，有賴於高效能的公路與海上交通運輸、穩定的貨幣制度，與由羅馬當局運作的貿易品質控管。

羅馬內部的交通主要依靠公路、可航行的河流及海上航線。笨重的貨物總是利用水路來運送，根據戴克里先皇帝（Diocletian）在西元301年頒布的《價格詔書》來看，把穀物從西班牙透過海路運至敘利亞的價格，要比走120公里的陸路便宜許多。據估計，陸運的成本是海運的60倍。北非是羅馬的糧倉，帝國時期

的羅馬城人口達到一百萬人，因此仰賴從埃及行省和阿非利加行省（今日的突尼西亞）船運來的穀物，如此才能維持每月發放給羅馬公民的穀物配給。

　　地中海是羅馬的貿易樞紐，羅馬帝國利用北非、西班牙、法蘭西、中東的資源，來供應首都羅馬城和其義大利腹地的物資需求。除了穀物

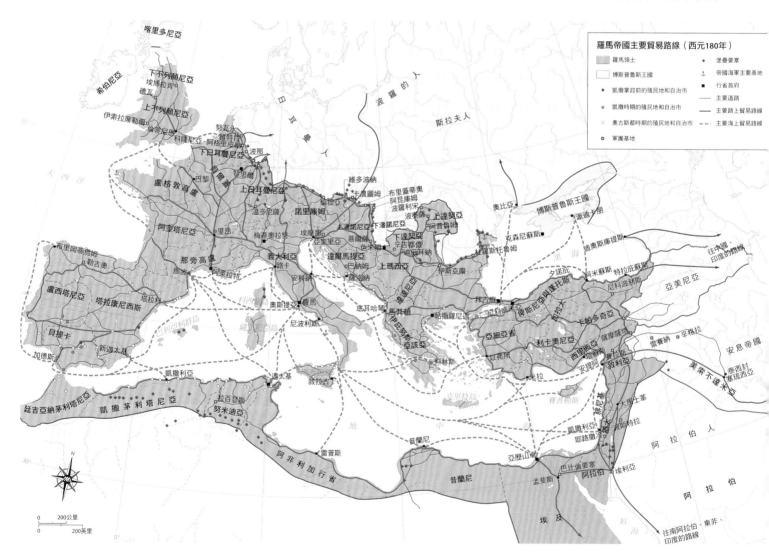

以外，其他主要進口貨物包含像是橄欖油、葡萄酒、牛隻、木材、鐵、大理石和皮革等日常商品。隨著帝國日益擴張，某些區域開始發展出專門的地區特產，並有能力生產出可以大額貿易的供給量，例如埃及的穀物、西班牙的橄欖油、南法的葡萄酒等。有些地區先天上就有優勢，擁有熱門的搶手商品，像是巴爾幹半島的鹽、不列顛群島西部的錫、色雷斯的馬匹。

雖然大多數的帝國居民仍能一如既往地靠著當地生產的物資生存，但富人們卻把越來越多的金錢花在異國的奢侈品上，以此來突顯自己的地位。物品運送到羅馬的路程越遠，就顯得它們越有價值。有些商品，像是從中國來的絲綢與從東南亞來的香料，是駱駝商隊經由所謂的絲路，穿越中亞運送而來。羅馬商人則把玻璃器皿、黃金和其他工藝製成品賣到東方，甚至在遙遠的馬來西亞和越南的出土文物中，都有發現羅馬手工藝品的蹤影。其他奢侈品還包括象牙、紙莎草紙、半貴金屬及阿拉伯香。

絕大多數貿易商船都是帆船，有著一根、兩根或三根船桅。儘管船運是最經濟實惠的運輸方式，但同時也是最危險的，不計其數的羅馬沉船就足以證明此點。除了可能遭遇海上暴風，商船也很容易成為海盜襲擊的目標，因此當局設立了大量燈塔、碼頭和港口，以提升貿易商船在地中海周邊航行的安全性。羅馬城的

外港位於台伯河口的奧斯提亞（Ostia），商品都在那裡卸貨，再以小船溯河而上運送到羅馬。克勞狄烏斯在位時期，在奧斯提亞建造了一座人造港口，到了圖拉真時代又再加擴建，以吞吐數量龐大的貨物。

在共和時代，擁有自己船隊的個體商人靠著貿易，很容易就能家財萬貫，但是到了帝國時期，國家對商貿的控制越來越多，於是國營的貿易船隊便取代了個體船主。國家對行省之間的貨物流通徵收稅金，並且控制了交易市場；還有一種加蓋印章或為貨品上封條的制度，上頭標示了產地、純度、重量等訊息，這是為了要確保貨品品質並且防止詐欺行為。而標準化且穩定流通的貨幣，以及足以信賴的度量衡系統，也對羅馬控制帝國內的商貿經濟起著至關重要的作用。

羅馬雙耳瓶

羅馬雙耳瓶被用來運送各種各樣的物品，特別是橄欖油、葡萄酒、魚醬及蜜餞果乾。這種陶罐對於長途運輸，尤其是船運，顯得非常重要。雙耳瓶通常是素面，表層沒有上釉，瓶口狹窄並有兩個握把，瓶身做得很厚來增加堅固度，底部呈錐形以方便傾倒以及在船上堆放。一個裝滿的雙耳瓶會非常沉重，所以其有兩個握把，可以讓兩名男丁來搬運。雙耳罐使用黏土瓶塞密封，如果運送的是乾貨，有些也會使用陶製的瓶蓋。許多雙耳瓶在燒製之前，會先在瓶頸、邊緣或握把上印好產地、數量，甚至食用期限等資訊。羅馬的泰斯塔西奧山（Monte Testaccio）是座由陶器碎片堆疊成的人造山丘，這些陶片來自大約5千3百萬個廢棄的雙耳陶瓶，足以說明雙耳陶瓶在當時的使用量有多大。此外，在羅馬沉船中也發現了大量雙耳罐，這些雙耳罐為後人提供了關於羅馬貿易的性質、規模和範圍等極為有用的資訊。

上圖 雙耳罐的類型非常多樣，會根據運送物品的內容和運送的方式而有所差異。許多雙耳罐的底部做成錐形，以方便在船運時用繩子綁在一起立起來存放。目前已知最大的載有雙耳陶瓶的羅馬沉船，位於愛奧尼亞海的凱法利尼亞島（Kefalonia）海岸附近，船上載有6千個像這樣的陶瓶。

左圖 是德國奧格斯堡的一幅古羅馬浮雕，描繪一輛由兩隻牛拉動的四輪貨車（plaustrum）。這種貨車有2到4個包有鐵皮的厚車輪，是羅馬世界其中一種最常見的運輸工具，用於運送工程建材或像是橄欖油、穀類和葡萄酒等農產品。

凱旋歸來

羅馬人充分利用其軍事上節節勝利的宣傳潛力，准予征服者們以凱旋遊行的形式，盛大慶祝他們耀眼的功績，並藉以宣揚羅馬的國威與優越性。到了帝國時期，羅馬人轉而用更恆久的紀念物來慶祝勝利，豎立不朽的石材和大理石來榮耀他們的戰爭英雄。

上圖是位於羅馬聖道（Via Sacra）上的提圖斯凱旋門，建於西元81年左右。這座凱旋門由圖密善皇帝下令建造，來紀念他的兄長提圖斯與他們的父親維斯帕先成功平定猶地亞的猶太人反叛。這座拱門描繪了耶路撒冷陷落後的凱旋遊行隊伍，成為往後許多凱旋門的範本，其中最有名的就是巴黎凱旋門。

凱旋儀式可能源於布匿戰爭時期，一旦元老院確認統帥傳來的捷報，就會授予他「凱旋將軍」的榮譽頭銜，直到他的公開凱旋儀式結束。接著他繼續行進前往羅馬城的郊區，元老院的成員會在那裡迎接他，然後元老們聚集在戰爭女神貝羅納的神廟聆聽他的凱旋演說。在向眾神獻上表達感謝的祈禱後，凱旋將軍會讚美他麾下的軍團，挑選出特定幾位表現英勇的將士加以表揚，並向他的部隊發放獎金。而後他穿上特別的紫色長袍，帶著隊伍穿過專門為此而建的凱旋城門進入羅馬城。這支隊伍由執政官和政治人物領頭，當中還有一些戰俘，他們通常被鐵鍊誇張地五花大綁，遊行示眾。描繪該戰爭中著名場景的畫作也會帶到遊行中公開展示，有時還會把這些場面重新上演一番。眾樂手、火炬手、旗手們，為這幅景像增添更多歡騰色彩，群眾則用不絕於耳的歡呼聲夾道歡迎。凱旋隊伍驕傲地展示他們的戰

利品，後面便是帶領這場勝利的將軍，他站在一輛由四匹駿馬拉著的高大戰車上，而他的孩子和手下軍官則騎在馬背上緊隨其後。在卡比托利歐山上的朱庇特神廟，凱旋將軍通常會赦免一、兩位囚犯，然後將一頭公牛獻祭給朱庇特，同時獻上戰利品以作為供奉。這一整天的活動最後以盛大的宴會圓滿結束。

西元前19年以後，這種盛大的場面只保留給帝王人選。維斯帕先和他的兒子提圖斯於西元71年從猶太大勝歸來後，其凱旋式辦得極為鋪張華麗，而日後的凱旋儀式也開始有越來越浮誇的趨勢，因為那些不得民心的皇帝希望以此來討好羅馬人民。凱旋式後來變得日益罕見，在接下來200年內，凱旋式或許舉辦不到20次。從那時起，羅馬人便傾向用更恆久的方式來紀念他們的戰爭英雄，那便是建造凱旋門及凱旋柱。

大多數凱旋門建於西元前27年至西元476

上圖為法國東南部的奧朗日凱旋門，建造年代可追溯自奧古斯都在位期間。這座凱旋門最初是為了紀念高盧戰爭中的英雄們，後來由提比略皇帝加以改造，來慶祝日耳曼尼庫斯在萊茵蘭戰勝日耳曼部族。凱旋門上還有獻給提比略皇帝的刻文，落款於西元27年。

左圖為羅馬廣場上的塞維魯斯凱旋門，於西元203年興建，以紀念塞維魯斯皇帝和他的兩個兒子卡拉卡拉與蓋塔在對抗安息帝國的戰役中凱旋而歸。後來當卡拉卡拉暗殺蓋塔後，凱旋門上所有獻給蓋塔的文字與圖像都被一併抹除掉了。

年間。凱旋門是為了慶祝軍事勝利而建，但也用來紀念具有特殊意義的重大事件。凱旋門遍布整個羅馬帝國，起著象徵性的作用，與任何既有的城牆與城門等防禦體系毫無關聯。凱旋門的基本形式包含兩根門墩柱，中間以拱門相連，拱門頂部的上部結構用作雕像群的底座，並刻有紀念性碑文。羅馬城共有36座凱旋門，但倖存下來的寥寥無幾。立於羅馬廣場上的提圖斯凱旋門展現了提圖斯駕著青銅四馬戰車的英姿；塞維魯斯凱旋門是為了紀念他在安息戰爭中獲勝，其中央的主拱門兩旁，各有一個側拱門，上面雕刻塞維魯斯皇帝與他的兩位兒子站在一輛四馬戰車上，身旁簇擁著眾將士，而供奉的碑文稱其為「最傑出、最勇敢的皇帝」。

羅馬人也設計了一種高聳的圓柱式紀念碑，用來榮耀他們打了勝仗的皇帝，並在圓柱上以巧奪天工的華麗雕刻作裝飾，重現戰役中關鍵性的幾個場景。最著名的凱旋圓柱是圖拉真柱，這座高達35公尺的圓柱，以其精緻繁複的戰爭場景螺旋飾帶著稱，用以紀念羅馬在達契亞戰爭中大獲全勝。同時，圖拉真柱也是圖拉真皇帝的陵墓所在。圖拉真柱上的飾帶，為後世研究羅馬軍事的學者們提供了無與倫比的第一手資料，他們還可藉此觀察羅馬人的武器、軍備與戰術。圓柱也清楚展現羅馬人的信念，即他們條理有序的文明戰勝了雜亂無章的達契亞野蠻人。

羅馬人還豎立了馬可奧理略圓柱，以紀念他在西元176年戰勝日耳曼人的部落。這根圓柱同樣以螺旋狀的敘事浮雕作裝飾，但有別於圖拉真圓柱對戰事敘述的冷靜客觀，馬可奧理略圓柱則是極盡戲劇效果與引發共鳴之能事，而這也預示著古典時代晚期的藝術風格。

左圖是羅馬圓柱廣場上的馬可奧理略凱旋柱，圓柱高達39.7公尺，是為紀念奧理略皇帝而建。儘管目前已知圓柱是在西元193年完工，但因為上面奉獻的刻文遭到損毀，所以無法確定是在奧理略生前為慶祝西元176年的勝仗而豎立，還是在他死後才開始建造。

上圖是位於圖拉真廣場的圖拉真凱旋柱，竣工於西元113年，用以紀念圖拉真皇帝在達契亞戰役（西元101-102年與西元105-106年）中獲勝。這根圓柱以其鉅細靡遺的淺浮雕而聞名遐邇，浮雕沿著圓柱盤旋而上，對於戰爭場面的細節刻劃入微。原本圓柱頂端有一尊圖拉真的雕像，但在中世紀時亡失，今日柱頂上的青銅雕像是聖彼得像，這是在1587年安上去的。

羅馬的邊境生活

羅馬士兵被送到帝國最外圍的地帶，去駐守羅馬邊境上的防線，而這條防線也標誌著帝國擴張所能及的最大極限。羅馬人利用河流等大自然的地理屏障，以及人造的防禦結構，諸如城牆與柵欄，將帝國王土與野蠻人的地盤分隔開來。

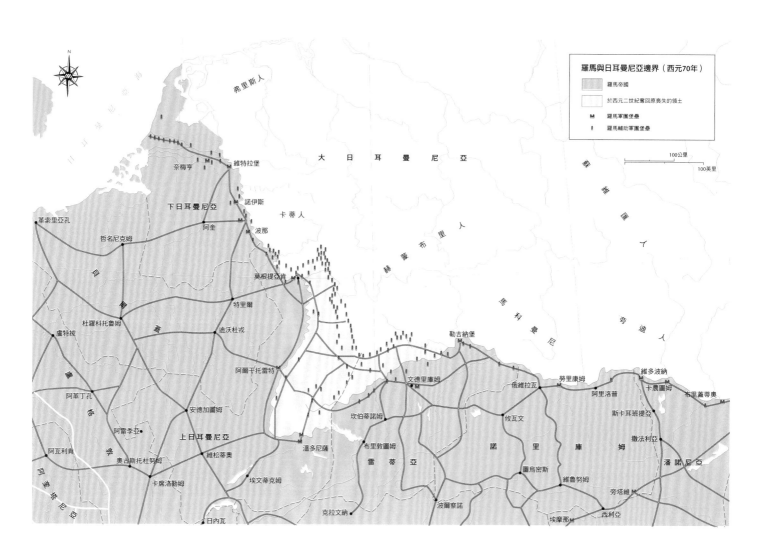

上圖 萊茵河和多瑙河上游原是天然邊界，後來變成一條防禦工事，標示出羅馬帝國，也就是文明世界的界線。而自從西元14年奧古斯都去世之後，日耳曼的邊境也逐漸穩固下來。

大部分羅馬邊界的鞏固工作都是在哈德良統治期間（西元117-138年在位）進行，他是一位務實的皇帝，以治理帝國現有疆域為優先，而不是一昧無止無盡地擴張領土。正如希臘作家阿庇安（Appian，西元95-165年左右）所言：「羅馬人以步步為營地維持帝國當作目標，而不是將他們的支配力量模稜兩可地伸展到那些一貧如洗、無利可圖的蠻族部落中。」

哈德良在他的帝國領土上馬不停蹄地奔波，留下一個由要塞、公路和城牆所組成的防禦網，用堅固的防線守護著整個「文明」世界。

在不列顛那道以他的名字命名的城牆，就是其中一處保存得最完整的羅馬邊境防禦工事。哈德良城牆的興建是為了防衛羅馬不列顛，以抵禦北方喀里多尼亞人（Caledonians）和皮克特人（Picts）的侵擾，城牆東西橫亙127

公里，大部分牆體高達令人望之卻步的5.5公尺。沿著城牆大約每隔1.5公里的距離就設有一個帶城門的小型警戒崗哨，而在其他更重要的地點，還設了17個要塞堡壘，每個堡壘都駐紮了500到1,000名士兵。在城牆北側前方挖有一條深溝，而牆外數里處亦建有小型碉堡，以作為偵查哨所之用。

顯而易見的是，在這裡執勤的士兵，生活條件遠比當地人要來得優渥，他們享受美味的食物，以及遠從帝國其他地方進口的物資，像是來自西班牙的橄欖油、葡萄牙的魚醬等。他們可以動用自己的薪餉從鄰近村莊獲得物質享受，同時拜羅馬效率有加的運輸系統所賜，還能夠收到從南方家人那裡寄來的愛心包裹。堡壘裡有浴場和醫院，這些設施對當地的「Brittunculi」（意為「可憐的小不列顛佬」）來說根本聞所未聞。軍官們很有可能得以享受晚宴和狩獵探險，而連同他們的妻兒與奴隸，過著充實美滿的家庭生活。儘管如此，他們或多或少也還是會抱怨不列顛的天氣。

距離羅馬中心地區900公里外的日耳曼尼亞，大部分邊疆都是以萊茵河與多瑙河為界。約莫在西元70年到西元260年間，羅馬人建立

了一道陸地防線，把這兩條河流中間的防禦缺口給連接起來，這條防線就是日耳曼長城（the Upper German-Raetian Limes）。這道邊牆綿延超過500公里，設有900多座守望塔與120個堡壘要塞，在一片荒涼的曠野上兀立著如此邊界，這景象肯定令人大吃一驚。這條國界大都是堅固的木製柵欄，也有些地區築有石砌的城垣，後面是一些要塞堡壘、小碉堡和守望塔，共同構成一道廣闊的邊界。其堡壘和守望塔的設置，並不像哈德良長城那樣規律而頻繁，這些防禦工事可以根據當時的狀況需求來建造、擴大、搬遷或遺棄。

這條長城的兵力配置少得出奇，若是面對敵軍大舉入侵根本毫無招架之力，但要對付小撮強盜和走私者倒是綽綽有餘，同時也是收取關稅極有效率的辦法。建造這條邊界不是用來驅逐入侵者，更多時候是為了控制人口流動。邊境之外的各部落可以透過外交、貿易和提供軍事援助等手段來招撫，而友善的蠻族也時常為羅馬軍隊效力。

最終羅馬的防禦工事，即便是匠心獨運、矗立千古的哈德良長城，都有可能只是作為羅馬邊界的標誌與實力的展示，而不是抵禦入侵

上圖是薩爾堡（Saalburg）一座重建後的羅馬堡壘，位於今日德國黑森邦巴特洪堡的西北邊，是從前日耳曼長城，也就是構成邊界的一部分。這座堡壘始建於西元90年前後，原是為了駐紮一支輔助部隊的單位，但在大約45年後被改建為一座更大型的堡壘，以進駐一支約有500人的大隊。其城牆原是由木材和石頭築成，西元二世紀時替換成灰泥石牆。這座堡壘一直運作到西元260年日耳曼長城陷落為止。

的實體屏障。於是當日耳曼民族突破防線時，羅馬過於將軍隊集中在邊界的部署，反倒大大讓防守處於不利地位，因為防備薄弱的內陸地區就此暴露在外，正好讓入侵者得以如入無人之境地長驅直入。在不列顛，威脅最終來自海上，迫使晚期的羅馬帝國在英吉利海峽兩岸設立撒克遜海岸軍事指揮部（Saxon Shore），集中全力防守沿海地帶，而不是陸地上的防線。

文德蘭達的書信

1973年，考古團隊在哈德良長城其中一個名為文德蘭達（Vindolanda）的堡壘上，挖掘出成堆羅馬時期的垃圾，它們因為覆蓋在一層厚厚的黏土下方，因而得以在無氧環境中被保存下來。考古人員在當中發現數百片寫滿文字的薄木板，這些文字喚醒了從前在哈德良長城生活的詳細樣貌。有些木板是行政文件，上面記錄著工作分派、補給品清單和執勤名冊，這當中可以看得出守軍們吃得不錯：培根、火腿、鹿肉、雞肉、蜂蜜、雞蛋與蘋果都被列在清單上，此外還有塞爾特啤酒、葡萄酒，以及常見的發酵食品——魚醬。堡壘中的許多士兵顯然和自己的家人同住，因為出土了幾十雙孩童鞋子和嬰兒軟鞋。其中一封信是一位軍官夫人寫給另一位的慶生邀請函。也有許多私人信件是從故鄉寄來的，信裡傳達了家人對北英格蘭種

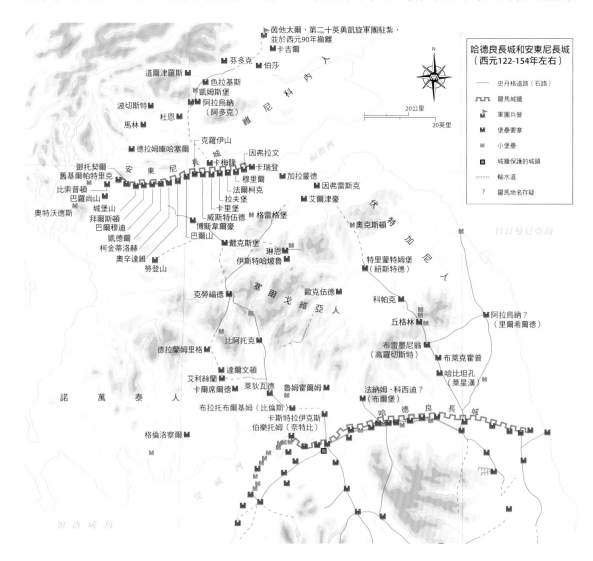

種不舒適的擔憂：「我寄了一些襪子給你……兩雙涼鞋、還有兩件內褲。」其中一封充滿關愛的信裡寫道。士兵們顯然受到很好的照顧，一位名叫毛斯庫魯斯的騎兵十夫長寫信給他的上級：「我親愛的長官，懇請您給予指示，告訴我們明天該做些什麼。要我們整隊帶著軍旗回去嗎？還是一半的人回去就好？……我的同袍們已經沒啤酒可喝了，煩請訂些啤酒送過來。」

右圖是在諾森伯蘭（Northumberland）哈德良長城上的文德蘭達堡壘（西元85-130年）所發現的羅馬時代寫字木板，這塊木板是一封由奧可塔維斯寫給坎迪杜斯的信，內容提及小麥、獸皮和筋腱的補給事項。這些薄木片大約是現代明信片的大小，上頭的文字以筆墨書寫，其墨水是用碳和阿拉伯膠混製而成，為後人完好保存了羅馬草寫的絕佳範例。

上圖是西元122年左右開始建造的哈德良長城，它象徵著羅馬在歐洲權力所能達到的最北端，可能扮演著海關邊界的角色，而不是實質用來抵禦侵略的屏障。哈德良長城在沿線17個戰略地位重要之處設置有較大型的堡壘，城牆依據自然景觀的地勢而建，充分利用了地形上的特點，例如在Whin Sill的岩石露頭。城牆每隔一段距離就會設有一座小型碉堡，這些小型碉堡與城牆相連，稱為Milecastles，推測是從大型堡壘派兵駐守的警戒崗哨。尼克堡（Castle Nick Milecastle，第39號）在中世紀變成一處擠牛乳的場所，其他Milecastle的際遇也大抵如是，大多再利用為農用空間。

「薩隆姆尼斯寫給親愛的兄弟帕黎斯，帶著許許多多祝福，我想讓你知道，我的身體都很健康，希望你也是。你這個輕忽怠慢的傢伙，居然連一封信也沒寫給我，但我想我還是更體貼一些，寫了信給你……」

~出自文德蘭達書簡第311號

羅馬在東方

在東方，羅馬人將他們的文明嫁接到那些已然成熟發展並欣欣向榮的文化上。當局藉由支持東方既有的菁英或上層階級，無需再進一步授予他們特權，來確保這些地區對羅馬的忠誠。至於東方那些最有羅馬特色的新城市，是由移居該地的羅馬公民所創建，像是從軍隊退伍的老兵們，當局期許他們能在東方落地生根。

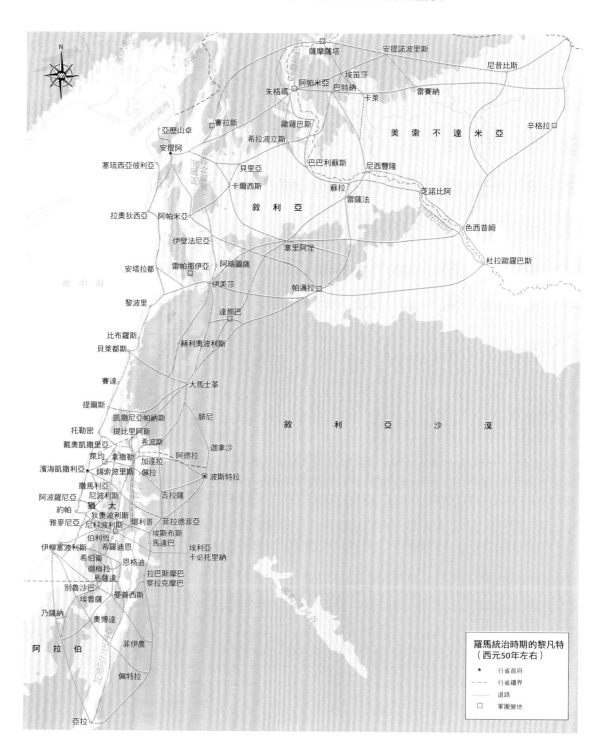

哈　德良皇帝（西元117-138年在位）尤其是希臘文化的忠實愛好者，他渴望得到希臘臣民的認可和青睞。他是個開明的資助者，特別是對雅典，並在希臘和小亞細亞創建了許多城市。羅馬在小亞細亞的擴張，起源於西元前133年接收帕加馬國王阿塔羅斯三世所饋贈的遺產。這些小亞細亞西部的城市既富裕又繁華，背後還有肥沃的農業腹地支撐。東方的上流階級欣然接納從羅馬引進的新奢侈品與展示品，並樂於炫耀他們從羅馬人那裡獲得的頭銜與特權。

以弗所是阿提米絲神廟的所在地，這是羅馬主要城市裡的一件希臘化建築傑作，這座金碧輝煌的神廟就位於城牆外，是個龐大的旅遊勝地，吸引許多朝聖者前來以弗所參拜，讓以弗所得以與士麥那（Smyrna）爭奪小亞細亞「第一城」的頭銜。在西元頭幾個世紀，以弗所以宏大的規模進行重建，在大街兩側加建了列柱廊、興建一座複合式的大型浴場、可容納24,000名觀眾的露天圓形劇場、還有一座美輪美奐的塞爾蘇斯圖書館（Library of Celsus），裡頭的藏書多達12,000卷。市中心裡位於市集廣場附近的幾棟房屋，當中的壁畫展現了以弗所居民的雄厚財力。港口是這座城市大部份的財富來源，透過一條狹窄的水道與大海相連，從市區前往港口的柱廊大道，即使到了夜晚，依舊燈火通明。

再往東看，羅馬的統治建立在塞琉古王國的廢墟上，這片土地最初由龐貝所征服，在西元前64年被羅馬共和國併吞成為敘利亞行省，而後又積極地將周邊的附庸國一一吸收，把觸角逐漸延伸，最終在西元二世紀初時吞併了阿拉伯和美索不達米亞，成就羅馬在東方的最大版圖。這裡古老的城市歷史可以回溯到4千年前，因此羅馬人對所謂的「肥沃月彎」地區並沒能發揮多少影響，當地的文化生活幾乎沒什麼改變，儘管羅馬行政首府安提阿的官方語言是拉丁語，但希臘語和敘利亞語依舊是這片廣大地區的主流語言。然而，這些東方的人民卻反過來對羅馬帝國造成了實實在在的影響，他們四處旅行，傳播嶄新的宗教與哲學思想。

安提阿位在奧龍特斯河畔（Orontes River），是敘利亞行省的首府，靠著其農業腹

左圖是約旦北部傑拉什（Jerash）的一條柱廊街道。這個地區在西元前64年被羅馬征服後，劃入羅馬的敘利亞行省，同時傑拉什也成為迪卡波里（Decapolis）之一，也就是位於敘利亞的10座半自治城市中的其中一座。到了西元106年，圖拉真皇帝又將傑拉什劃進阿拉伯行省的範圍中。傑拉什位於幾條主要貿易路線的軸心點上，因而蓬勃發展，多條新道路在這裡被鋪設起來，新圖拉真大道（the Via Nova Traiana）就是其中之一。一項規模浩大的公共建設工程在此展開，包括建造一座新的阿提米絲神廟，另外還有哈德良凱旋門，其目的是為了紀念這位羅馬皇帝在西元129年時到此巡訪。

地與橄欖油、葡萄酒的貿易而致富。安提阿離海約25公里遠，與其外港塞琉西亞之間有一條鋪設良好的道路連接。這座城市有著堅實的防禦工事，因為打從西元三世紀起，它就飽受波斯人的攻擊。安提阿南方的達芙尼（Daphne）郊區有幾棟羅馬時代的別墅，當中發現許多漂亮的馬賽克作品與橫飾帶，可以作為羅馬菁英享受奢華生活的一項明證。

屋大維（之後的奧古斯都）在西元前30年攻下亞歷山卓後，獲得了埃及。他與他的繼任者們把埃及視為帝國領土，宣稱這片土地過去曾由法老統治了3千年，後來改朝換代由希臘化的托勒密王朝接管，現在則是輪到羅馬人當家作主。這個在尼羅河每年周而復始地氾濫

右圖是位於土耳其西部以弗所的哈德良神廟，這是羅馬帝國時期所建的眾多大型工程之一，坐落在半神大街（Curates Street）上，這是城中的一條主要幹道，連接了海克力士之門（the Gate of Hercules）與塞爾蘇斯圖書館。這座神廟是獻給以弗所的阿提米絲、哈德良皇帝與以弗所人民的，在神廟豐富的建築與雕塑裝飾中，最特別的是其柱頂，上頭有著弧形的敘利亞式山牆，山牆上雕刻繁複的花卉圖案，以及一個幸運女神泰姬的浮雕。

右圖是位於傑拉什的寧芙神廟（nymphaeum），建於西元191年左右。這座兩層樓結構的建築，是獻給水寧芙（精靈）的噴泉，泉水就像瀑布一樣傾瀉而下，流進前面的大水池中，噴泉外圍則環繞著多根精雕細琢的科林斯式圓柱。

與肥沃下生生不息的區域，長久以來都是高度中央集權統治，人民早已習慣於服從政府的管理。尼羅河三角洲上的城市此時都已希臘化，但那些沿著尼羅河岸、由農民和鄉下人所居住的小城鎮和村莊，在羅馬人的統治下，依舊維持埃及原有的習俗、語言及信仰。

亞歷山卓這座城市是由亞歷山大大帝創建於西元前331年，並在托勒密王朝的治理下成長茁壯。到了羅馬時代，亞歷山卓城依舊維持其主要的希臘化文化底蘊，並以多達50萬的人口，成為羅馬帝國第二大城。那些滿載穀物的船隻正是從這裡出發運往羅馬城，挾著來自非洲和埃及的穀物資源，國際大都會亞歷山卓城於是成了從東方世界前往羅馬的中途貿易站。

左圖為位於敘利亞的帕邁拉（Palmyra）古城，這座城市在西元一世紀時成為羅馬帝國的一部份。大列柱廊是帕邁拉的主要街道，迤邐超過一公里，從西邊的陵廟一路延伸至東邊的貝爾神廟（Temple of Bel），而納布神廟（Temple of Nabu）與羅馬劇場建在柱廊南側，戴克里先浴場（Baths of Diocletian）則位於柱廊北側。

羅馬的肖像藝術

羅馬人的肖像，無論是用大理石雕刻、用青銅模鑄、用馬賽克拼貼、還是畫在木板上，都捨棄了希臘藝術那一套標準化的英雄或神話形象手法。羅馬人試圖透過極致的自然主義（現實主義）來表達尊敬，或是傳達帝國對於權威和控制的宣傳，又或僅僅是以深情與記錄真實細節的方式來紀念一段關係。

上圖是托隆尼亞家族收藏的羅馬貴族半身像（Patrician Torlonia），原作製於西元前一世紀，據說是老伽圖（Cato the Elder）的肖像，他是一位保守派的軍人、元老與歷史學家。共和時期的半身肖像自豪地展示出人物身上的殘酷現實，包含一道道的皺紋、雙下巴和突出的雙耳，這明顯與希臘人傳承下來的理想主義傳統背道而馳。

對羅馬人來說，肖像的主要本質在於頭部，許多雕像的頭部都經過仔細刻畫，然後放在裸體或穿有垂褶衣物的普通身體上。可以放在壁龕或建築架構上展示的半身像，是最流行的肖像形式。

古羅馬的私人肖像與喪葬藝術有所關聯，無論是肖像浮雕或是半身胸像，都會與骨灰罈一起放在壁龕上，稱作骨灰龕（columbaria）。在共和時代早期，這些肖像都逼真得驚人，人們選擇表現出真實的性格特徵，而非美化後的外貌。但是到了西元前一世紀，喪葬肖像已在社會各個階層間廣泛流行，並且變得制式化，表現上也更加刻板。

在共和時期，為了榮耀傑出的政治人物與軍事統帥，會為他們豎立公共雕像，這些塑像通常是由元老院下令雕刻，用來紀念著名的軍事勝利與政治成就，像是征服敵人或起草條約。

由於共和國崇尚公共的服務精神以及驍勇的軍事本領，所以從這個時期開始的肖像也呈現出相應的理想。作為結果，每條皺紋和瑕疵都被親切地表現出來，因為人們認為寫實主義展現出力量、個性與自信，而這些特質憑靠的都不是膚淺的審美觀。能力和性格尤其寶貴。隨著羅馬大家族間的通婚聯姻與繁衍壯大，這些具有榮譽性質的雕像數量激增，在「祖先藝廊」中扮演至關重要的角色，藉由肖像的不斷累積，來強化家世血源和繼承傳統的概念。

羅馬帝國建立後，皇室家族壟斷了官方的公共塑像。這些肖像成了宣傳工具，透過展現年輕、美麗及仁慈的美好形象，來增進人民對帝王的崇拜。而與前代皇帝們產生視覺上的連結，有助於確認王朝承襲的正統，為他們的權威增加合法性。不過，歷經西元68到69年之間的動盪，三位皇帝在極短的時間內相繼興亡，導致皇帝肖像也產生了變化，回歸到一種更多寫實、更少理想化的模式，以此強調粗獷強健、久經沙場的男子氣概。在此時期，皇室女

上圖是卡拉卡拉皇帝（西元198-217年在位）的大理石半身像。早期的羅馬皇帝肖像呈現高度理想化與青春永駐的樣貌，但到了西元二世紀時，肖像開始體現出人物性格與情感表達。卡拉卡拉的肖象有著軍人風格的短鬚，而他極為深沉的神情則散發出力量和侵略性。

法尤姆木乃伊肖像

羅馬人會私下委託畫家為他們繪製肖像，但比起用大理石與其他石材製作的雕像，這些肖像畫能留存至今的少得可憐。在羅馬統治時代的埃及法尤姆（Faiyum）地區，有許多栩栩如生到令人難以忘懷的木板肖像，它們被放置在木乃伊上，為後世提供得以觀賞羅馬時期肖像繪畫的難得機會。有人認為，這些畫像是在他們生前就先畫好，並裱框掛在家中，直到死去才最終放在木乃伊上；不過若要說是在他們死後不久才畫的，似乎也不無可能，因為如果仔細審視，會發現其姿勢和面容看起來略顯公式化。根據畫中煞費苦心所繪製的髮型、衣著、珠寶的細節，研究學者們可以精確地判定畫像的年代。大多數的肖像主人翁都正值青壯年，反映出那個時代的人們平均壽命較短。畫像中的人物姿勢面朝前方，專注於臉部特徵的描繪，眼睛尤其炯炯有神，似乎預示著往後的聖像畫傳統。

左圖是龐貝城的一幅古羅馬肖像壁畫，描繪海克力斯和翁法勒（Heracles and Omphale），繪於西元45至79年間，屬於龐貝藝術風格中的第四風格。第四風格是對第三風格的過度裝飾與矯飾主義，以巴洛克式的手法所做出的反擊，同時又維持了第二與第一風格的建築式細節。這種複雜的風格將肖像與大型敘事畫及全景畫相互結合了起來。

上圖是一名男性的法尤姆木乃伊肖像畫，年代為西元一世紀。法尤姆木乃伊肖像畫是羅馬時代的畫作中，保存得最完好的其中一批，並且因其寫實主義的風格而聞名於世。然而即便如此，這些畫作可能並沒有描繪出肖像主角的真實相貌，畫家看似只是套用了幾種標準化的形式，而沒有仔細觀察他們委託人的面容細節。這種正面視角、面部特徵集中的特色，清楚預示著之後的聖像畫風格。

下圖是發現自雅典附近的比雷埃夫斯（Piraeus）的羅馬馬賽克作品，當中的人物為梅杜莎，年代為西元二世紀。羅馬人使用馬賽克來描繪真實人物、宴會場景、角鬥士的格鬥與打獵畫面。神話中的場景與角色，像是蛇髮女妖梅杜莎，也相當流行。

性的肖像變得越來越流行，因為她們代表了時尚的尖端，肖像也親切地描繪出她們螺旋狀的捲髮和優雅垂落的衣裳。

　　崇尚希臘一切事物的哈德良，是首位在肖像上被描繪成蓄有希臘式鬍鬚和滿頭捲髮的羅馬皇帝。在他之後的馬可奧理略和康茂德也偏好極度現實主義，不只要讓肖像強調他們肉體的力量，也要突顯出他們頭腦的才智。卡拉卡拉的肖像有著軍事風格的短髮、修剪整齊的鬍子、威猛深沉的表情，表現出至高無上的權威感。最終這種毫不掩飾其侵略性格的、大男人主義的軍人皇帝形象，在西元四世紀時被君士坦丁大帝的肖像所取代。他的肖像被描繪成一副「好」皇帝的樣態，鬍子刮得乾乾淨淨、一臉祥和與年輕，讓人回想起奧古斯都與其儒略-克勞狄王朝後裔具有古典風格的理想主義。

三世紀危機

西元三世紀中央權力逐漸衰弱，而出現在羅馬邊境之外的強大敵人，更進一步動搖帝國根基。混亂的局面最終將帝國分裂成數個地區性勢力，但隨著幾位有能力的軍人皇帝相繼掌權，逐漸恢復了帝國權威，並為一次更徹底的帝國重組準備好了舞台。

右圖　西元三世紀時，許多競爭者為了掌控羅馬帝國的權力而大打出手，隨著帝國力量變得衰弱，在帝國東、西兩側的邊垂地帶分離出兩個獨立的帝國：高盧帝國與帕邁拉帝國。

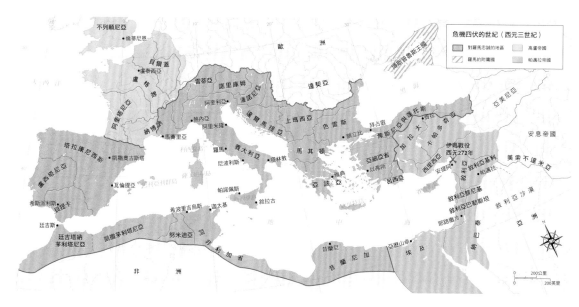

下圖是位於納克什魯斯塔姆（Naqsh-e Rustam）的岩壁浮雕，刻畫波斯皇帝沙普爾一世俘虜羅馬皇帝瓦勒良的場景。瓦勒良在西元260年的埃德薩戰役（Battle of Edessa）中慘敗後，被迫與沙普爾一世會面求和，然而沙普爾卻在會談中打破停戰協議，生擒了瓦勒良，讓他作為俘虜渡過餘生。瓦勒良被擄，對羅馬的士氣打擊甚大。

在西元二世紀的最後十年，禁衛軍的權力與影響正如日中天，他們自詡為成就帝王的幕後推手，但就在西元193年，當禁衛軍以缺乏正當性的手段擁戴尤利安努斯繼承大統後，引發各省一連串的叛亂，因為各邊境軍團宣稱他們的人選也有資格角逐皇位。上潘諾尼亞總督塞維魯斯從多瑙河回軍，擊敗一眾競爭對手，贏得最終勝利。塞維魯斯出生於昔蘭尼加（現今的利比亞），其登基顯示出地方行省對帝國的重要性與日俱增。他娶了敘利亞貴族女子尤莉亞·多姆娜為妻，而他所建立的這個結合亞非血統的塞維魯斯王朝，一共維持了三代。

軍隊為塞維魯斯創造時運，而其政權也靠軍隊維持。他推行許多軍事改革，增建數個新軍團，並對不列顛、北非和東方發動戰爭。雖然他屢屢在軍事上大獲成功，但義大利的經濟卻開始衰退。當塞維魯斯在義大利駐紮一支新軍團時，轉變已然完成，義大利變成只是羅馬的另一個行省。塞維魯斯之子卡拉卡拉於西元198年登基共治，後來他為了獨攬大權而謀殺親弟，其惡名在西元215年下令屠殺亞力山卓的年輕男子時得到了證實。卡拉卡拉也很依賴軍隊對他的擁護，因此經常用加薪來安撫軍隊。

卡拉卡拉在西元217年遭到暗殺後，塞維魯斯王朝短暫中斷了一年，直到年僅14歲的埃拉伽巴路斯稱帝才又恢復統治，不過帝國實權卻掌握在他的敘利亞母親與外祖母手上。作為敘利亞埃米薩城的太陽神世襲大祭司，埃拉伽巴路斯很快就因為他的異國宗教儀式與身陷性醜聞而失去人心，並且遭到謀殺。他的繼任者是其表弟亞歷山大·塞維魯斯（西元222-235年

主要的「軍營皇帝」

西元三世紀掌權的軍人皇帝（不包括短暫奪權的篡位者和僭稱者）：

235 亞歷山大‧塞維魯斯遭到殺害，色雷斯將領馬可西米努斯接掌權力。

238 戈爾迪安一世與其子戈爾迪安二世共治，戈爾迪安二世在與親馬可西米努斯派的戰爭中陣亡，戈爾迪安一世隨後自殺，戈爾迪安三世即位。

244 戈爾迪安三世死亡，據傳可能是遭到阿拉伯人菲利普的毒手。

249 阿拉伯人菲利普的手下將領德西烏斯被軍隊黃袍加身，菲利普與之作戰時陣亡，菲利普年僅12歲的兒子也是他的共治皇帝，此時也遭到禁衛軍殺害。

251 德西烏斯與他的共治皇帝兒子，在與一支由哥德人組成的聯合軍隊作戰時雙雙陣亡。德西烏斯的小兒子霍斯蒂利安即位，但五個月後便死於瘟疫，他的繼任者是德西烏斯麾下將領加盧斯。

253 加盧斯遭到他的部下暗殺，埃米利安努斯即位，統治短短兩個月後，就被回軍救援加盧斯的瓦勒良擊敗身亡。瓦勒良即位後，讓他的兒子加里恩努斯成為共治皇帝。

260 瓦勒良在與波斯薩珊王朝沙普爾一世作戰時被俘，並在波斯以俘虜的身份死去，加里恩努斯於是繼承了父皇之位。

268 加里恩努斯的將領奧勒良叛變，加里恩努斯在征討中慘遭自己的部眾謀殺，繼位的是被稱為「打敗哥德人」的克勞狄二世。

270 克勞狄二世在戰勝了哥德人之後，不久便死於瘟疫，他的繼任者是他的胞弟昆提盧斯，但軍隊擁護奧勒良稱帝，於是昆提盧斯被迫自殺或遭到殺害。

275 就在擊潰帕邁拉和高盧兩個帝國後，奧勒良遭到他麾下的多位軍官暗殺。

在位），他一上台馬上就被迫與波斯薩珊王朝的創建者阿爾達希爾交戰。西元235年，這位皇帝在對日耳曼部落的戰爭中遭到部下暗殺，原因是對他的拒戰態度感到不滿。

軍隊的地位現在因作為帝國政治的權力中介者而顯著提升，特別是在帝國遭到張牙舞爪的外敵環伺，被迫採取守勢的困頓之時。越來越多重要事件發生在邊境，而不是羅馬城內，相繼即位的短命皇帝都是由軍隊扶植而起，所以被稱作「軍營皇帝」，他們在日耳曼部落、哥德人和波斯人的重重威脅下，奔波於一場場羽檄交馳的危機。在西元235至284年間，就有超過20位皇帝坐上寶座，其中許多都是遭到自己手下的士兵或是禁衛軍殺害。帕邁拉的統治者們在王后芝諾比亞領導下，建立了一個半獨立的王國；而西部各行省也在軍團指揮官波斯圖穆斯領導下脫離版圖，獨立成為高盧帝國。帝國的每個角落都處於經濟蕭條與社會動盪之中。

西元268年開始，一連出了幾位巴爾幹出身的軍人皇帝，帝國在他們手中逐漸恢復權威。冷酷無情的奧勒良擊敗芝諾比亞，讓帕邁拉王國從地圖上消失；接著向西挺進，在西元274年的沙隆戰役中幾乎殲滅高盧帝國的軍隊。而卡魯斯則揮兵橫掃美索不達米亞，將泰西封城洗劫一空，扭轉了波斯戰局。戴克里先在奧勒良打好的基礎上建立功業，確保了羅馬帝國的邊界。他還提升皇帝的崇高地位，為自己營造出神聖光環，藉由宗教意義加持，來確保自己不再僅只依賴軍隊擁護。部署在帝國內部的野戰機動部隊可以更迅速地抵達前線，這麼一來便削減了邊境常備軍團的權力。他也嘗試用更穩定的貨幣制度來對抗通膨。而戴克里先最劃時代的改革就是對羅馬政府進行大刀闊斧的重組，他建立了四帝共治制度，實際將帝國一分為二，東、西帝國各有一位頭銜為「奧古斯都」的皇帝，與其副手「凱撒」治理。

上圖是以斑岩雕刻的四帝共治雕像，年代為西元四世紀，描繪了四位統治者共同治理著羅馬帝國。四帝共治的制度起於西元293年戴克里先皇帝所實行的改革，標誌著西元三世紀危機的落幕，而這個制度一直持續至西元313年左右。

神秘宗教

「秘儀」（Mysteries）是只向入教者揭示的神聖真理。在共和時期晚期，源自東方的神秘崇拜開始經由貿易家、商販、奴隸們傳遍整個羅馬世界，反映出羅馬在邊境上的擴張，以及對新思想、新行為的吸收與日俱增。

各個神秘教派都發展出自己精密複雜的儀式、禱告、以及關於永生、死亡與重生的教義，並能夠滿足各種各樣人們在美感、智慧和精神上的渴望。神秘宗教有一部分的吸引力，來自入教者與其他教友能跨越社會與種族的藩籬，獲得平等一致的地位。秘教成員們所結合成的共同體，有些類似共濟會員之間的情誼，用一種彼此在物質及精神層面上互惠的方式，將人們凝聚在一起。

希栢利（Cybele），或稱母親女神（Magna Mater），是最早傳入羅馬的秘教崇拜，時間是在第二次布匿戰爭期間。象徵希栢利的黑石在西元前204年，被羅馬人從祂位於安納托里亞珀希努斯（Pessinus）的聖所中帶到了羅馬，並供奉在帕拉丁諾山丘上的神廟中，因為人們相信希栢利能幫助羅馬打敗漢尼拔。母親女神希栢利的形象常是乘著一輛由獅子所拉著的戰車，以象徵祂是野獸的支配者。希栢利會和祂的伴侶農神阿提斯（Attis）一起出現，而阿提斯的死亡與復活則對應著四季循環。希栢利的敬拜以其名為taurobolium的淨化儀式而聞名，在這個儀式中會有一名信徒踏進坑裡，用獻祭公牛的鮮血來沐浴。女神的崇拜儀式伴隨著狂喜入迷，信徒們手舞足蹈，甚至鞭笞自殘。

伊西斯是塞拉皮斯之妻❶，其秘教是經由商業往來，從埃及傳進了羅馬。在希臘化時期，伊西斯被視為希臘化的神祇，神格等同於狄蜜特和阿芙蘿黛蒂，而塞拉皮斯就如同宙斯及戴奧尼修斯。希臘和埃及移民將伊西斯尊為家庭（特別是女性）與新生兒的守護神，以及一位能跳脫命運與死亡的女神。當水手和奴隸們將伊西斯的信仰帶到羅馬時，便證明了這個信仰在女性與底層階級之間的盛行歷久不衰。非比尋常的是，在這個信仰中，女性是被允許成為伊西斯的女祭司的。奧古斯都以懷疑的眼光來看待伊西斯信仰，部分原因是該信仰與他過往的敵人埃及有所關聯，同時又有一些關於這個秘教的醜聞指控，其中包括性濫交的傳言。卡利古拉讓伊西斯的崇拜合法化，之後許多皇帝也採取同樣的寬容態度。人們在伊瑟姆❷（Iseum）敬拜伊西斯，那是一處有圍牆隔開的聖所，敬拜儀式在聖像面前進行，過程中會使用到火、水與香。卡拉卡拉（西元198-217年在位）崇敬塞拉皮斯，在此之前，塞拉皮斯的信仰與祂的妻子伊西斯相比起來，顯得有些黯然失色。塞拉皮斯被尊奉為治癒之神，在羅馬也

下圖是馬里諾（Marino）密特拉寺廟中的一幅大型畫像，描繪密特拉的屠牛場景，年代為西元200年左右。馬里諾是羅馬近郊阿爾班山上的一個村莊。在密特拉密儀中最重要的元素就是密特拉神的屠殺公牛，也就是「tauroctony」。公牛被視為與力量及繁殖力息息相關，因此人們相信，從這頭公牛的死亡將帶來新生命的滋長。

上圖是一座雙面的密特拉祭壇上的浮雕作品，發現於羅馬附近的菲亞諾羅馬諾（Fiano Romano），年代為西元二至三世紀。其正面描繪了屠牛場景，而背面則是一場宴會。

為祂建有一座巨大的神廟。

　　密特拉（Mithras）崇拜源自波斯，從西元一世紀開始，在羅馬軍隊中變得特別盛行。密特拉為光明之神，祂與邪惡的黑暗王子阿赫里曼（Ahriman）進行著永恆的爭鬥。在密特拉的聖祠中，祂的形象是戴著一頂弗里吉亞帽，正在宰殺一頭神秘的公牛，而公牛的血即是生命的泉源。屠牛的場景發生在一處洞穴中，透露出密特拉的神廟都是位於地下。密特拉教的

信徒們透過自我克制和肉體上的磨難來尋求道德淨化，新入教的人必須參加膽量測試。這個嚴格的男性密教，透過軍隊在羅馬帝國的邊境行省傳播開來，其入教與祭司職位都有嚴格的等級制度，強調忠誠與紀律，獲得人們狂熱的接納。

編註❶：在古埃及，伊西斯之夫是歐西里斯，托勒密王朝統治埃及時，將歐西里斯結合了阿匹斯和其他神祇，創造出希臘化的神明塞拉皮斯。
編註❷：供奉伊西斯與塞拉皮斯的神廟。

上圖是一尊坐在寶座上的母親之神希栢利的大理石雕像，年代為西元50年左右。祂的身旁有頭獅子和豐饒之角，頭上戴著的皇冠是座高聳的城牆，象徵祂作為城市守護女神的角色，而坐在希栢利腳邊的獅子，則是象徵祂擁有掌管野生動物的權力。這尊神像的面容就像位年長的羅馬婦女，而非理想化的女神樣貌，當時富有的羅馬女子常將自己描繪得像女神一樣，所以這很有可能是一位侍奉希栢利的女祭司肖像。

上圖是西元前一世紀的龐貝城壁畫，畫中的伊西斯手上握著一條蛇，坐著歡迎宙斯的情人伊俄（Io）前來埃及，而帶著伊俄的，則是她的河神父親。伊西斯的信仰傳遍整個地中海世界，人們相信祂所擁有的魔力比其他所有的神都還要強大，祂掌管了天空和自然界，也傳言說祂能保護王國不受外敵侵擾。

北非的馬賽克作品

目前保存最完好、最生動自然的羅馬帝國時代馬賽克作品，可以在當年的阿非利加行省（今日的突尼西亞、阿爾及利亞東北部、利比亞西部）找到，這片土地在西元前146年布匿戰爭結束後，成為羅馬帝國的一部分。

上圖的神話主題馬賽克作品，是在突尼西亞北部的沙格鎮（Dougga）所發現，年代為西元三世紀，內容描繪尤利西斯（奧德修斯）與他的船員們正航行經過一群賽蓮海妖。在這個故事中，女巫色琦（Circe）曾經指示尤利西斯用蜂蠟封住船員們的雙耳，這樣他們就不會受到海妖們的歌聲誘惑。至於尤利西斯自己則是被綁在船桅上，藉以限制身體的行動。賽蓮海妖被表現為擁有翅膀和鳥腳，其中一隻出現在畫面最右側。

數量龐大的馬賽克作品開始在北非出現，是在西元二世紀的時候，這是由於當時該地區富饒的農業腹地，將大量穀糧銷往義大利，因而迅速累積財富的成果。北非也向義大利出口橄欖油、黃金，甚至是野生動物，這些野生動物全是為了那些等在圓形競技場中的群眾而準備。隨著北非各城市變得越來越羅馬化，富裕人家也開始委託匠師製作紀念雕塑和馬賽克作品，用以彰顯自己的地位。馬賽克被用來裝飾他們奢華羅馬別墅的待客與用餐空間，也在包括浴場、神廟和教堂等各式各樣的公共建築中出現。

　　北非最早的馬賽克，可能是由來自義大利的流動工匠們所引進，起初只是使用黑色與白色壁磚拼貼出複雜的幾何圖形，但是漸漸地，他們開始以風格化的植物圖案來妝點，而在當地發現大量五顏六色的石灰石和大理石，也讓這些鋪砌變得活力繽紛。

　　大約就在同一時期，馬賽克開始運用在描繪形象化的主題，像是人物和特定場景，製作成一面由圖像構成的嵌板（emblemata），鋪設在裝飾性的地板上。一般來說，這些圖像嵌板會圍繞著一個佔據主導地位的主要場景，描繪羅馬人偏愛的主題，像是打獵、角鬥士征服及神話故事等。

　　到西元三、四世紀，大尺寸的圖畫式作品已然成為主流，如今已發現的這些構圖複雜、內容細緻的場景，數量相當龐大。其描繪的主題也很豐富多元：狩獵、野生動物、角鬥士格鬥是最受歡迎的場景，但是一些日常生活畫面，例如農耕、捕魚、把穀物和動物裝載到停泊的船上等，也頗為熱門。目前已知唯一的一面描繪羅馬詩人維吉爾（Virgil）的馬賽克作品，也是在北非發現，畫面中的他正在創作其著名史詩《艾尼亞斯紀》（Aeneid），而在他左右兩側的，則是悲劇和歷史的繆思女神。荷馬史詩的歷久彌新也體現在關於尤利西斯❶（Ulysses）的描繪上，作品中的他正抗拒著賽蓮海妖們的誘惑。神話場景在馬賽克作品中比比皆是，其中一幅獨特的作品，描繪女獵人形象的黛安娜正在射殺一隻瞪羚；而另一幅《涅普頓的勝利》，大小超過100平方公尺，中央的海神為象徵四季的圖像所包圍。

　　這些手法創新的北非馬賽克藝術品，其技巧純熟的構圖和意象表達也影響了羅馬帝國其他地區，尤其是義大利和西西里島，而在東羅馬帝國也有發現這些規格宏大的北非馬賽克作品。

編譯註❶：《奧德賽》主角奧德修斯的拉丁化轉寫。

下圖的馬賽克作品描繪兩頭雄獅正在撲咬著一頭野豬，這幅作品是在突尼西亞傑姆（El Jem，古羅馬時代為塞斯達魯斯，Thydrus）的一棟古羅馬房屋中的宴飲廳裡所發現，年代為西元二世紀。北非的馬賽克作品比羅馬帝國其他地區的作品要來得色彩豐富，這是因為當地出產許多五顏六色的石頭和玻璃的緣故。

一個基督教的帝國

古羅馬把基督徒丟到競技場裡餵獅子，這類駭人聽聞的細節早已被描述得很詳細了，儘管那或許只是例外，而不是普遍的常規。起初羅馬帝國對基督徒的迫害只是偶一為之，而且僅限於地區範圍，直到西元250年，德西烏斯才在整個帝國境內發起全面性的迫害。然而僅僅60年後，羅馬就在君士坦丁統治下，成了一個基督教帝國。

下圖 剛進入西元後的頭兩個世紀，基督教在整個羅馬帝國內部並沒有均勻地傳播開來，作為一個新興宗教，只有在遼闊範圍中零星散佈的小塊區域與社區內紮根。直到西元313年君士坦丁大帝頒布《米蘭詔令》，基督教才獲得合法地位。羅馬帝國並非在一夜之間就成為基督教的國家，這個基督教化的漫長過程，直到西元476年羅馬城淪陷時，都還在進行著。

多年來，羅馬人認為基督教只是其中一個東方宗教而已，而這個宗教在帝國各個城市裡吸引了為數眾多的信徒。當尼祿把西元64年的羅馬城大火歸咎到基督徒頭上，讓他們充當代罪羔羊時，便確立了往後一段時間對基督徒時而迫害、時而寬容的模式。像是圖密善迫害基督徒，而圖拉真則對他們視而不見。實際上，迫害總是零零散散，而且只有在行省總督下令時才會進行。西元117年，里昂爆發一股歇斯底里的反基督徒情緒，當時基督徒被指控吃人肉與亂倫，導致總督下令嚴刑拷打並處決了里昂主教和他的一眾信徒。基督教神學家特土良就曾悲痛於「和基督徒一起去餵獅子吧！」已成了人們面對災禍時的慣常回應。

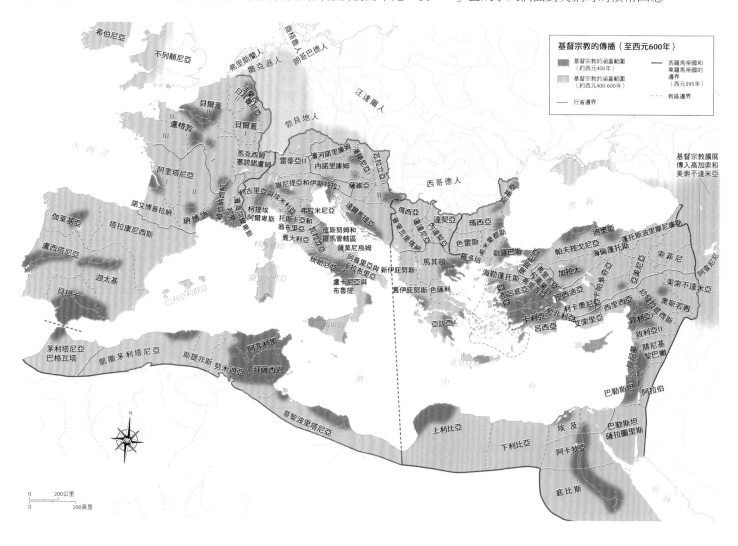

然而只有在三世紀危機時，基督教才真正成為活生生的問題。當時羅馬正被一群軍人皇帝相繼統治，而此時帝國境內約有15至20萬的基督徒，多數集中在東部和地中海沿岸一帶。雖然基督教只是一個少數宗教，但它被看作撕裂帝國的另一股力量，結果基督徒成為各種不幸的代罪羔羊，包括天災、歉收、瘟疫和政治動盪，都讓他們背了鍋。西元250年，就在基督徒拒絕為了祈求帝國福祉而對傳統宗教奉獻祭品後，德西烏斯下令進行了史上第一次對基督徒的大規模迫害。西元257年，第二道針對基督教的詔書禁止基督徒公開禮拜，隔年頒布的新法，又把矛頭對準教堂與教會財產。當此時期，許多基督徒為了逃避迫害而轉為地下集會。這些法令的執行程度因省而異，而皈依基督教的人數持續攀升，這或許是因為殉道者遭受苦難時表現出的英勇事蹟，為新信仰增添了光輝色彩。西元260年，羅馬當局承認他們的迫害並無法阻止基督教傳播，於是在接下來40年裡，基督徒的問題被拋在了一旁。

然而，中止迫害的時間註定不會持續下去。西元303年，統治東部羅馬的皇帝戴克里先和伽列里烏斯頒布了一道詔令，下令拆除基督教堂、焚燬聖經典籍。後續的敕令如潮水一般接連頒布，當基督徒們拒絕遵從所有人都得為傳統羅馬宗教獻上祭品的命令時，他們遭受的刑罰是野蠻而殘忍的。數以千計的教徒遭到流放、判處在礦坑中作苦役、身體被殘害或遭受處決。在這個時期，許多神職人員和教徒選擇妥協和逃避，為西元四世紀稍晚出現的充滿惡意的教義爭辯與教派分裂埋下了導火線。

君士坦丁在經歷一連串內戰和政治清算後，終於成為羅馬皇帝。這場內戰中的最高潮是西元312年，君士坦丁戰勝了他的宿敵馬克森提烏斯，地點就在羅馬北邊的米爾維安大橋。君士坦丁聲稱自己在開戰前，看到空中短暫出

現一個十字架的異象，伴隨著一道命令：「以此征服！」從那一刻起，君士坦丁就成了一名虔誠的基督徒，並且在西元313年與羅馬東部的皇帝李錫尼共同頒佈《米蘭敕令》，給予基督教合法地位以及官方的寬容對待。君士坦丁最終在西元324年擊敗李錫尼，成為羅馬帝國唯一的統治者。他接著將精力大量投注在教會教義上，並將神職人員和基督教會眾被剝奪的權利一一恢復。身為一位有效率的獨裁者，君士坦丁支持教會的中央權威，他在西元325年召開第一次尼西亞大公會議，積極維護教會的教條，並根除大眾對「基督教是異端邪說」的認知。他沒收了一些非基督教廟宇的金庫，把這些經費用來建造新教堂，其中包含羅馬首座聖彼得大教堂與耶路撒冷的聖墓教堂。而最終在西元337年，君士坦丁在他臨終的床榻前受洗。

在帝國朝廷中，許多支持君士坦丁的高級官員都是基督徒，他們的信仰和舉止滲透進統治集團的上層階級。此外，官僚階層中充斥著城市中產階級，他們當中有許多人是很早就皈依的基督徒。教會與國家機器之間的連結在今後數個世紀裡，一直會是一股強大的力量。

上圖 羅馬的聖康斯坦齊亞教堂（Santa Costanza），興建年代可追溯至西元四世紀，教堂的原始格局和馬賽克都被完好保存了下來。教堂是座有著淺圓頂的圓形結構建築，其圓頂建在圓形鼓座之上，並由花崗岩圓柱所支撐。而在教堂東端盡頭的主祭壇周圍，則有條帶有桶形拱頂的進堂走道。

君士坦丁堡

君士坦丁不願與其他人共治帝國，所以打敗了他的對手，成為這個復興的帝國唯一的統治者。當他在博斯普魯斯海峽上的拜占庭（Byzantium）建立一座全新的基督教首都時，他也放棄了羅馬傳統宗教神廟與機構的遺產。新首都更名為君士坦丁堡（Constantinople），就在帝國西部悄悄沒落的同時，這座新首都的位置正好反映出東部各行省的重要性日漸增加。

下圖是君士坦丁的頭像，為一尊約12公尺高的君士坦丁（西元280-337年左右）登基巨像的殘餘部份，這尊巨像原本位於羅馬廣場附近的馬克森提烏斯巴西利卡（Basilica of Maxentius）的西側半圓形後殿中。君士坦丁大帝的臉經過象徵化的處理，有著鷹鉤鼻、深邃的下巴和過份誇大的雙眼，這使它比起人物肖像，更像是一尊神的模擬像，用意在於讓看到它的人感受到皇帝的威嚴，而不是他的人性。

戴克里先將羅馬帝國劃分成四帝共治，在帝國的東部與西部各有一位皇帝（奧古斯都）與共治皇帝（凱撒），這個分治的制度在他於西元305年退位後，並沒有持續多久。在西部帝國，馬克森提烏斯控制了義大利和北非地區，君士坦丁則是在西元305年繼承了他的父親君士坦提烏斯（Constantius），成為西部皇帝，而這兩個人之間爆發了衝突。西元312年，君士坦丁在米爾維安大橋戰役中擊敗馬克森提烏斯，使他成為西部羅馬帝國唯一的統治者。他起初同意與東部的皇帝李錫尼分權共治，但旋即在西元316年攻擊對方，奪取了希臘和巴爾幹半島。君士坦丁最終在西元324年擊敗李錫尼，重新統一了羅馬帝國，使其歸在一人統治之下。

羅馬城正在走向衰落，其經濟陷入停滯，基礎設施也在崩壞當中。所以君士坦丁決定遷都，他所選擇的新地點是始建於西元前七世紀的古希臘城市——拜占庭。拜占庭位於博斯普魯斯海峽的歐洲那一側，而又面向著亞洲，君士坦丁意識到，這樣的地緣位置象徵東、西方的重新結合，揭示著羅馬歷史的新紀元。這座城市處於羅馬世界的正中心，周圍有水域環繞，因此易於防守，同時還扼守著通往黑海以及東方貿易路線的出入口。

君士坦丁在西元328年開始著手進行一項雄心勃勃的建設計畫，要來打造他的新羅馬城。就像羅馬城一樣，新城也位在七座山丘上，而君士坦丁更劃出一個比拜占庭舊城還要大上好幾倍的城市範圍。他選定舊城城牆外的一處高地，以作為新廣場的地點，在這座建設宏偉的廣場上，有一個大型集會廳，具備市場、交易所和法庭的功能。城市的焦點集中在兩條主要的柱廊大街上，街道兩側羅列著羅馬諸神和歷代帝王的雕像，在兩條大街交錯的地方，則立有一座四向的拱門（tetrapylon）。

在城市東南側可以俯瞰博斯普魯斯海峽的地方，君士坦丁興建了一座美輪美奐的新宮殿；城裡的宙克西帕斯浴場，以極其浩大的規模建造，並用從希臘和小亞細亞的著名城鎮中所搬來的雕像加以裝飾。君士坦丁也建了一座宏偉的新元老院，許多羅馬歷久悠久的元老家族，都被說服搬來新城居住。原本用來舉辦角鬥士比賽的希臘圓形劇場，如今遭到了遺棄，相反的，賽馬和戰車比賽的競技場卻擴大其規模，這些賽事在新城的娛樂生活中扮演了極其重要的角色。而這座新城，後來則改名為君士坦丁堡。

此城是個基督教的首都，反映出君士坦丁接受了基督宗教信仰（儘管他直到臨終前才受洗）；聖索菲亞大教堂與神聖和平教堂都是始建於君士坦丁在位期間，而聖使徒教堂則成為君士坦丁家族的長眠之地。

新城市的供水是個當務之急，除了由輸水道、管線、導水管所構成的供水網絡外，城市也

左圖為位於聖索菲亞大教堂西南側入口處的前廳馬賽克作品（Vestibule Mosaic），年代可追溯至西元十世紀，描繪君士坦丁一世向聖母瑪利亞展示著君士坦丁堡的城市模型。君士坦丁身旁的文字寫著：「君士坦丁，聖徒中的偉大皇帝。」這幅馬賽克作品是為了紀念君士坦丁將這座城市打造成基督教的帝國首都，並且慶祝教會與帝國之間的聯結。

需要一個儲水設施，為了解決這個問題，於是在西元330年興建了賓比爾德瑞克地下蓄水池，而這座蓄水池至今仍然存在。防禦在城市功能上也很關鍵，所以其城牆綿延長達約20公里。

　　元老們、行政官僚、帝國官員與其他公職人員，都被勸說搬遷到新都居住，為了增加誘因，還提供他們新住處的土地。工匠和手工藝者也被當局所承諾的特別待遇給吸引，政府還恢復了昔日發放免費穀物給人民的羅馬傳統。商人和水手們嗅到了商機，也一股腦兒地蜂擁至君士坦丁堡。西元330年，君士坦丁堡舉辦了一次慶典，基督教的主教們為部分完工的宮殿舉行祝聖儀式，並在聖索菲亞大教堂進行禮拜活動。這標誌著一個新時代的開始，羅馬帝國的重心，無論是宗教上的還是世俗上的，皆已然轉移。

分裂的帝國

綜觀整個西元四世紀，蠻族對萊茵-多瑙邊境的威脅一直存在，而羅馬政府大部分的歲收都花在這條防線的邊防部隊上。當羅馬的皇帝們彼此爭權奪利，期望在上帝或羅馬眾神的庇佑下統一帝國時，羅馬的經濟已然奄奄一息，而蠻族的威脅幾乎沒有受到抑制的跡象。西元395年，隨著狄奧多西皇帝駕崩，羅馬帝國就此永久分成兩半。

下圖 為了因應羅馬帝國日益增加的管理困難，戴克里先（西元284-305年在位）於是將帝國分為兩個部分，這個做法在一開始時是很成功的，但是到了西元四世紀中期，東歐草原受到匈人肆虐，迫使哥德人向西逃竄以尋求庇護，從而點燃一連串民族遷徙的連鎖反應，最終釀成羅馬的災難。

西元337年君士坦丁大帝逝世後，他的旁系家族成員遭到了接二連三的誅殺，這有可能是他的3個兒子：君士坦丁二世、君士坦提烏斯和君士坦斯，為了清除王朝繼承權上的競爭者而下的毒手。情況越發明顯的是，萊茵-多瑙邊境上的日耳曼眾部落所持續帶來的壓力，只能透過在西部獨立運作的政府和一位在當地坐鎮的皇帝，才能有效加以對抗。

西元335年，君士坦提烏斯任命他的姪子尤利安為高盧的凱撒。君士坦提烏斯原本的打算，是希望尤利安把全部的精力投注在邊境的軍事威脅上，而他也的確做得可圈可點，於西元357年時在斯特拉斯堡（Strasbourg）一帶漂亮地打敗了阿拉曼尼人（Alamanni）❶。然而尤利安的野心越來越大，他自稱奧古斯都，並且以恢復羅馬傳統多神崇拜為己任。只是他壯志未酬，就在西元363年因為輕率地遠征波斯而喪命。

西元四世紀下半葉，羅馬帝國飽受許多嚴重打擊。在萊茵-多瑙邊境之外的哥德人，因為遭到入侵的匈人（Huns）❷驅趕，所以懇求帝國允許他們在帝國東部境內定居。但是，這些「新住民」受到各行省指揮官的嚴重虐待，最後終於引發叛亂。在此衝突中，羅馬帝國所遭受最慘烈的挫敗是在西元378年的阿德里安堡戰役，當時西哥德人壓倒性地痛擊了羅馬軍隊，就連羅馬東部皇帝瓦倫斯（西元364-378年在位）本人也未能在戰場上倖免於難。阿德里安堡一戰被認為是羅馬命運的重要轉捩點，野蠻民族已成為帝國的強大對手，而帝國卻是欲振乏力。

狄奧多西一世（西元379-395年在位）是最後一位同時統治羅馬帝國東部與西部的皇帝，他登上大位後，便與哥德人和其他蠻族持續對抗著。由於意識到無法將這些蠻族成功驅逐出境，狄奧多西一世於是與蠻族議和，接受他們成為自治盟友（foederati），亦即他們聽命於自己部落的領導人，並且不受羅馬當權者的管轄。西元394年，狄奧多西一世被迫與篡奪西部帝國皇位的尤吉尼烏斯正面交鋒，並在位於今日斯洛維尼亞境內的冷河戰役中將其擊敗，才

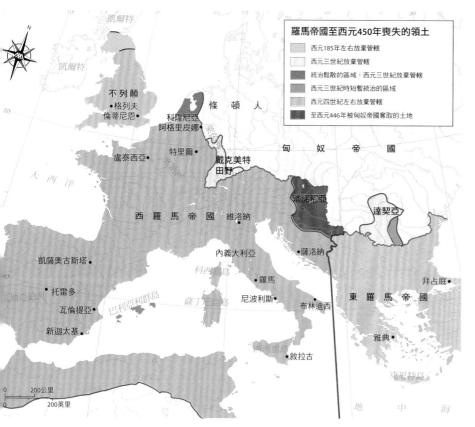

羅馬帝國至西元450年喪失的領土

- 西元185年左右放棄管轄
- 西元三世紀放棄管轄
- 統治鬆散的區域，西元三世紀放棄管轄
- 西元三世紀時短暫統治的區域
- 西元四世紀左右放棄管轄
- 至西元446年被匈奴帝國奪取的土地

凱爾特

凱爾特

不列顛
格列夫
倫蒂尼恩

大西洋

科隆尼亞
阿格里皮娜

盧泰西亞   特里爾

戴克美特田野

凱薩奧古斯塔

托雷多

瓦倫提亞

新迦太基

巴利亞利群島

薩丁尼亞

科西嘉島

內義大利亞

羅馬

尼波利斯

布林迪西

條頓人

匈　奴　帝　國

西羅馬帝國   維洛納

潘諾尼亞

達契亞

薩洛納

東羅馬帝國

拜占庭

雅典

敘拉古

地　中　海

0   200公里
0   200英里

羅馬分裂（西元四世紀）

左圖是斯提里科與賽倫娜的雙聯象牙雕刻作品，年代為西元五世紀，一側刻畫著一位手持長矛與盾牌的軍人，而另一側是一位地位崇高的女性與小男孩。一般認為，這幅作品的主角是西羅馬帝國的最高軍事統帥（magister militum）斯提里科（Stilicho，卒於西元408年），以及他的妻子賽倫娜（Serena），她是狄奧多西一世的姪女與養女。斯提里科有一半的汪達爾血統，作為未成年皇帝霍諾里烏斯的攝政王，他曾一度是西羅馬帝國最重要的人物。

一世則是積極熱忱的基督徒，誓言要粉碎異教崇拜。數個世紀以來，羅馬人一直尋求羅馬眾神的保護，許多人認為基督教對羅馬及其人民並沒有特別的向心力，擔心這樣的宗教流傳，會讓羅馬變得鬆散脆弱，而狄奧多西一世的宗教不寬容態度，更造成羅馬帝國進一步分化。

　　狄奧多西駕崩後，羅馬帝國正式一分為二，而這個分裂是由諸多因素所釀成的。東部和西部帝國長期以來都只著重在發展自身利益，而不是將帝國視為一個整體。政府腐敗加劇了政治上的極度不穩定，特別是在帝國那些偏遠的行省，天高皇帝遠的菁英人士都趁機中飽私囊。貨幣嚴重貶值，造成惡性通貨膨漲，而羅馬軍隊則是越來越依賴哥德人和匈人的僱傭兵，他們對羅馬毫無忠誠度可言，並且為了自身所受到的不平等待遇而感到忿忿不平。狄奧多西死後，他的軍隊迅速潰散，哥德部隊四處襲擊，最遠甚至兵臨君士坦丁堡城下。狄奧多西的兩個兒子——阿卡迪烏斯和霍諾里烏斯分別繼承了東、西羅馬帝國，但他們年紀都還很輕，無法樹立權威。

讓帝國恢復了脆弱的和平。

　　尤吉尼烏斯（西元392-394年在位）是羅馬最後一位伸張多神信仰的統治者，而狄奧多西

編譯註❶：萊茵河上游的一支日耳曼部族同盟。

編註❷：關於匈人是否就是匈奴人，由於缺乏證據，目前依舊沒有定論。

羅馬殞落

日耳曼民族在西元五世紀時入侵羅馬帝國，他們的目的並不是要摧毀它，而只是想過上富裕的日子。他們渴望獲得羅馬文明的薰陶，但歷任羅馬皇帝卻將他們拒之於門外，為這個已然搖搖欲墜的帝國招引來毀滅性的暴力浪潮。

西元395年，狄奧多西駕崩，他兩個年幼的兒子阿卡迪烏斯（西元383-408年在位）與霍諾里烏斯（西元393-423年在位），分別繼承了東羅馬與西羅馬帝國的皇位。霍諾里烏斯即位時年僅10歲，因此由斯提里科擔任攝政。斯提里科擁有一半的汪達爾血統，當時加

上圖為西元500年左右在迦太基鋪設的馬賽克路面，描繪一名騎在馬上的汪達爾人，在他後方的是一棟別墅，又或者是一個城鎮。他看起來像是一位獵人，而這幅馬賽克作品讓人在腦中浮現汪達爾貴族精緻的生活型態，他們被描繪成羅馬文明的繼承者，而非破壞者。

入羅馬軍隊的日耳曼士兵日益增多，他也是其中一員，憑藉著軍功一路擢升到元帥地位，最後更成為西羅馬帝國實質上的統治者。

就在這個時候，哥德人突然公開叛亂，在他們的新首領亞拉里克（西元395-410年在位）領導下，攻擊了君士坦丁堡，並開始肆無忌憚地對希臘大加突襲與劫掠。他們在希臘北部的伊庇努斯停留了4年，隨後在西元401年往義大利進攻。亞拉里克只提出一個簡單的要求，他希望羅馬能認可他的人民，讓哥德人成為羅馬人的合法盟友，以及在軍隊中享有與羅馬

人平等的待遇。亞拉里克與斯提里科兩軍短兵相接，但並沒有取得決定性的戰果，而亞拉里克的補給線此時已延伸到了極限，迫使他不得不撤退。與此同時，霍諾里烏斯和他的宮廷早已避難到義大利東北部的安全地帶——拉溫納（Ravenna）。

西元406年，情況加劇惡化。哥德人新一波的入侵攻勢再度推向了義大利，斯提里科在那裡把他們擋下，將之擊敗後收編到自己的部隊中。一波未平一波又起，在帝國東北部又有新的日耳曼入侵者，汪達爾人（Vandals）、奄蔡人（Alans）與斯維比人（Suebi）大舉渡過萊茵河，在跨越庇里牛斯山脈進入西班牙以前，他們洗劫了特里爾城。在不列顛，自立為帝的君士坦丁三世從軍隊中一躍而起，並帶領他的部眾進入高盧，在那裡，他贏得了高盧野戰部隊的效忠，讓他得以控制不列顛、高盧與西班牙等三個行省。

上述這些動盪所造成的災難性影響，重挫了羅馬經濟，現在霍諾里烏斯不僅要為斯提里科在義大利的軍隊籌措資金，他還失去了來自不列顛、高盧和西班牙的稅收，如今這些都落入了君士坦丁三世手中。在這個緊要關頭，亞拉里克選擇對西羅馬帝國施壓，要求他們拿出一大筆錢，以換取哥德人成為他們的軍事盟友，並讓帝國境內的哥德人得到當局認可。元老院對亞拉里克的要求感到懷疑，並將其視為宣戰，而斯提里科則主張接受這些要求，但此舉卻讓他失去霍諾里烏斯的寵信，並在西元408年遭到處決。亞拉里克對與霍諾里烏斯的談判

已不抱任何希望，現在他只剩下一個選擇，那就是入侵義大利。

羅馬城在經歷了4萬哥德大軍漫長而猛烈的圍攻之後，霍諾里烏斯只能接受協商，承認與哥德人結為軍事盟友，然而他並無意履行約定，由是激怒了亞拉里克。談判一再破局，讓亞拉里克終於失去耐性，於是在西元410年8月24日這天，縱兵洗劫了羅馬城。身為一位基督徒，亞拉里克明白聖彼得與聖保羅大教堂是聖殿所在，因此未從教堂財庫奪取一分一毫，但是在教堂以外的地方，哥德人極有效率地將羅馬的財物掠奪一空，羅馬人若是加以抵抗，就會被立刻殺害。哥德人在羅馬城內洗劫了三天，最後還放火燒掉了幾棟特定的重要建築。

災難的消息在整個歐洲迴盪，毀滅十足地提醒著人們——塵世中的權力，豈有不滅者乎？儘管如此，羅馬還未遭受到最終的致命一擊。

儘管遭遇了重重困難，分崩離析的西羅馬帝國依然再次恢復完整，這當中絕大部分的功勞要歸給能力卓越的西羅馬軍統帥君士坦提烏斯（西元370-421年）。當佔領義大利的哥德人將陣地轉移到高盧時，君士坦提烏斯也把矛頭指向了僭稱帝位的君士坦丁三世，並在對抗之後將其擊敗。在與定居法蘭西西南部的哥德人達成和解後，君士坦提烏斯揮兵至西班牙，一連擊破了汪達爾人、奄蔡人與斯維比人，把西班牙重新收回羅馬版圖。羅馬帝國復甦了，只不過是個精疲力盡、枯竭赤貧的版本。

霍諾里烏斯於西元423年駕崩之後，繼位的瓦倫提尼安三世（西元425-455年在位）在他漫長的統治期間，不斷為更進一步的災難所困擾。當西元439年，汪達爾人渡海進入非洲並占領迦太基時，西羅馬帝國已瀕臨最終瓦解的邊緣。當時匈人正處在勢頭上，靠著新首領阿提拉（西元434-453年在位）的率領，統治著一個南起黑海、北訖波羅的海、西從日耳曼、東至亞洲大草原的龐大帝國。在東方肆虐一番後，現在匈人把目光轉向了西方。西元451年，阿提拉在沙隆戰役（Battle of Châlons）中敗給由羅馬、哥德、勃艮第和塞爾特人組成的聯軍，但即便打了這場如此有名的勝仗，依舊無法將局勢力挽狂瀾。阿提拉進一步對義大利發動一次成功的入侵，但卻在新婚之夜因鼻腔中的血管破裂，導致鼻血倒流窒息而死。來自匈人的威脅隨著阿提拉的驟逝而消散，但汪達爾人依舊控制著非洲以及這片土地所帶來的收益。

到了這個階段，耀武揚威的野蠻民族和消耗殆盡的義大利人之間的界線變得越來越模糊，而日耳曼人的首領們也變得比以往更加有權有勢，因為一任又一任的羅馬皇帝把權力拱手讓給他們，最後變成只是他們的傀儡而已。西羅馬帝國的末代皇帝羅穆盧斯·奧古斯都（西元475-476年在位）於西元476年被廢黜退位，帶著一筆可以舒適過日的奉養金流放到坎帕尼亞（Campania）。現在統治著義大利的，是東哥德的國王奧多亞塞（西元476-493年在位），作為一種象徵意涵，他把皇家御用的數件儀式禮袍送到君士坦丁堡，交給了東羅馬帝國皇帝芝諾（西元474-475年、西元476-491年在位）。現在，羅馬所留下來的遺產，都在東方了。

下圖為受安尼修斯·普羅布斯（Anicius Probus）委託，而於西元406年製作的一幅執政官雙聯作品，用以紀念他上任執政官。作品描繪的是霍諾里烏斯皇帝（西元393-423年在位），儘管他的首席大將斯提里科作為年幼皇帝的攝政，為西羅馬帝國帶來一定程度的穩定，但他在西元408年遭到陷害而被處決。霍諾里烏斯本人的統治一片混亂，將羅馬帝國推向前所未有的瓦解邊緣。

拉溫納：帝國的新首都

位於亞德里亞海北部海岸的拉溫納，是最後幾位西羅馬皇帝安身之地，當野蠻民族正四處蹂躪羅馬義大利的其他地區時，羅馬皇帝們在拉溫納建立起一座精緻的基督教首都。西羅馬帝國滅亡後，拉溫納成了東哥德王國的首都，直到西元540年，才最終被劃入拜占庭帝國的版圖。

自奧古斯都的時代起，拉溫納一直是帝國海軍艦隊的其中一個總部，並作為海軍基地而蓬勃發展。在羅馬名城當中，拉溫納在過去相對顯得沒沒無聞，但西元402年時蠻族包圍了米蘭❶，促使朝廷遷往位於安全地帶的拉溫納，也讓這座城市從此躍上舞台焦點。拉

上圖是拉溫納聖維塔教堂（San Vitale）內的馬賽克作品，刻畫東羅馬帝國皇帝查士丁尼一世與他的朝廷大臣們。這幅馬賽克試圖強化查士丁尼作為羅馬皇帝傳統繼承人的地位，以及他作為基督信仰捍衛者的角色。查士丁尼頭上頂著光環，戴有一頂皇冠，並身穿皇帝的紫色長袍，神職人員們站在他的兩側，其中最重要的是馬克西米安努斯主教（Bishop Maximianus）

，他緊挨著查士丁尼左側，上頭則刻有他的名字。查士丁尼的右側為帝國行政官員們，他們的長袍上有一條紫色條紋，更旁邊則是一群拿著一面大盾牌的士兵。由此可看出這幅馬賽克作品所要傳達的意涵，即聲明查士丁尼的權力遍及教會、帝國行政體系以及軍隊，其職責便是在於保衛東羅馬帝國。

溫納的地理位置上，有由沼澤和潟湖所構成的錯綜網絡，還有波河的支流貫穿其中，這些都讓拉溫納佔據易守難攻的天然優勢，除非（這種情況偶爾會發生）有內奸引導入侵者穿過這些濕地。平時要進入拉溫納，則是利用一條高起的堤道，而在戰時，這樣的堤道也更容易於防守。

拉溫納朝向東方，透過海上交通，很容易就能抵達君士坦丁堡。霍諾里烏斯能夠躲在拉溫納，平安地渡過亞拉里克對義大利的入侵，而此城同樣也成為義大利蠻族國王們的避風港。隨著朝廷移居至此，拉溫納變成一個重要的文化與宗教信仰中心，智識方面的活動也很活躍。

霍諾里烏斯的妹妹加拉·普拉西提阿（西元388-450年）被迫結了兩次婚：第一段婚姻是嫁給亞拉里克的妹夫和王位繼承人阿陶爾夫（Athaulf）；第二段婚姻則是和君士坦提烏斯結為連理，他是軍隊統帥，也是西羅馬帝國最有權勢的人。普拉西提阿與君士坦提烏斯所生下的兒子瓦倫提尼安三世，在西元425年坐上皇帝寶座，那一年小皇帝年僅6歲，因而由普拉西提阿垂簾聽政直到西元437年。普拉西提阿為自己與家人所興建的陵墓是馬賽克藝術的一大傑作，儘管她本人並未葬在那裡，這座陵墓的拱頂天花板上，覆蓋著滿滿的深藍色馬賽克裝飾，上頭還嵌有黃金，像極了夜空。不同窗拱上裝飾著一系列精心製作的馬賽克場景：聖彼得和聖保羅被刻畫成羅馬元老們的模樣，聖勞倫斯的身旁燃燒著當年將他處以火刑的鐵架，而基督耶穌則被描繪成一位慈愛的牧羊人。

尼安洗禮堂（Baptistery of Neon）建於西元460年左右，同樣以宏大的馬賽克天花板為其特色，中央的圓形圖案描繪施洗者約翰正在為耶穌施洗，周圍環繞著精美的使徒群像。這幅精緻而寧靜的畫面與它的製作時代形成鮮明對比，當時猛然衰落的西羅馬帝國正深陷一片混亂與崩解之中。

拉溫納的歷史地位並未隨著西羅馬帝國滅亡而一同終結，在西羅馬帝國末代皇帝羅穆盧斯·奧古斯都（西元475-476年在位）於西元476年退隱坎帕尼亞後，拉溫納成為義大利頭兩個王國的首都，這兩個王國分別由東哥德人的首領奧多亞塞（西元476-493年在位）與狄奧多里克（Theodoric，西元493-526年在位）所建。這些信奉基督教亞流教派（Arian）並說著拉丁語的國王們，尊重羅馬留給後世的寶貴遺產，用許多新的建築、宮殿與教堂來妝點這座城市，其中最為傑出的是新聖亞坡里納聖殿（Basilica of Sant' Apollinare Nuovo），有著多幅華麗的馬賽克作品，其中包含描繪耶穌生平及其受難的一系列情節、36位聖人手拿書籍與卷軸，基督耶穌與聖母瑪利亞莊嚴地坐在寶座上，兩側則是帶著翅膀的天使們。

狄奧多里克在拉溫納的城牆外，為自己打造了一座特別的陵墓（西元520年），它是用來自伊斯特里亞或達爾馬提亞的白色巨石所砌成，整座陵墓為十邊形，上面覆蓋著巨大的圓形石頂，石頂周圍穿有多個柄狀結構，可能是用來把沉重的巨石移動到位置上。

在蠻族創建的王國滅亡之後，拉溫納的生活仍持續昌盛了很長一段時間，立足在君士坦丁堡的東羅馬帝國歷任皇帝，一直保持著帝國的強大與安全，而拜占庭（東羅馬帝國）皇帝查士丁尼一世（Justinian I，西元527-565年在位）實際上將過去的西部行省收復了很大一部分，儘管多數這些領土在隨後而來的西元七世紀中依舊沒能留住。拉溫納在西元540年被東羅馬帝國攻陷後，就成為帝國在義大利領土上的繁華首府，直到西元751年才告終。

編註❶：自四帝共治時期以來，米蘭就是羅馬帝國都城之一，而當時帝國皇居位於米蘭。

羅馬帝國的繼承者們

其實蠻族的主要目的並非入侵，而是意在同化，他們尋求更好的生活，想要成為羅馬帝國的一員，而不是它的征服者。帝國最終的傾覆讓各蠻族成為其繼承者，這些王國之間彼此差異頗大，有些王國比起其他，保留更多羅馬文化與羅馬人的生活方式。

對頁圖為拉溫納新聖亞坡里納聖殿中的一幅馬賽克作品，描繪狄奧多里克的宮殿，年代在西元561年左右。這幅馬賽克作品的原始版本，中央原本有狄奧多里克與其朝中大臣們的群像，但這些人像最終卻在狄奧多里克死後被羅馬教會移除，因為他們將信奉亞流教派的狄奧多里克視為異端。在畫面中的一些柱子上，仍然能看見原本屬於人像的手。

右圖 西羅馬帝國於西元476年滅亡後，歐洲西部很快就被三個相互競爭的強權所瓜分，他們都將羅馬人的制度結合到自己的文化當中，以此融合成一個新身份：法蘭克人所創建的墨洛溫王朝（Merovingians）統治今日法國的大部分土地、東哥德人占據其南部與東部、西哥德人支配了伊比利半島。至於汪達爾人則佔有原本羅馬帝國在北非和巴利亞利群島的領土。

多數情況下，在西元四、五世紀入侵羅馬帝國的蠻族們，都皈依成為基督徒，其中又以亞流教派為盛。當他們跨越邊境進入羅馬疆域時，拒絕信奉羅馬傳統宗教，而是選擇似乎是當前羅馬核心的宗教去信仰。亞流教派是在西元四世紀時由亞流（Arius）所傳授的一套教義，相信基督是由聖父所創造，雖然比一般人偉大，但還是比聖父低一等。這個教派在西元325年的第一次尼西亞大公會議中被宣判為異端❶，儘管如此，依然在哥德人、汪達爾人、斯維比人與勃艮第人等羅馬人口中所謂的「蠻族」部落間深深扎根。

對許多羅馬公民來說，帝國滅亡算不上一場災難，雖然城鎮和基礎建設都毀於戰火並且荒廢，但至少這片土地也回歸相對的和平，而人們也或許能夠退避到莊園、別墅與農場居住，過上富足舒適的生活。在許多地區，那些地方行省上既有的貴族階級依舊保有土地與權勢，只要他們能接受自己臣服於新興的日耳曼菁英，他們就能像往昔一樣繼續寫作和敬神。

在南法定居的西哥德人、奄蔡人與勃艮第人，可能和他們的羅馬臣民共同分享了文明成果。西元五世紀末西哥德位於土魯斯宮廷中的一些文獻，明確勾勒出一幅富麗堂皇的畫面，並在許多方面都表現出受過文明薰陶的教養。高盧-羅馬貴族在其別墅與鄉村住宅中維持他們

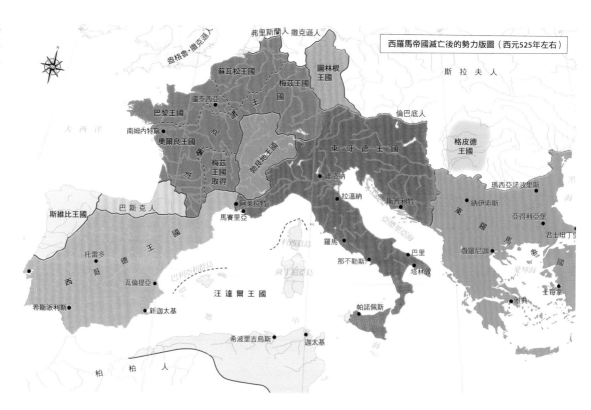

的生活方式，而教會也在保存羅馬文明上發揮重要作用，他們提供了基礎教育。許多高盧-羅馬貴族成為他們家鄉的主教，負責確保食物供應，並保護城鎮居民抵抗進一步的攻擊。在一些地區，羅馬人與野蠻人一同制定精密周全的法典，這也為接著到來的法蘭克人鋪好道路。法蘭克人是另一支日耳曼部落，在克洛維領導下，統治了絕大部分的高盧地區。

可是，斯維比人與汪達爾人定居的西班牙，就飽受暴力和破壞，倖存下來的羅馬社區所剩無幾。汪達爾人繼續跨越直布羅陀海峽進入非洲，在那裡，他們剝奪了許多羅馬地主的房產，過著羅馬人的生活方式，並且把難民趕到東方去。不過話雖如此，位於迦太基的汪達爾王廷仍舊在文化上表現出涵養世故的一面。

在義大利，為因應西哥德人在西元410年洗劫羅馬後所造成的新局面，人們做出了一些調整，許多元老撤離羅馬，去鞏固他們位於鄉間的地產，將行政事務留給少數統治階層的家庭操煩。羅馬遭到洗劫後，重建工程大量展開，一些宏偉的新教堂，像是聖母大殿和聖撒比納聖殿都是在此時期興建。羅馬城正在改頭換面，變成西部的基督教之都。

從西元475年以降，義大利便由東哥德族的國王們所統治，其王廷位於拉溫納。奧多亞塞取代西羅馬帝國最後一任皇帝羅穆盧斯·奧古斯都，但他在晚年時遭受狄奧多里克的攻打。狄奧多里克圍攻拉溫納相當長一段時間，最後在西元493年設下計謀殺害了奧多亞塞，並取而代之。這兩位國王都很尊重羅馬留給後世的資產，所以他們允許眾元老們在羅馬的生活一如既往，並接受羅馬貴族成員擔任王國重要職務。奧多亞塞重新整修了競技場，並鼓勵恢復各項娛樂活動和狩獵表演；狄奧多里克則是以公平正直和富有同理心著稱的統治者，他與羅馬貴族合作，推動許多工程的修復計畫，並有效管理義大利的經濟。同時，他也很尊重羅馬公民的權利與自由。

但是狄奧多里克最終還是和元老院鬧翻了，因為元老院變得愈發向君士坦丁堡查士丁尼一世的東正教會靠攏，由是疏離了亞流教派的狄奧多里克，這讓他開始漸漸覺得自己被羅馬的臣民們孤立。西元526年狄奧多里克駕崩後，其王朝內部的衝突越來越頻繁，終於招致拜占庭名將貝利撒留的到來。貝利撒留於西元540年重新征服了拉溫納，並收復許多羅馬帝國的失土。衰落的東哥德王國最終在西元553年滅亡，而拜占庭帝國則是又存續了好幾個世紀，保留著獨一無二的羅馬本體身份。

編註 **❶**：因為與主流的三位一體教義相抵觸。

下圖是義大利拉溫納的狄奧多里克陵墓。正是在狄奧多里克大帝（西元493-526年在位）的領導下，東哥德王國達到了其巔峰，而他也保留了許多羅馬帝國的傳統與制度。狄奧多里克幼時作為一名外交人質，在君士坦丁堡度過了他的童年，西元488年時，他受到拜占庭帝國皇帝芝諾的委任，從蠻族國王奧多亞塞手中收復了義大利故土。他在拉溫納建立起自己的首都，並在他逝世的前6年，也就是西元520年，著手打造自己的陵墓。

古典時期的瑰寶

古典世界以數不清的方式支撐著現代生活，譬如在建築慣例、建造方法和工程學上，古典主義一直都是門顯學。其他像是語言及書寫、政府和司法、文學、以及構成現代知識根源的科學、數學與哲學等，古典時代留給後世的資產可謂是既廣泛又深刻。

上圖 巴黎的凱旋門反映出拿破崙的帝國野心，他在1805年奧斯特利茨戰役（Battle of Austerlitz）獲勝後的隔年，便委託建造這項壯麗的工程，只是這座凱旋門到了1836年才正式完工，當時拿破崙早已垮台多年。拿破崙凱旋門的設計靈感來自羅馬廣場上的提圖斯凱旋門，但與古羅馬凱旋門的不同之處在於，拿破崙凱旋門省略了裝飾柱，這讓它看起來更厚重、頂部也更宏偉。其裝飾性的深浮雕以羅馬式風格呈現，用以慶祝法國大革命與法蘭西第一帝國的軍事勝利。

比什麼都重要的是，希臘人發明了「民主」這個政治理念，這是當今世界上大多數國家的現況或是人民的盼望。克里斯提尼在西元前507年的雅典所推行的各項改革，在實質上將統治權交給了男性公民，但女性、奴隸與外邦人則被排除在外。公民義務的諸多概念也在雅典被彰顯出來：公民擁有言論自由、可以投票給任何他們支持的人選、有權獲得公平審判，這些準則都是現今民主國家所共有的。許多現代國家的法典都是以羅馬法為基礎，儘管當代大多數社會的刑罰都不似羅馬那般嚴酷，但其法庭訴訟的基本原則無疑是得到普遍認同的。舉例來說，古羅馬時期的初審與今日相仿，由一名地方法官判定是否有案子需要答辯；在審判中會有目擊證人出庭，也會提出證物舉證，而交叉詢問與終結辯論的流程也與現代世界並無二致。

希臘字母發展於西元前八世紀，最初是改良腓尼基字母而來，並在西元前七世紀時散播到整個希臘世界，進而成為拉丁字母的源頭。拉丁字母如今是世界上使用最廣泛的字母書寫系統，不只是在西歐和美洲，就連一些亞洲的語言，譬如土耳其語、馬來語與越南語，還有一些非洲及南島語族的語言，都是使用拉丁拼音字母來書寫。拉丁語是整個羅馬帝國的口說語言，成為日後羅曼語族的根基，包含法語、西班牙語、義大利語和葡萄牙語等，都是屬於這個語族的語言。英文文字一直以來也吸收許多拉丁字根，而拉丁文的詞彙也廣泛使用在當今英美兩國的司法體系中。

約莫在希臘字母剛開始出現的時期，兩部古典世界的偉大史詩——《伊里亞德》與《奧德賽》，以六步格的韻文形式被創作出來。許多人認為這兩部作品是後續西方所有文學的基礎，像是莎士比亞的《特洛勒斯與克瑞西達》及詹姆士‧喬伊斯的《尤利西斯》等文本，都能夠直接追溯回這些偉大的希臘史詩。荷馬無疑啟發了主要的羅馬詩人，諸如維吉爾、賀拉斯和奧維德，而這些人又啟發了後世的一些作家，像是喬叟、莎士比亞、但丁與米爾頓。事實上，莎士比亞的許多劇作情節和參考資料都是源自古典世界的歷史，特別是《提圖斯‧安特洛尼克斯》、《科利奧蘭納斯》、《安東尼與克麗奧佩脫拉》及《凱撒大帝》等。希臘的劇場與戲劇，無論是實體的表演空間，抑或是悲、喜劇的演變方式，在當今世界所有的劇院與戲劇中，依然能找到受其啟發的痕跡。

希臘建築注重比例，加上其三種圓柱式樣、橫飾帶與山牆、柱廊與列柱，皆極具特色。希臘的建築美學影響了羅馬人，他們採用希臘的建築風格，還另外加上一些工程學的巧思，諸如圓頂和拱門等。這些特徵在十八世紀末、十九世紀初的新古典主義建築中再度復興，這種建築式樣在美國與歐洲都備受歡迎。

希臘復興風格以多立克式樣為主軸,在十九世紀中成為美國的國家風格。今日在整個西方世界的大城小鎮都可以看到古典世界的建築遺產,許多主要街道上的銀行、市政廳、圖書館與法院的建築,都是用古典風格建造。最知名的例子包括華府的林肯紀念堂和白宮、馬德里的普拉多博物館、倫敦的白金漢宮、劍橋大學的唐寧學院,以及德國的慕尼黑國家劇院。

希臘數學家們對世界的思想做出非常重大的貢獻,為包含幾何學、天文學、工程學與設計學在內的一系列學科提供知識基礎。希臘數學家諸如米利都的泰勒斯和畢達哥拉斯,在幾何學、數論和無理數等領域,奠定了許多基本概念。歐幾里德於托勒密一世統治期間生活在亞歷山卓城,他寫了《幾何原本》,其中包含465道幾何學的命題和驗證,名列有史以來被複製最多本的教科書之一。埃拉托斯特尼計算出地球的周長,與今日科學家計算出來的結果誤差不到百分之一。薩摩斯的阿里斯塔克斯更是早在那個時代,就已提出地球與其他行星繞著太陽公轉的看法。

希臘美學透過羅馬時期的複製品而流傳下來,直到今日都還定義著人們對於美的標準。希臘雕像與瓶身繪畫上的自然主義風格,著實啟發了羅馬人,但羅馬人也有加入自己的創新元素,特別是他們極度逼真的寫實風格肖像。

羅馬人發明的混凝土可說是劃時代的成就,這讓他們無論是在陸地上還是水面下,都能蓋出堅實的建築結構。他們製作混凝土的方法是利用採自那不勒斯灣的火山灰,與石灰和海水混合製成灰泥,然後再把大塊火山岩加進灰泥中當作骨材。羅馬競技場和萬神殿這兩座最著名的古羅馬遺跡,都是以當時發明的混凝土建造而成。混凝土在羅馬也被廣泛使用於建造輸水道、橋樑、拱門、浴場、圓形劇場等,所有這些建築都使用了規模龐大的拱門或弧形

上圖是英國白金漢郡的斯托莊園,這座宏偉的新古典主義豪宅,反映出浪漫主義對於古典文化的癡迷,這有很大程度上要歸功於十八世紀的壯遊潮流,讓當時不列顛上流階級的子弟們,有機會到希臘和羅馬探索古典世界留給後世的遺產。整座莊園裡處處是帶有列柱和門廊的建築,還有32座以古典風格打造的寓意式神廟,表明住在這裡的人們對古典時期的仰慕,足以作為這些遺產的正當繼承人。

圓頂,而這正是羅馬建築的特徵。直到今日,受到羅馬啟發而來的現代混凝土,已是全世界運用最普遍的人造物質。羅馬人的工程學也對現今世界產生巨大影響,羅馬人了解物理定律,並懂得透過引水道來輸送水流,他們還能夠運用活水產生的位能來為礦場、磨坊提供動力。羅馬人鋪設的筆直道路同樣經典,成為現代道路系統的基礎。他們務實的卓越見地也被運用在土地管理上,其輪作、修枝、嫁接、施肥等技術,依然為現代農夫所採用。

我們現代所使用的曆法也是羅馬人的發明,儘管在漫漫歷史長河中已產生了大幅變化。西元前44年頒行的儒略曆,是歷史上首次以365天為一年、並且每四年有一次閏年的曆法。西方的月份命名來自拉丁文,許多人都看得出來七月和八月的命名,分別來自尤利烏斯・凱撒和奧古斯都皇帝。我們今日所使用的格里曆頒行於西元十六世紀,即是以儒略曆作為基礎改良而來。由以上所述可以發現,在我們每一天的生活裡,無處不充滿著古典世界留給後世的瑰寶。

下圖 古典羅馬的遺產支撐著我們的日常生活——我們在二十一世紀使用的日曆是從古羅馬曆法一路發展而來。凱撒當年諮詢了一位名叫索西琴尼(Sosigenes)的天文學家,制定出一套完全以地球繞日公轉為推算基礎的太陽曆,一些東正教教會至今仍使用這部曆法,來推算出那些日期因年而異的宗教節慶。

延伸閱讀

Baker, Simon, *Ancient Rome*, The Random House Group Ltd, London, 2006

Boardman, John, Griffin, Jasper & Murray Oswyn (eds), *The Oxford History of the Classical World*, Oxford University Press, Oxford, 1986

Cary, Max & Scullard, Howard Hayes, *A History of Rome*, Macmillan Education Ltd, Basingstoke & London, 1935 (reprinted 1991)

Connell, Tim & Mathews, John, *Atlas of the Roman World*, Phaidon Press Ltd, Oxford, 1982

Fox, Robin Lane, *The Classical World*, Allen Lane, London, 2005

Green, Peter, *A Concise History of Ancient Greece*, Thames and Hudson Ltd, London 1973

Kitto, H.D.F., *The Greeks*, Pelican Books Ltd, London 1951

Levi, Peter, *Atlas of the Greek World*, Phaidon Press Ltd, Oxford, 1980

Scarre, Chris, *The Penguin Historical Atlas of Ancient Rome*, Penguin Books Ltd, London 1995

Talbert, Richard J.A. (ed.), *Atlas of Classical History*, Croom Helm Ltd, London, 1985

圖片來源

Alamy

12, 32 below right, 48, 49 below right, 59 top, 64, 73, 76 top, 84, 106 top, 112 below, 116, 117, 121 top, 122 below, 122 top, 126, 128 below, 132, 150, 151 below, 158 right, 160 top, 171 below, 171 top, 175 top, 177 top, 180, 182, 199 below, 203 left and top right, 205, 207 top left, 211, 213 centre, 213 top, 216, 217, 219 below, 225 top, 234, 236, 237, 239, 241, 246, 249 top.

Axiom Maps

15, 38, 58, 61 top, 62, 63 below, 68, 82 top, 93, 105, 129 below, 144, 146, 147, 148, 152, 157, 173, 176 top, 179 top, 184, 190, 218, 222, 224, 226, 232 top, 238, 242, 248.

Getty

19 top, 24, 26, 33 right, 34 left, 35, 40, 41, 43 top, 57 top left, 59 below, 67, 71, 75 below, 76 below, 79 centre left, 79 below, 89 below, 91 top, 96, 97 below, 97 top, 123 top, 134, 154 left, 162, 209 top, 244, 245, 251 below.

Metropolitan Museum of Art

53 below, 54.

Shutterstock

21, 36 left, 77, 87 below, 87 top, 101, 109 top, 111 below, 113 top, 124, 128 top, 130, 135 below, 135 top, 140, 141, 156, 174 right, 174 left, 175 below left, 177 below, 179 below, 183, 185 below left, 185 top right, 193 top, 204 below, 204 top, 210, 220 below, 227, 228 top, 228 below, 249 below, 250, 251 top.

Wikimedia Commons

1, 2, 5, 8, 10, 11 top, 11 below, 12, 13 below, 13 top, 14, 16, 17 top, 17 below, 18, 19 below, 22, 23, 25, 27, 27, 27, 28, 29 top, 29 below, 30 top, 30 below left, 30 below right, 31 left, 31 right, 32 centre left, 32 top, 33 left, 34 right, 36 below, 36 centre, 37 right, 37 centre, 37 left, 42 below, 42 top, 43 below, 44, 45 top, 45 below, 46, 47, 49 below left, 49 top, 50, 51, 52 below, 52 top, 53 top, 55 below, 55 top, 56, 57 top right, 57 centre, 60, 63 top, 65 top, 65 below, 66, 69 top, 69 below, 70, 74, 75 top, 78, 79 top, 79 centre right, 82 below, 83, 85, 88 top, 88 below, 89 top right, 89 top left, 90, 91 below right, 91 below left, 92, 94, 95 top, 95 below, 100, 102, 106 below, 107, 108, 109 below right, 109 below left, 110, 111 top right, 111 top left, 112 top, 113 below, 114 right, 114 left, 115 right, 115 left, 118 left, 118 right, 119, 120, 121 below, 123 below, 127, 129 top, 131 top, 131 below, 133, 136, 142, 143 centre, 143 below, 143 top right, 151 top, 154 right, 155, 158 centre, 158 left, 160 below, 160 centre, 161, 165, 166, 169, 170, 172, 175 below right, 176 below, 178, 181, 185 below right, 186, 187 right, 187 left, 188 right, 188 left, 189 right, 189 below centre, 189 left, 193 below, 194, 196, 197 left, 197 right, 198 right, 198 left, 199 top, 200, 201, 202 right, 202 left, 203 centre, 206, 207 below left, 207 top right, 208, 209 below, 212, 213 below, 214, 215, 219 top, 220 top, 221 top, 221 right, 221 below left, 223, 225 below, 229, 230 right, 230 left, 231 centre, 231 top, 231 below, 232 below, 233, 235 top right and left, 235 below right, 235 below left, 240, 243.

希臘羅馬
百科事典

透過近400張照片檔案，
回到兩大古文明的日常，看懂古典文化歷史

作者伊莉莎白‧懷絲 Elizabeth Wyse
譯者林芷安
主編趙思語
責任編輯蔣育荏
封面設計羅婕云
內頁美術設計李英娟

發行人何飛鵬
PCH集團生活旅遊事業總經理暨社長李淑霞
總編輯汪雨菁
行銷企畫經理呂妙君
行銷企劃專員許立心

出版公司
墨刻出版股份有限公司
地址：台北市104民生東路二段141號9樓
電話：886-2-2500-7008／傳真：886-2-2500-7796
E-mail：mook_service@hmg.com.tw
發行公司
英屬蓋曼群島商家庭傳媒股份有限公司城邦分公司
城邦讀書花園：www.cite.com.tw
劃撥：19863813／戶名：書蟲股份有限公司
香港發行城邦（香港）出版集團有限公司
地址：香港灣仔駱克道193號東超商業中心1樓
電話：852-2508-6231／傳真：852-2578-9337
製版‧印刷漾格科技股份有限公司
ISBN978-986-289-708-9‧978-986-289-709-6（EPUB）
城邦書號KJ2056 **初版**2022年05月
定價680元
MOOK官網www.mook.com.tw
Facebook粉絲團
MOOK墨刻出版 www.facebook.com/travelmook
版權所有‧翻印必究

A History of the Classical World by Kimberly Ridley Copyright © Arcturus Holdings Limited
www.arcturuspublishing.com
Complex Chinese Translation copyright © 2022 by MOOK Publications Co., Ltd.
Published by arrangement with Arcturus Publishing Limited. through Peony Literary Agency.
All Rights Reserved.

國家圖書館出版品預行編目資料
希臘羅馬百科事典：透過近400張照片檔案,回到兩大古文明的日常,
看懂古典文化歷史/伊莉莎白.懷絲(Elizabeth Wyse)作；林芷安譯. --
初版. -- 臺北市：墨刻出版股份有限公司出版：英屬蓋曼群島商家庭
傳媒股份有限公司城邦分公司發行, 2022.05
256面；22.5×28公分. -- (SASUGAS；56)
譯自：A history of the classical world : the story of Ancient
Greece and Rome
ISBN 978-986-289-708-9(平裝)
1.CST: 古希臘 2.CST: 古羅馬 3.CST: 文明史
740.215   111004778